KB253274

ACTS
액츠

김 창 수 지음

모든 교회는 초대교회의 세포 분열판이다

추 천 서

　새 천년(New Millenium)이 시작되었다. 세상이 변하여도 너무나 빨리 변화하고 있다. 변화의 중심은 산업사회가 지식정보사회로 바뀌는 과정이다. 국가의 울타리 개념이 무너지는 컴퓨터 인터넷시대이다. 국가나 사회 구석구석이 온통 아우성이다. 이것은 우리가 과거에는 전혀 경험해 보지 못한 전혀 새로운 패러다임이라고 할 수 있다. 이렇게도 급속하게 세상은 변화되고 있는데 그 변화에 능동적으로 대처하지 못하고 있는 곳이 있다면 교회라고 모두가 말하고 있다. 그런데 말만 하고 이것의 정체가 무엇이며 교회와는 어떤 관계가 있으며, 교회는 이 문제를 어떻게 해결해야 할 것인지에 대하여서는 묵묵부답이다. 기껏 21세기를 예측하는 사회학의 이론 정도를 말할 따름이다. 목회자나 신학자나 신학교에서도 어렴풋이 짐작하고 논의하고 있지만 정확한 실체를 잡지 못하고 있다. 이런 혼돈된 시간에 "모든 교회는 초대(원점)교회의 세포 분열판이다"라고 용기있게 부르짖는 김창수 목사가 있기에 우리가 주목해야 할 이유가 있다. 그는 훌륭한 목회자요 동시에 새 시대에 맞는 신학자라고 할 수 있다.

그가 이번에 교회 성장에 관한 새로운 책을 출판하게 된 것은 한국교회 뿐만 아니라 차세대 세계교회가 함께 생각해 볼 만한 가치있는 논의라고 본다. 지금까지 교회가 영적 성장이 집중하였다면, 새 천년의 교회는 질과 양이 함께 하는 교회 성장이 되어야 한다고 주장하면서 구체적인 방법과 원리를 제공하고 있기에 더욱 빛이 난다. 무엇보다도 김 목사는 이와 같은 문제를 해결하기 위하여 교회 성장에 대한 흐름을 정확하게 보고, 교회 성장의 허와 실을 밝히면서 최근 교회성장 신학의 어른이라고 할 수 있는 크리스티안 슈바르츠의 생명 지향적 공동체 이론까지 도입하였다. 뿐만 아니라 교회 성장의 새로운 모델 이론을 사도행전 2장에서 "원점 교회"라고 하는 새로운 패러다임으로 전개하고 있는 것은 교회 성장의 한 걸음 발전이라고 할 수 있다.

김 목사는 미국에서 나에게 7년 동안 변치 않고 신학을 배운 제자 중의 제자다. 그러므로 누구보다도 나는 그를 잘 알고 있다. 그의 신학은 성경 위에 확실하게 세워졌으며 그의 인격은 많은 사람들이 따를 수밖에 없다. 그러므로 본인도 김 목사의 새로운 교회 성장학인 『ACTS』를 자신있게 목회자와 신학자, 그리고 신학도, 나아가서 성도들에게 추천하고자 한다.

2000년 1월
미국 훼이스 신학대학
박사원 원장 강 신 권 박사

글을 시작하면서

목사로 소명 받아 성경에 나오는 아름다운 교회의 현장을 만들고 싶은 욕심은 누구나 있는 줄 안다. 하지만 길지 않은 세월 동안 목회하면서 그것이 얼마나 어려운 일인가를 깨달으면서 과거 교회를 맡아 사명을 감당했던 선배들에 대해 이제 와서 겸손히 머리를 숙이게 된다. 지혜가 생긴 것일까?

최근 우리는 '교회성장학'이란 새로운 학문이 많은 관심과 인기를 모으고 있음을 본다. 하지만 본질적인 문제는 '교회 성장'이 아니라 '교회의 부흥'이라는 것을 다시금 깨닫는다. 하나님의 영에 감동된 부흥, 그 부흥이 우리에게 필요함을 깨닫는다. 교회의 참된 성장이 질이냐 양이냐 하는 문제는 너무 진부한 주제이다. 이 논쟁은 잘못된 것이라는 말이다. 왜냐하면 질과 양의 구별은 성경에서는 전혀 언급되고 있지 않기 때문이다.

에베소서 4:13, 15에 보면 그리스도의 장성한 분량에까지 성장할 것을 말씀하고 있다. 이것은 분명히 질적 성장을 뜻하는 말이다. 그러나 사도행전 2:47의 내용인 "주께서 구원받는 사람을 날마다 더하게 하시느니라"고 한 것은 단순한 교인의 증가가 아니라 "구원받는 사람"이라고 말씀함으로써 질적 성장과 양적 성장의 불가분리성을 말하고 있다.

교회가 성장하려면 주변에 있는 세상 사람들에게 인정을 받아야 한다. 성도는 정상적이고 올바른 신앙관과 성경적인 변화된 삶을 통하여 하나님께 영광을 돌리며 이웃에게 칭송을 받음으로 주께서 구원받는 자의 수를 날마다 더하게 하시는 역사가 일어나도록 살아야 할 것이다.

교회 성장은 결코 인위적이어서는 안된다. 주께서 더해 주셔야 한다. 최근 유행하는 인간의 방법과 수단에 의해 교회를 억지로 성장시키는 일은 많은 부작용을 면치 못할 것이다. 나는 성경적인 원리와 방법보다 인간의 방법과 프로그램에 더 의존하는 교회 현실이 충격이었다. 물론 원리나 방법들이 성경을 근거로 해서 만들어졌겠지만…

이런 현실을 통감하면서 조심스럽게 Faith Theological Seminary에서 연구한 것과 부산신학교에서 그 동안 강의해오던 것을 정리하여 『ACTS』를 출판하게 된 것이다.

이 책을 읽는 모든 목회자, 신학생, 성도들은 우리 각자의 삶을 변화시켜 세상에서 빛으로, 소금으로 살아온 백성들에게 그리스도인이라는 칭송을 받아 주께서 구원받는 수를 날마다 더하게 하시는 초대교회 역사가 우리가 섬기는 교회에 재현되기를 원하는 바이다.

이 책이 세상에 나옴에 있어 먼저 부족한 것을 하나님 나라 확장을 위하여 불러주신 하나님께 감사와 영광을 돌린다. 그리고 사도행전 강의 때마다 성경 원문에 더 관심을 갖게 하여 하나님의 의도를 바르게 알도록 가르쳐 주시고 추천의 글을 주신

강신권 박사님과 이 책을 출판해주신 엘맨출판사 사장님께 감사를 드린다.

또한 허물 많은 종을 부목사 때부터 사랑해 주시고 담임목사로 청빙하여 미국에서 학식과 견문을 넓히도록 기회를 주었고 변함없이 지금까지 사랑해 주신 부광교회 이득홍 원로목사님, 전명호 원로장로님, 그리고 당회원 및 온 성도들에게 진심으로 감사를 드리고 싶다.

짜증스런 원고 정리에 흔쾌히 수고한 황철수, 임성철 전도사님에게도 감사를 드린다. 끝으로 사랑과 기도로 길러주신 나의 어머니 최정년 권사님, 시모를 모시고 살면서 말없이 돕는 배필의 역할을 다해주는 나의 아내 류미화에게 바친다. 아울러 믿음으로 곱게 성장하는 세 딸 주은, 주영, 주희에게도 같은 마음이다.

"만물이 주에게서 나오고 주로 말미암고 주에게로 돌아감이라 영광이 그에게 세세에 있으리로다. 아멘"(롬 11:36).

주후 2000년 3월 1일
안식년을 지내면서
김 창 수

목 차

제 1 부
교회성장, 학문의 문제인가

우리의 위기감은 21세기가 아니다.
21세기에도 내가 복음의 주자가 되어 다음 세기의
사람들에게 전달해 줄 수 있느냐의 문제다.
우리는 교회 성장을 위해 부단히 노력해왔다.
맥가브란과 와그너, 슈바르츠의 교회 성장이론을
무조건 받아들이며 몸부림을 쳐왔지만
사실 창피하게도 우리의 교회는 20세기 말 성장을
멈추어 버리고 말았기 때문이다.

1장 · 아, 초대교회여!

　고대 중국 전국시대에 유방이 항우와 싸울 때의 일이다. 유방의 부하 장수 중에 번쾌라는 사람이 있었는데 번쾌가 이끄는 부대가 항우의 부대에게 포위되어 일촉즉발의 위기에 처해 있었다. 번쾌는 전령으로 하여금 육군에게 위급하다는 정보와 함께 구원을 요청하도록 명령하였다. 책임을 맡은 전령은 미친 광인으로 가장을 하고 발각되었을 때의 안전과 비밀보장을 위하여 스스로 자기 입 속에 불덩어리가 된 숯덩이를 집어넣어 벙어리가 되고 말았다. 전령은 얼마 가지 않아서 적에게 발각, 체포되어 심문을 받게 되었는데 벙어리, 미친놈으로 인정되어 무사히 석방되었다. 그는 마침내 임무를 완수하였고, 이로 인하여 번쾌는 원군을 받아 그 전투에서 크게 승리하여 열국을 통일시켰다. 자기의 소중한 혀를 불태우면서까지 책임을 완수하는 사람이 있었기에 열국을 통일시킨 것처럼 초대교회는 보통사람으로서는 할 수 없는 성령의 사람들로 말미암아 불과 같은 시험과 핍박 속에서도 성장했다. 오늘 이러한 열정이 목사인 나에게 있기를 바라며 이 글을 쓴다.

20세기가 우리의 기억 저편에 있다. 그리고 21세기, 새천년 (New Millenium) 시대 속에 우리가 들어왔다. 복음을 어떻게 전하며, 나아가 교회를 어떻게 성장시킬 것인가에 대해 문제의식이 다시 한번 필요한 때이다. 우리의 위기감은 21세기가 아니라 21세기에도 내가 복음의 주자(走者)가 되어 다음 세기의 사람들에게 전달해줄 수 있느냐의 문제이다. 교회 성장을 위해 부단히 노력해왔다. 맥가브란과 와그너의 교회 성장이론, 슈바르츠의 교회 성장이론을 무조건 받아들이며 몸부림을 쳐왔지만 사실 창피하게도 우리의 교회는 20세기 말 성장을 멈추어 버리고 말았기 때문이다.

맥가브란의 이론도 좋고 와그너의 이론도 좋고 슈바르츠의 이론도 다 좋다. 또한 이들의 이론이 교회 성장에 기여한 것은 사실이지만 한국교회는 교회 성장의 질과 양의 지루한 싸움 속에서 여전히 총론에 머물고 있는 것이 사실이다. 이제는 각론이 필요하다. 성장이냐 부흥이냐는 문제는 다같이 중요하다. 그렇다면 성장시킬 수 있는 구체적인 방법은 무엇이냐는 것이다.

각론의 문제에서 볼 때 교회 성장의 방법은 성경에 있다고 생각한다. 그런 의미에서 한국교회가 새 천년을 맞아 다시 한번 성경 속으로 돌아가기를 바란다. 본인은 사도행전에 나타난 초대교회의 성장이론이 새 천년 시대에 우리 한국교회가 추구해야 할 성경적인 교회 성장 방법이라는 확신 속에 몇 날 밤을 새우며 묵상하고 묵상했다. 더 이상 가만히 있을 수 없었다. 좀더 성경을 묵상하면서 교회를 세우신 하나님의 방법, 그리스도의 원리를 찾고 적용하고 싶었다.

결국 그 해답을 사도행전 속에서 발견할 수 있었다. 우리 교회의 원형질과 핵이 교회의 태동기에 이미 있었던 것이다. 현재의 우리 교회는 초대교회가 세포분열 한 결과임이 분명하다. 만

약 우리 교회가 초대교회의 모습에서 떠나 있다면 그것은 유전
자가 조작되었음이 분명하다. 초대교회의 모습을 다시 한번 제시
하면서 우리의 목회현장을 원초적 모습으로 되돌려 놓고자 한다.

2장 · 교회 성장에 대한 흐름과 이해

1. 세상은 우리의 밥이다

멜 깁슨이 주연한 "랜섬"(Ransom)이라는 영화가 있다. 톰이라는 백만장자 항공사 사장의 9살 난 어린 아들이 유괴를 당하는 것으로 영화는 시작한다. 유괴범들은 아들의 몸값(ransom)으로 200만 불을 요구한다. 그나마 돈을 줘도 살아올 가능성은 희박하다. 아들을 살리기 위한 아버지의 고뇌가 일품이다. 아들을 잃지 않으려고 몸부림치는 아내, 그리고 백만장자 아버지의 선택, 그런데 아버지로 분한 멜 깁슨은 최후통첩을 해오는 유괴범들을 향하여 텔레비전에 나가 예상을 뒤엎는 행동을 취한다. 텔레비전에서 공개적으로 몸값 대신 유괴범의 현상금으로 200만 불을 걸겠다는 것이다. 다시 말해 아들이 죽어도 좋으니 범인들을 잡게만 해준다면 200만 불을 상금으로 내어놓겠다는 제안을 한 것이다. 여론은 들끓고 아내는 통곡한다. 그런데 결과는 정반대로 나타났다. 유괴범 일당에 내부 분열이 일어나, 결국 어린 아들이 무사히 살아 돌아오게 된다. 손에 땀을 쥐게 하는 범인들과의 줄다리기가 보는 사람들을 긴장하게 만드는 영화이다.

그런데 왜 영화 제목을 "랜섬"(ransom)이라고 했을까? 그 이유는 범인들이 요구한 것이 대속금(代贖金) 혹은 배상금(賠償金)이기 때문이다. 랜섬은 곧 그리스도께서 우리를 위해 속죄의 배상금이 되셨음을 설명할 때 사용되는 말이다.

이 영화를 보면서 두 가지를 느낄 수 있었다. 첫째 우리가 세상에 대해 과감하게 도전을 해야지 죄악의 세상에 끌려 다닐 수 없다는 것이다. 둘째 하나님의 사랑은 우리를 배상금을 주고서라도 마귀의 손에서 구원해 내신다는 이야기이다. 마귀와 세상은 우리의 밥이다. 그러므로 끌려다녀서는 안된다. 오히려 우리가 세상을 향해 당당하게 선포해야 한다. 초대교회는 적어도 그러한 영적인 품위(品位-grade)를 가졌다.

우리가 교회를 그리스도의 몸된 유기체라고 말한다. 성경은 교회를 그리스도의 몸(엡 1:23, 골 1:18)으로 말하고 있기 때문이다. 그리고 그리스도는 교회의 머리(엡 1:23, 5:23)라고 성경은 강력하게 말해주고 있다. 그것은 교회가 주님의 대속으로 탄생되었기 때문이다. 그러므로 교회는 주님의 교회이다. 교회는 그 주님을 대속물로 주신 하나님의 교회이다. 사람으로 말미암은 것이 아니기 때문에 사람이 어떻게 할 수 있는 것도 아니다. 세상의 모든 종교 단체들이 인간의 필요에 의해서 만들어지지만 교회는 주님께서 만드셨고, 주님이 주인이시다.

신자는 단지 이러한 유기적 관계에 있을 뿐이다. 교회는 그리스도가 교회를 보호하고 양육하므로 자라게 되는 것이다. 그리고 그리스도의 몸인 교회는 그리스도께서 주인으로만 계시면 자체 내에서 변화를 통하여 성장하고 발전하는 살아있는 유기체이다. 살아있는 교회는 성장이 있다. 하나님 나라의 발아(發芽)로서 자라나는 강력한 성질이 있다. 주님께서 마태복음 13장의 여러 가지 천국의 비유 중에서 적어도 세 가지가 교회의 성장에 관한 것임을 우리는 알아야 한다.

그러나 교회라는 이름이 사도행전에 처음으로 나타나며(우리가 사용하는 교회의 의미로서) 놀라운 성장의 모습이 우리에게 말씀으로 보여졌지만 시간이 지날수록 몇몇 나라와 소수의 교회를 제외하고는 교회가 살아있는 모습이라 할 수 있는 성장이 둔화되는 모습을 보게 되었다. 다시 말해 우리가 세상을 밥으로 여기지 못하고 세상의 밥이 된 것이다. 그것은 1960년대에 미국 교회에서 일어난 사신신학으로부터 기인한 것이다. 그 이후로 교회성장이 주춤하자 그 반동으로 교회 성장 운동이 일어난 것이다. 이것을 최초로 시도한 맥가브란의 등장은 기독교계에 큰 자극을 주었던 것이 사실이다. 그리고 교회 성장을 하나의 학문으로 체계화시킨 것도 맥가브란의 공로이다.

"하나님께서는 더 많은 성장을 원하신다."는 것이 그의 모토였다. 성경적 원칙에 기반을 두고 그의 성장 이론을 체계화시키려고 많은 노력을 한 것이 사실이다. 그런 면에서 우리는 모두 그에게 빚을 졌다. 특히 그에게 있어서 선교는 '교회 성장'을 의미하는 것이고, 그는 선교와 전도를 구분하지 않고 교회 성장 그 자체를 선교로 정의한다(The Christian Herald U. S. A).

각 시대마다 선교운동의 특징이 있었고 당시의 상황과 각 시대적 특성에 맞게 선교사역을 필요로 해왔다. 근대 선교운동은 어떤 여건으로 시작되어 어떤 발전단계를 거쳐 오늘에 이르게 되었는가, 오늘날 세계의 동향과 세계선교의 동향은 어떤가, 21세기 세계선교를 위한 한국선교사의 대처 전략은 어떤가에 대해 생각해 본다.

랄프 윈터 박사는 근대선교를 세 시대로 구분했다. 먼저 첫시대(1792-1910)를 윌리엄 케리에 의해 시작되어 주로 구라파인들이 활약한 해안선교시대로 구분했으며, 두 번째 시대(1865-1980)는 허드슨 테일러에 의해 시작되었고 주로 미국인들이 활약한 내지 선교시대로 특징지었다. 또 세 번째 시대(1934-현재)는 도날드 맥가브란과 카메런 타운센드가 시작하였고 주로 제 3세계인들이 담당하게 될 '간과된 이들,' '감추인 족속들,' '미전도 족속들'의 선교시대라고 했다. 선교와 전도의 애매 모호한 구분에서 명확한 통합으로 기독교 진영의 좌표를 제시한 것은 맥가브란의 공로이다. 하지만 그의 교회성장학이 21세기에도 계속 유효하냐는 질문에 대해서는 우리 모두가 회의적인 것이다.

2. 세상이 바뀌고 있다.

역전의 스릴이 야구장에서만 있는 게 아니다. 우리 인생과 목회의 현장에도 노력하는 가운데 역전의 스릴은 얼마든지 있다. <베니스의 상인>, <햄릿> 등 불후의 명작을 남긴 영국의 시인이자 배우며 희곡작가인 셰익스피어의 삶을 보면 놀라운 일들이 많았다. 그는 중학교 1학년 중퇴의 학력밖에는 갖고 있지 않았지만, 소년 시절에 읽은 책은 제목만 해도 한 권의 책이 될 만한 분량이었다. 집이 가난했던 그는 소년시절 고향을 떠나, 런던거리에 일자리를 얻기 위해 서성거리고 있었다. 그러다가 지나가는 마차에 치어 쓰러졌는데 마차 주인이 바로 극장주였다. 그 인연으로 그는 극장의 잡역부로 들어갔다가 배우가 되었으며 읽어둔 많은 책들을 바탕 삼아 희곡을 쓰기에 이르렀던 것이다. 물론 세상 사람들 모두가 셰익스피어와 같은 인생관, 또 그 같은 역전의 스릴로만 성공하는 건 아니다. 그러나 한 가지 분명한 사실은 그 같은 자기 수련의 자세, 근면과 성실 없이는 누구도 성공할 수 없다는 것이다. 이제는 실력이 필요한 시대이다.

진검 승부가 필요하다는 말이다.

무엇보다도 목회자가 가져야 할 중요한 자세는 뒤에 것은 잊어버려야 한다는 것이다. 뒤돌아보는 자는 결코 미래의 주인공이 될 수 없다. 여호수아는 모세를 대신해 이스라엘의 지도자가 되었을 때 가나안을 바라보면서 능히 그것을 차지할 수 있다고 믿음으로 시인하였고 그 결과 그는 가나안의 주인공이 될 수 있었다. 그가 역전 드라마의 주인공이 될 수 있었듯이 당신도 당신의 목회현장에서 얼마든지 역전의 삶을 일궈낼 수 있다.

풀러신학교 선교대학원 3대 원장인 더들리 우드베리 박사는 5가지 관점에서 세계동향을 설명하고 있다.

먼저 일반적인 동향으로 인구증가 부분에서 개발 도상국에서는 인구가 폭발할 지경이지만 선진국의 경우는 반대로 정체하는 경향으로 보인다는 지적을 했다. 오는 2025년까지 세계인구 83억 1천 2백만 중 49억 여명이 아시아에, 15억 여명이 아프리카에, 그리고 7억 4천여 만 명이 유럽지역에 각각 분포될 것으로 예상했는데 세분해서 보아도 중국과 인도가 빠른 인구 성장세를 보이고 있다는 것이다.

또 공산주의 도산 현상과 계몽주의 이후 이루어졌던 세속화의 반작용으로 종교적인 부흥이 다시 일어날 것으로 보았다. 통신과 매체의 발달로 세계가 좁아지는 현상이 일어나 족속들이 숭배하는 종교신앙도 상대화 현상을 초래, 각각을 진리의 통로로 받아들이도록 한다는 것이다(종교 다원화 사상).

정치적인 동향에서 우드베리 박사는 냉전이 종식되고 다각적인 세계가 도래함으로써 이념문제보다는 민족적인 경쟁을 강화, 약 50여 개의 전쟁을 통해 4천7백 만 명의 난민이 생기게 될 것이며, 공식 선교사 사역이 좁아진 대신 직업을 갖고 사역하는 선교사 사역을 증가시킨다고 보았다.

사회 문화적인 동향으로 기존 삶의 질서를 그대로 둔 채 정보

시대가 전적인 영향을 행사하고 대부분 도시화 경향을 띠어 빈부격차가 심화되고 여성의 역할에 기대가 커질 것으로 내다보고 있다.

경제적인 동향으로는 과거 정치 중심적인 동맹이 경제제휴 형식으로 나타날 것이며 국가와 국가를 잇는 지역경제 블럭을 중심으로 변화를 맞게 될 것으로 보았다. 그리고 빈부격차가 더욱 커져 세계의 부유층 20%가 세계수입의 85%를 차지한다고 지적했다.

이런 변화를 전제로 21세기 세계선교 동향을 바라본 폴 피어슨 박사는 서구 중심에서 제3세계 중심으로 선교가 옮아가고 일부 민족주의도 선교에서 범 민족적, 범 문화적 국제적 선교운동으로 성격이 바뀐다고 보았다. 한편 교파별 선교가 초 교파적으로 전개되고 이데올로기에서 경제와 기술 위주로, 그리고 복음전도 위주에서 사회적 책임을 강조하는 선교로, 일방선교에서 협력과 동반자 사역으로 각각 변화하고 있다고 분석했다.

물론 여기에서 말한 견해가 다 옳기 때문에 그것을 따라야 한다고 말하는 것은 아니다. 우리가 주의해서 보아야 할 것은 교회라는 개념이 내가 속해있는 내 교회가 아닌 '그리스도의 몸으로서의 교회'를 성장시키는 데 관심을 가지고 기도하며 준비해야 한다는 것이다. 지구촌 한가족이라는 표어가 어색한 시대는 지났다. 지구촌 한 교회라는 보다 넓은 마음을 가지고, 교회를 성장시키는 데 전 세계의 성도들이 한 마음이 되어서 움직이는 시대, 그리고 그들을 이끌 수 있는 비전 있는 목회자들이 보다 많이 배출되어서 주님의 재림을 준비하는 우리들이 되어야 할 것이다. 시대의 변화를 주도하며 그 안에서 바른 교회의 성장의 모습을 보여주며, 세상보다 뒤처지는 모습이 아닌 앞선 모습으로 교회의 성장을 준비해야 할 것이다.

판매업계에서는 "고객이 고객을 부른다"는 말이 있다. 한 사람의 고객에게 친절과 서비스를 베풀면 그 고객이 다시 다른 고객을 불러온다는 얘기이다. 고객 한 사람 보기를 250명 보듯 해야 한다는 사람이 있다. 미국의 위대한 자동차 세일즈맨 조 지라드가 바로 그 사람이다. 혼자서 무려 1만 3천 1대의 자동차를 팔아 기네스북에 오를 정도로 유명한 세일즈맨 조 지라드, 그는 왜 고객 한 사람을 250명 보듯 했을까?

원래 조 지라드는 타고난 세일즈맨은 아니었다. 노력형의 세일즈맨이었다. 이 지라드가 어느 날 한 모임에 참석했더니 그 모임에 사람이 약 250명이었다고 한다. 그리고 또 다른 모임에 갔다. 그랬더니 그 모임의 참석인원 역시 250명 정도였다. 다른 세일즈맨 같았으면 무심코 지나쳤을 터이지만 조 지라드만은 달랐다. '250명'이란 공통숫자에 비상한 관심을 두기 시작한 것이다. 그래서 조 지라드는 수많은 사람들과 모임에 참석해서 과연 250명이란 숫자가 공통된 의미를 갖는가 살펴보았다. 그 결과 한 사람의 인간관계 범위가 평균 250명이나 된다는 사실을 그가 알아냈던 것이다. 그리고는 250명이란 공통숫자를 곧 판매에 도입했다. 이 때문에 '조 지라드의 250명 법칙'이 탄생한 것이다. 이는 곧 한 사람을 전도하면 그 사람으로 인하여 250명에게 복음을 전할 수 있는 기회가 생긴다고 생각할 수 있다. 반대로 한 영혼을 놓치면 그것은 곧 250명의 영혼을 잃는 것이라는 뜻도 된다. 그러므로 우리는 한 사람에게 복음을 전하면서 그를 통하여 250명의 비전을 가져야 하는 것이다.

이러한 교회 성장에 대한 연구 활동이 북미에서 활성화한 것은 1972년 이후였다. 그리고 교회 성장에 대한 교회 연구 활동의 기원은 맥가브란(Donald A. Mcgavran)이 30년 동안에 걸쳐 인도에서 3대째 선교사로 사역하던 시기로 거슬러 올라가서 찾아야 한다. 즉 '교회 성장'이라는 말은 맥가브란의 연구 결과인 『*How Church Grow*』라는 책이 나오면서 본격화되었다.

여기에서 우리가 말하고자 하는 것은 교회 성장이란 단순한 숫자 놀음이나 가치 없는 목표가 아니라 비그리스도인을 교회 회원 즉 그리스도인이 되게 하는 것이다. 전도의 사명을 의미하고 그리스도와 친교를 갖게 하는 것은 물론 그리스도를 사랑하고 그에 대한 예배와 기도, 말씀 사역 등을 의미할 수 있으며 그리스도인의 책임성을 갖게 하는 것은 그리스도인의 교회 안에서나 사회에서 성숙된 신자로서 생활을 할 수 있게 하는 일이라고 할 수 있다.

맥가브란도 교회 성장을 보다 많은 사람들과 돈을 교회 안으로 끌어들이려는 전략이 아니라고 했다. 또한 교회 성장의 기반은 신학적인 것이지 인간의 학문적 결과가 아니라는 것을 이야기한다. 교회 성장은 그리스도 밖에 있는 모든 사람들은, 사실상 잃은 사람들이며 하나님께서는 그 잃은 자들을 찾기 원하신다는 성경적인 원칙에 기반을 두고 있다. 그러므로 교회 성장이란 단지 교회의 숫자가 많아지는 것만은 아니다. 교회 성장이란 먼저 그리스도인의 개인의 신앙이 질적으로 성장해 가는 것이고, 다음은 신앙 공동체의 양적의 증가를 가져오는 것이며, 교회의 선교적인 차원에서 각 교회가 자기의 사명을 잘 수행하는 것이라 할 수 있겠다. 즉 교회 성장은 질과 양적인 면이 함께 조화를 이루고 성장하는 것으로 이해되어야 한다.

교회 성장의 본질을 정확히 이해하는 것에서 교회 성장의 출발점이 되어야 한다. 교회 성장을 원한다면 교회 성장에 대한 본질을 이해해야 한다. 그것과 동시에 교회 성장의 본질을 이해하려면 다음의 질문에 대답을 할 수 있어야 한다.

(1) 교회 성장이 과연 성경적인가?

많은 사람들이 교회의 성장을 이야기하면서 인간적인 학문의 모습이라고 비판하는 사람들이 있다. 그러나 교회 성장이란 인간적인 이성의 산물이요, 세상 학문의 모습이 아닌 성경에서 우리에게 알려주시는 하나님의 계획, 즉 하나님의 뜻이라고 말해야 할 것이다. 그렇다면 성경 어느 곳에서 우리에게 교회 성장을 이야기하고 있는지 성경 전체를 통해 조명해보고자 한다.

① 구약에 나타난 교회 성장

하나님이 온 세계 민족 중에서 그의 백성을 모으신다는 사상은 창세기로부터 말라기까지 나타난다. 이러한 구원의 범위에 있어서 보편성(Universality)은 구약 선교의 뿌리이며, 또한 교회 성장 이론의 근거이기도 한 것이다. 그러면 이러한 보편주의(Universalism) 교리에서 찾을 수 있는 교회 성장의 성경적 근거는 무엇인가?

첫째, 하나님은 우주의 창조자이시며 전세계는 그의 피조물이라는 사실이다. "태초에 하나님이 천지를 창조하시니라"(창 1:1)는 말씀은 선교 원리 중 가장 기초적인 원리가 되는 것이다. 이것은 또한 주님의 대명령(The Great Commission)의 필수적인 기초가 되기도 한다. 천지 만물을 창조하신 하나님은 그것을 소유하고 계시므로 보존자이기도 하다. 하나님의 피조물인 모든 족속이 하나님 나라의 백성이 되어야 한다는 것은 필연적인 사실이 된다(창 1:28).

둘째, 인간 타락이 교회 성장의 원인이 된다. 창조가 선교의 기초라면 타락은 선교의 원인이 된다. 타락하지 않았다면 선교라는 것이 존재하지 않았을 것이다. 인류 타락으로 예수 그리스도가 오셨고, 고난 당하고 십자가에 죽기까지 하셨다. 타락이 인간에게 죄와 고통과 사망을 주었고 이로 인해 인간들에게 필요한 것이 구원이다. 구원의 역사를 선포하는 것이 교회 성장의 원인이 된다.

셋째, 하나님은 이방 나라들의 왕이시며 통치자이시라는 것이다. 하나님의 본래 의도는 모든 인류가 하나로 있는 것이었다. 따라서 이스라엘의 하나님이 과거에 모든 나라들의 하나님이셨고 하나님은 현재에도 그렇고 미래에도 그럴 것이다. 이스라엘의 하나님은 모든 나라들의 창조자이실 뿐 아니라 천지와 인간과 짐승의 창조자이시므로 그는 장차 창조주로 더 구체적으로 말하면 전세계의 구속자로 자신을 제시할 것이다. 여기에 선교적 요소가 있으며 교회 성장의 성경적 근거가 있는 것이다.

이상의 것을 종합해 볼 때 구약에서 드러난 하나님의 계시가 하나님 나라 확장을 위한 선교의 개념을 내포하는 근본 원리들을 담고 있음이 분명하다. 선교의 개념을 내포하신 창조주 하나님은 "도래하는 하나님 나라" 완성을 위해 특수주의(Particularism)로 인류 구원의 방편을 삼으셨다. 왜냐하면 구약은 하나님의 구원과 하나님을 경배하는 것이 특수한 하나의 민족에 국한되어 있기 때문이다. 그러나 이 특수주의는 곧 세계에 대한 하나님의 보편적 목적을 위한 도구이다. 다시 말해서 이스라엘의 선택은 엄밀하게 열국을 향한 하나님의 계획이다. 그것은 하나님의 선교의 부분이요 단편이었다. 따라서 하나님은 이스라엘을 통하여 이방 나라들이 창조주 하나님께로 돌아오게 함으로써 하나님의 구원 목적을 이스라엘 뿐 아니라 전 인류에게 향하게 했다.

마지막으로 구약에서 구원과 하나님의 나라 백성의 선교의 목표가 무엇인가가 문제인데, 그것은 곧 "도래하는 하나님의 나라"이다. 이것은 구약에 명백히 나타나있다. 하나님의 나라란 하나님이 그 백성을 통치하시는 하나님의 "지배"를 말하는 것이다. 하나님의 나라는 하나님의 백성에게 주신 구원의 약속과 메시야의 약속과 불가분리의 관계를 가진 이스라엘의 종말론적 희망이었다.

이스라엘은 하나님의 세계 통치의 현재성을 믿으면서도 하나

님 나라 구현을 하나님의 찾아오심과 그 심판을 통해서 이루어
지리라고 믿었다. "찾아오실 하나님"의 개념은 구약 성경의 "하
나님 나라" 이해에 중요한 역할을 하고 있다. 이와 같이 구약은
다가오는 "하나님의 나라"에 대한 희망과 신앙을 나타내고 있으
며 역사의 종국에 완성될 "하나님의 나라"에로 모든 족속을 불
러모으고 있다. 바로 이러한 구약의 선교 개념이 교회 성장 원
리의 성경적 근거를 이루고 있다고 할 수 있을 것이다.

② 복음서에 나타난 교회 성장

첫째로 예수 그리스도의 생애와 교훈에서 교회 성장의 근거를
찾아 볼 수 있다. 성육신한 그리스도에게서 복음의 보편성을 발
견할 수 있다. 예수 그리스도가 이 땅에 오신 것은 유대 민족만
을 위해서가 아니라 세상의 모든 믿는 자를 구원하기 위함이었
다. "하나님이 세상을 이처럼 사랑하사 독생자를 주셨으니 이는
저를 믿는 자마다 멸망치 않고 영생을 얻게 하려 하심이니라.
하나님이 그 아들을 세상에 보내신 것은 세상을 심판하려 하심
이 아니요 저로 말미암아 세상이 구원을 받게 하려 하심이라"
(요 3:16-17).

요한은 말하기를 "아버지가 아들을 세상의 구주로 보낸 것을
우리가 보았고 또 증거한다"(요일 4:14)고 했으며, 바울 사도도
"그리스도께서 모든 사람을 위해 죽으셨다"고 했다(고후 5:14).
한 걸음 더 나아가 그리스도의 죽음이 우주적인 의의를 지닌 것
이라고까지 선언했다(골 1:18). 이처럼 예수 그리스도의 생애와
활동은 처음부터 끝까지 인류의 구원과 직접 관련되어 있다.

또한 예수의 교훈에서 우리는 그의 사명과 메세지의 보편성을
깨닫게 된다. 특히 요한복음에서 예수님의 사명이 범세계적인
것으로 나타난다. 요한복음에 "세상"(cosmos)이란 말이 77회 사
용되었는데 대부분 예수께서 친히 사용하신 것이다. 세례 요한

은 그를 가리켜 "세상 죄를 지고 가는 하나님의 어린양"이라 하였다(요 1:29). 사마리아인들은 그를 이스라엘의 메시야만이 아니라 세상의 구주인 것을 인정했다(요 4:42). 또한 예수님께서 전파하신 메세지에서도 그 보편성을 찾을 수 있다. 그는 보편적으로 적용되는 원리들로 말씀하셨는데 예수님은 "아무도" 멸망되기를 원하시지 않기 때문이다.

"하나님의 나라"는 예수 그리스도의 교훈의 중심이다. 그런데 이 "하나님의 나라" 개념은 유대인이나 제자들의 그것과 근본적으로 다른 것이다. 그들에게 하나님의 나라는 팔레스틴에 국한된 일시적 세력에 근거한 자신의 나라였다. 그러나 예수 그리스도에게서의 하나님의 나라는 그 성격이 영적인 것으로(롬 14:17) 언제나 하나님의 통치와 그의 지배를 의미하며 결코 영토를 의미하지 않는다. 또한 예수 그리스도를 따르는 사람이 이미 들어간 한 영역이다(눅 16:16, 골 1:13). 또한 하나님의 나라는 그리스도께서 다시 오실 때 우리가 틀림없이 들어가게 될 미래의 영역이기도 하다(마 8:11, 벧후 1:11). 이 미래적인 하나님 나라의 도래는 커다란 영광과 함께 올 것이다.

하나님 나라의 범위는 보편적이며(마 25:31-36), 그 구성은 범세계적이고(마 8:11), 그 기간은 영원한 것이다(눅 1:33). 하나님의 나라는 권세에 기초한 것이 아니라 진리에 기초한 것이다(요 8:31-32). 하나님 나라의 확장은 교회 성장과 깊은 관련 속에 있다고 보는 것이 교회 성장의 신학이다. 새 결신자를 통한 교회 성장은 참다운 하나님 나라의 성장이기 때문이다. 그러므로 크로우니(Clowney)가 "교회 성장은 성령의 능력이요 새로운 창조의 생명에 의한 하나님 나라의 성장이다"라고 말한 것은 타당한 것이다.

하나님의 구속 활동과 권능은 예수 그리스도의 교회를 통하여 오늘날 세상에서 역사하고 있다. 그러므로 하나님의 나라의 행위는 곧 교회를 통한 복음전파의 행위인 것이다. 그러나 교회는 하나님의 나라 자체는 아니다. 따라서 교회가 성장해감에 따라 하나님의 나라도 성장해 가며 확대되어야 한다고 하는 것은 하나님의 나라가 참된 신앙을 고백하는 가치적인 교회 속에서 구체화되어지는 유일한 참된 교회와 동일시 될 수 있다는 뜻이다. 사람들이 결코 하나님의 나라를 세울 수는 없는 것이다. 다만 교회를 창조한 하나님의 나라는 세상에서 예수 그리스도의 교회를 통해 역사하고 성장하는 것으로 보는 것이 옳다. 그러므로 하나님의 통치가 이루어지는 것이며 앞으로도 하나님은 교회를 통해서 이 일을 이루실 것이다. 따라서 교회를 개척하고 성장시키는 것은 예수 그리스도의 교훈의 중심을 이루고 있는 하나님의 나라의 확장을 위한 것이다.

둘째로 예수 그리스도의 죽음과 부활의 진리에서 교회 성장의 근거를 찾아볼 수 있다. 예수 그리스도는 죽음과 부활을 통하여(히 9:12) 전세계의 죄로부터 영원한 구속(요일 2:2)을 이루시고 "세상의 주"(요일 4:14)와 "만유의 후사"(히 1:2)가 되셨다. 곧 부활하시고 승천하신 예수님은 높은 위엄의 보좌 우편에 높아짐으로써(히 1:3) 우주의 엄연한 통치자가 되셨다. 따라서 만민은 지금 그의 통치 아래 있으며 만민은 그의 법에 지배를 받는다. 그는 보편적인 주님이시며 우주적 민족들(계 11:15)은 그와 화해할 것이다(시 2:7-12). 예수님은 이러한 이유 때문에 대명령을 하셨다.

셋째로 예수 그리스도의 지상명령에서 교회 성장의 근거를 찾아볼 수 있다. 부활한 후 예수님은 제자들에게 "너희는 가서 모든 족속으로 제자를 삼아 아버지와 아들과 성령의 이름으로 세례를 주고 내가 너희에게 분부한 모든 것을 가르쳐 지키게 하라"(마 28:18)는 대명령을 하셨다. 또한 "너희는 온 천하에 다니며 만민에게 복음을 전파하라"(막 16:17)고 하셨다. 복음은 모든

나라에 선포되어야 한다. 그런데 이 일을 완성하는 이는 성령이
시고 복음 선포를 위한 하나님의 선택된 대리자가 바로 예수 그
리스도의 교회인 것이다. 따라서 모든 족속에게 복음을 전하여
하나님의 나라 백성이 되게 하는 것은 교회가 마땅히 하여야 할
과제이다

③ 사도행전에 나타난 교회 성장

사도행전은 성경에서 사도들을 통하여 이룩하신 선교의 내용
이 기록된 문서이다. 그 안에는 초대교회 선교활동의 풍부한 자
료들이 수록되어 있다. 따라서 사도행전에는 교회 성장의 근거
를 살펴보는 데 도움이 되는 자료들이 많이 있다.

사도행전 1:8과 "하나님을 찬미하여 백성들에게 칭송을 받으
니 주께서 구원받는 사람들을 날마다 더 하게 하시니라"(행
2:47)는 성경적 교회 성장의 원리이다. 예수의 부활 사건은 그의
부활을 직접 확인하였던 제자들의 생활과 사상을 완전히 바꾸어
놓았다. 부활의 좋은 소식은 너무도 값진 것이어서 그들만 간직
할 수 없었다. 그들은 어떤 희생을 치르고라도 그 소식을 친구
나 친척할 것 없이 모든 자들과 나누지 않고는 견딜 수 없었다.
온 세상에 이 우주적 사건을 알려야만 했다. 그들은 가는 곳마
다 "예수와 그 부활"을 전파하였다. 그들은 예루살렘의 유대인들
과(행 4:2) 가이사랴의 이방인들(행 10:40), 그리고 아덴의 철학
자들에게도 이 부활의 소식을 전파하였다(행 17:31). 그들은 그
리스도의 부활을 유대인과 이방인에게 전파하는 것이 최대의 특
권임을 믿었기에(엡 3:7-10) 예수 그리스도의 부활 소식을 땅 끝
까지 이르러 전하는 증인이 되기에 힘썼다

그리고 그들이 만민에게 부활의 소식을 전할 수 있었던 것은
예수 그리스도께서(눅 24:34) 그들의 마음에 살아 계시다는 그
사실이 늘 그들의 모든 경험에 있어서 가장 역동적인 사실로 나

타났기 때문이다. 오순절에 나타난 성령은 선교의 영으로 예수께서 명하신 이방 선교를 실천에 옮기도록 한 선교의 집행자이다. 선교의 집행자로서의 성령은 교회를 통해 선교의 목적을 이루기 위해 교회도 시작하고 전도도 시작하였다. 그리고 사도행전의 선교는 평신도들에 의한 선교였다. 사도행전에 보면 전문적인 전도가 아니라 '디아스포라'라고 해서 흩어지는 유대인 평신도들을 통해서 복음이 확산되었다. 평신도인 빌립은 사마리아에 복음을 전했고(행 8장), 베드로는 유대에 복음을 전했으며(행 9장), 바울과 그의 동료들은 로마 제국의 동부 절반까지 전했다(롬 15:19).

초대교회 선교활동에 대한 기록은 이미 이방 선교가 시작되었음을 알려준다. 예루살렘 교회는 백부장 고넬료의 회심 사건을 계기로 해서 유대인 전도를 하면서 이방인 선교를 수행하기 시작하였다. 그 처음이 오순절 성령 강림으로 모든 나라에서 온 유대인들과 개종한 이방인들이 복음의 첫 열매가 되었다. 그후 스데반의 순교와 신자들의 피난으로 유대와 사마리아, 그리고 갈릴리 전도가 시작되었으며(행 8:4, 9:31, 8:5-40), 바울 사도의 소명과 회심(행 9:1-16), 그리고 고넬료의 회개로써 성령이 임하고 베드로는 그 가정에 세례를 주었다. 그 결과로 이방인 선교가 하나님의 뜻으로 공인받게 되었다(행 11:16-18). 이처럼 초대교회 선교는 지리적 확장운동으로 이방 선교를 향한 세계선교였다. 아울러 초대교회는 수적 성장의 좋은 예가 되고 있다. 오순절 120명의 신자들이 예루살렘에 모였으나(행 1:15) 그날 개종한 사람의 수가 3,000명이나 되었고(행 2:4), 그 수는 날마다 증가하여(행 2:47) 남자만 5,000명에 달하게 되는 대형 교회가 되었다(행 4:4).

사도행전에 나타난 6가지 교회 성장의 요소를 열거하면, 첫째 복음이 땅 끝까지 전파되었다. 사도행전 2:5 이하를 보면 복음이 유대 사회에서 전파되었다. "그때에 경건한 유대인이 천하 각국으로부터 와서 예루살렘에 우거하더니"(행 2:5)라고 했다. 유대주의의 좁은 울타리 안에서 예루살렘을 중심해서 오순절에 일어난 복음운동은 유대인들과 그 개종자들을 중심하여 퍼져 나갔다. 이와 같이 동일 문화권(Homogeneous)에서 태어난 복음 운동은 마침내 헬라 문화에 젖은 사람들에게까지 전해짐으로써 복음이 문화의 장벽을 넘어설 수 있음을(inter-culture) 확증해 주었다. 또 사도행전 6:8-7:60에는 복음이 헬라주의자들에게 전파되었고, 8:4-5에는 복음이 사마리아로 넘어갔다. 계속해서 8:36-38에 보면 복음이 에디오피아로 넘어갔다. 사도행전 10:1-11:18에 보면 복음이 고넬료 집까지 전파되었다. 즉 로마에 복음이 전파된 것이다. 계속해서 사도행전 11:19-20에 보면 복음이 이방 사회로 전파되었고 사도행전 28:30-31에 보면 복음이 땅 끝까지 전파되었다.

이상을 도표로 요약하면 다음과 같다.

관련성경	과정
행 2:5-11	단일민족 속에서 출발. Homogeneous
행 6:8-7:60	복음이 문화의 장벽을 넘었다. Inter Cultur
행 8:4~5	양반 사회에서 천민 사회로 전파. Inter Socta
행 8:36~38	종족을 넘어 흑인에게 전파. Inter Racial
행 10:1~11:18	로마에 복음이 전파. Inter National
행 11:19~20	이방사회, 타 종교사회에 침투. Inter Religion
행 28:30~31	세상 끝까지 전파

둘째로, 수적 성장(Numerical Growth)의 과정으로 나타났다.

성 경	내 용	수적 성장
행 1:15	예수께서 부활, 승천 전 오순절 다락방	120명
행 2:41	그날 개종한 수	3,000명
행 4:4	여자를 제외한 남자의 수	5,000명
행 5:14	남자 여자의 수가 계속 증가	계속 증가
행 21:20	바울이 예루살렘 방문시	수만명

이상의 도표를 통해 볼 때 120명의 신도가 수만 명에 이르는 것은 한 생명이 천하보다 귀하다는 주님의 말씀과 땅 끝까지 이르러 내 증인이 되라는 명령에 순종한 결과이며 오늘의 교회가 따라야 할 모범이라 생각된다. 누가는 수적 과정에 대해 관심을 가진 것으로 보아 교회 성장의 일맥상통점을 찾을 수 있다.

셋째로, 지리적 확장 운동을 통하여 교회를 성장시켰다. 지리적 확장에 대해 사도행전에 중요하게 나타났다. 그리고 언제나 복음의 중심센터가 되었다. 처음에는 예루살렘이 복음의 중심이 되어 주변의 모든 도시들에 복음을 전파했다(행 1:8). 그리고 복음의 센터는 수리아의 안디옥으로 옮겨졌다(행 11:20), 계속해서 비시디아의 안디옥으로(행 13:14), 또한 에베소로(행 18:19) 옮겨졌다가 다시 로마로 옮겨져(행 28:30-31) 세계 복음화의 기틀을 잡게 되었다. 지리적 확장은 하나님의 섭리가 있었음을 알 수 있고 핍박은 복음전파에 큰 유익이 된 것을 알 수 있다.

넷째로, 교회는 모든 사람을 포괄적으로 내포하고 있음을 사도행전이 보여주고 있다. 사도행전 2:16-21에서 요엘 선지자의 말을 인용한 누가는 아들과 딸, 노소 그리고 남종과 여종들이 모두 마지막 때에 성령을 받게 될 것을 말하고 있다. 예루살렘의 모든 사람들(행 2:14)과 이스라엘의 모든 백성이(행 2:36), 그리고 남자와 여자가(행 5:14, 16), 모두 그리스도에게 돌아왔다. 이방인(행 17:4, 12)이 그리스도 안에서 함께 부르심을 받게 되는 것이다.

초대교회 내에는 제사장(행 6:7), 마술사(행 8:9), 에디오피아의 장관(행 8:27), 과부(행 9:39), 제혁업자(행 9:43), 백부장(행 10:1), 지방총독(행 13:7), 상인(행 16:4), 로마의 간수장(행 16:27), 철학가(행 17:34), 천막제조인(행 18:3), 회당장(행 18:8) 등 각종 직업인들이 그리스도의 초청을 받기도 하고 교회에 들어오기도 한 것을 보면 직업의 귀천을 가리지 않고 모든 종류의 사람이 다 복음 안에서 살 수 있음을 보여주는 것이다. 그러므로 어떤 직업의 소유자이든지 그리스도 앞으로 돌아오도록 복음을 전파해야 한다.

다섯째로 질적 성장을 강조하고 있다. 누가는 특별히 교회 성장의 질적 성장의 중요성을 보여준다. 질적 성장을 가진 교회는 신앙과 사랑과 기쁨과 정직함과 순수성을 유지해야 되고, 이 모든 것은 성령과 말씀 안에서만 가능하다는 것이다.

질적은 우수한 교회는 어떤 교회일까?

1. 핍박과 고난 가운데서도 사랑과 서로 나눔, 감사와 기쁨과 찬양이 있는 교회(행 2:43-47)이다.
2. 위선자는 저주를 받는 교회(행 5:1-11)이다.
3. 예수 그리스도께서 거룩하시고 의로우신 주님으로 고백되는 교회 즉 바른 신학을 가진 교회(행 3:14)이다.
4. 교회중심의 생활을 통해 교회가 든든히 서가는 교회(행 9:31)이다.
5. 그 수가 증가될 때에 신앙이 강조되고 흔들리지 않는 견고한 믿음을 가진 교회(행 11:23, 16:5, 19:20)이다.

사도행전의 선교전략을 보면 네 가지로 요약할 수 있다.

첫째, 그룹전도이다. 고넬료 가정이 세례 받고 루디아 가정이 세례 받았다는 것은 개종이 그룹 단위로 이루어졌다. 이 사실을 맥가브란은 집단 개종 운동이라고 말했다.

둘째, 동역 원리이다. 사도행전의 선교전략을 보면 구절들이 주로 우리라는 단어가 많다. 사도행전 3장에 베드로와 요한이 같이 복음을 전했다.

셋째, 문화에 대한 관심이 있었다. 사도행전 15:28-29에 보면 예루살렘 총회가 모였다. 이는 유대교의 의식과 문화에 대한 어떤 관계를 가지고 나갈 것인가 하는 제례문화와 관계정립을 볼 수 있다.

마지막으로 대도시 거점선교였다. 사도행전의 선교는 안디옥, 빌립보, 데살로니가, 고린도, 아덴 이런 대도시에서 복음사역이 시작을 해서 소도시로 선교하는 전략을 볼 수 있다.

여섯째로 교회 성장에는 그리스도인의 고난이 불가피하다. 그리스도인의 고난과 교회 성장 사이에 적극적 관계가 있다. 즉 교회는 고난을 받는 교회가 되어야 한다는 말이다(행 5:41, 14:21, 8:4, 9:5). 고난을 피하는 교회가 아니라 고난을 기뻐하는 교회가 참 교회인 것이다. 이와 같이 사도행전 전체를 통해 볼 때 교회 성장과 선교전략이 하나님의 신비스러움과 주권적 역사임을 알 수 있다. 그러므로 교회 성장은 하나님의 역사(Work of God)라고 보아야 하며 역사를 주장하시는 하나님께서 친히 하신다는 신비 속에서 이해되는 것이 사도행전의 교회 성장 원리인 것이다.

지금까지 살펴본 바에 의하면 성경에 말하는 교회 성장에는 무엇보다도 먼저 잃어버린 백성을 찾아서 하나님의 백성이 되게 하는 일이라고 할 수 있다. 예수께서 말씀하시기를, "인자의 온 것은 잃어버린 자를 찾아 구원하려 함이니라"(눅 10:10)고 하셨고, 베드로는 "주의 약속은 어떤 이의 더디다고 생각하는 것같이 더딘 것이 아니라 오직 너희를 대하여 오래 참으사 아무도 멸망치 않고 다 회개하기에 이르기를 원하시느니라"(벧후 3:9)고 하였다. 와그너(Wagner)는 이 두 구절에서 교회 성장의 기본적인 근거를 보았다. 즉, 하나님은 찾으시고 발견하시는 분이기 때문에 교회에 찾고 발견해야 할 사명을 주셨다는 것이다.

또한 교회 성장은 발견된 백성들이 성숙하여 책임 있는 교인이 되게 하는 것이라 할 수 있다. 무엇보다도 신약 교회는 모여서 말씀을 가르치고 기도하기를 힘썼다(행 2:42-47). 그리고 바울은 가는 곳마다 많은 그리스도인에게 말씀을 가르치는 일에 힘썼고(행 17:2, 18:4, 11, 19:8-10, 20:7), 베뢰아 교회는 날마다 성경을 상고하기에 힘썼다(행 17:11). Gene A. Getz는 신약교회 성숙의 원리 가운데 요긴한 한 가지는 믿는 자가 하나님의 말씀에 대한 지식을 준비하는 것으로 보았다. 교회 성장은 하나님의 뜻이며 또한 말씀을 통해서 친히 이루시는 성령의 사역이다. 따라서 모든 민족에게 복음을 전하고 교회로 자라나게 하는 이 교회 성장이야말로 교회가 감당해야 할 과제이자 사명이다.

(2) 교회 성장이란 과연 무엇인가?

성장에 대한 사전적인 의미를 살펴보면 성장의 정의에는 기능적인 정의와 학문적인 정의가 있다. 기능적인 정의로 볼 때 교회 성장이란 예수 그리스도와 아직 아무런 관계를 가지고 있지 않는 사람들로 하여금 그와 더불어 교제를 가지도록 해주며 책임 있는 교회의 성도가(A responsible member of the Church) 되도록 만들어 주어야 한다고 말한다. 빌리 그레함이 일평생 일천만 명 이상을 전도했다고 한다. 그러나 교회에 남아 있는 수는 10%도 미치지 못한다는 통계가 있다. 그러므로 전도가 되기 위해서는 회심뿐 아니라 교회 내의 정착도 포함되어야 하는데 그러한 전도의 개념이 바로 교회 성장인 것이다. 교회 성장의 학문적인 정의는 다음과 같다. 교회 성장이란 "모든 족속으로 제자 삼으라"(마 28:19-20)는 예수님의 명령을 효과적으로 수행하기 위하여 관련된 교회의 본질 확장, 개척, 증식, 기능, 건강을 연구하는 학문이다. 교회 성장은 교회 성장에 관한 하나님의 말씀 속의 영원한 신학적인 원리를 적용하는 것을 의미한다.

교회 성장이라는 말은 역사적으로 미션(Mission), 에벤젤리즘(Evangelism) 등으로 말하다가 최근에는 바디이벤져(Body Evanger)라는 말을 쓴다. 이 말은 맥가브란이 "주의 몸된 교회가 성장하는 것이 바로 미션이 되는 것이고 이벤져가 되는 것이다"라는 말에서부터 시작했다. 피터 와그너 박사는 "예수 그리스도와 아직 아무런 개인적인 관계를 가지고 있지 않은 사람으로 하여금 그와 더불어 교제를 가지도록 해주며 책임 있는 교인이 되도록 만들어 주는 데 관련된 모든 사항을 의미하는 것이다" 라고 정의하고 있다. 이처럼 교회 성장이란 개인이 구원을 받을 뿐 아니라 그들이 교회에 들어와서 교인 수가 증가하는 것, 그리고 그들이 책임적인 존재 즉 제자가 되는 과정을 통틀어 말한다.

3. 교회 성장의 필요성

하나님의 변치 않는 목적은 영혼 구원이요 동시에 인간 구원이다. 그렇기 때문에 하나님의 교회가 성장하기를 원하신다. 목회에 있어서 중요하고 변치 않는 요소는 모든 사람에게 복음을 선포하는 것이다. 구원받은 자들의 전도를 통하여 온 세계의 구원받은 자들이 증가하며 이 세대를 복음화할 수 있다. 교회가 이 사명을 향하는 것을 멈출 때 하나님의 뜻을 따르지 않는 것이라고 볼 수 있다.

교회 성장을 이해하려는 사람은 하나님께 대한 성실성이 성장의 원리임을 알아야 한다. 하나님은 교회의 성장을 열망하신다. 전체 기독교 교인들은 주님을 본받아 잃은 자를 찾아 구원하려 보내심을 받은 자들이다. 그러므로 성도들은 자신을 위해 어떤 유익을 얻기보다 잃은 자를 찾는 일이 우리를 부르신 하나님의 뜻을 이루는 것이다. 그러나 전도와 복음 전파의 능력은 성령의 사역이므로 교회의 성장 또한 하나님의 주도와 섭리와 역사로 우리는 그의 도구로 사용될 뿐이다. 즉 교회 성장의 주체는 하나님이시다. "주께서 믿는 자의 수를 더하게 하시는 것이다." 하나님은 시대와 역사 속에서 그의 종들을 부르셨고 그들의 신앙적인 행위를 통해서 교회 성장을 이루시는 것이다. 신앙적인 행위란 강한 자가 연약한 자의 짐을 져 주며 배고픈 자들에게 삶에 필요한 음식을 나누어주는 것이다. 하나님의 신실한 종들이 교회 성장을 위해 전심을 다해야 함에도 불구하고 어떤 이들처럼 그 사명을 "인간의 훈련이나 수양"인 것처럼 잘못 이해해서는 안 된다. 왜냐하면 우리는 하나님의 사명을 다 함으로써 그를 기쁘시게 해야 하기 때문이다. 그러므로 교회 성장은 곧 하나님께 대한 성실성이다.

우리가 사는 혁명적 변화의 세계 속에서 교회의 증가는 분명히 하나님의 뜻이다. 모든 근원을 흔드시는 분은 하나님이시다. 그는 전능하신 아버지요, 어떤 맹목적 권력자나 우주적 독재자가 아니시며 본래 하나님이 행하시는 일 가운데 선한 목적을 가지고 계신다. 그의 선한 목적이란 인간의 도덕적 훈련이나 교훈을 하는 것보다는 하나님이 인간을 구원하시려는 의도에 조화되는 교회의 확장이다.

현대는 과거 어느 때보다 대량생산과, 대량소비, 대중문화가 발달한 시대이다. 예를 들면 구멍가게에서 돈을 벌던 사람이 돈을 저축하고 증식시켜서 주식을 사 주주가 되어 구멍가게에서는 상상도 할 수 없는 엄청난 자본을 소유하게 된다. 공업에 있어서도 기계화된 영농을 한다. 어업에 있어서도 낚시로 한 마리 두 마리씩 잡는 방법도 있지만 이제는 저인망 어업 또는 원양어업으로 고기를 대량으로 잡아서 성공을 한다. 이처럼 현대교회도 다원화되고 대중화된 사회에서 이들과 함께 호흡하고 많은 사람을 향해서 복음을 전파하려면 교회의 성장을 필요로 하게 되며 교회 성장은 대중적이고 효율적인 사고를 할 수 있게 해준다.

첫째는 교회가 성장하면 인력 자원이 풍부해서 좋은 인재를 발굴하여 기능에 따라 기능적으로 교회 일을 할 수 있다. 사람은 모든 일에 만능일 수 없는 것처럼 목사도 모든 일에 만능일 수는 없다. 그렇기 때문에 교회의 성장을 통한 다양한 인력을 통한 하나님 나라의 확장은 필수적인 것이다.

둘째, 교회가 성장하면 재정적인 자원도 풍부해지기 때문에 선교도 활발히 할 수 있다. 교회가 성장하지 못하면 자체 운영도 힘들기 때문에 선교 혹은 구제, 봉사도 엄두도 내지 못한다. 교회 성장은 복음 전파의 사명을 더욱 효과적으로 감당할 수 있게 한다.

(1) 교회 성장의 영역

교회 성장에는 사람의 수만 증가하는 것이 아니다. 사도행전 2장에는 총체적인 영역에 대해서 말하고 있다.

① 양적인 성장(Expantion Growth)

양적 성장이란 외적으로 나타나는 개체 교회의 교인 수의 성장을 말하는 것이다. 이것은 교인들이 점점 그리스도를 닮아가는 가족이나 이웃에게 증거하려는 뜨거운 마음을 가짐에 따라 새로운 교인들이 늘어남으로써 이루어지는 것이다. 이 성장에는

3가지 유형이 있다.

첫째, 생물학적 성장이다. 이것은 부모의 신앙을 계승해서 자녀가 자동적으로 입교해서 교인이 늘어나는 것이다.

둘째, 이동 성장(Ttansfer Growth)이다. 이것은 다른 곳에서 이사와서 교인수가 늘어나는 것을 말한다. 이동 성장에는 생활 터전의 이동으로 인한 것도 있지만 교회의 프로그램에 따라 교회를 이동함으로써 발생하는 경우도 있다.

셋째, 회심 성장이다. 이것은 비기독교인이 예수를 믿고 교회에 들어와 성도가 되는 것으로 가장 바람직한 교회 성장의 형태이다. 이 회심 성장은 구원의 복된 소식이 전 세계 방방곡곡까지 전파될 수 있는 유일한 종류의 성장이기 때문에 이 회심 성장이 이루어지도록 하는 일은 복음적인 교회에서 가장 우선적으로 해야 할 일이다. 회심 성장이 연속적으로 일어나는 교회는 건강한 교리로 진정한 양적 성장을 이룩하는 교회인 것이다.

② 질적 성장(Internal Growth)

질적 성장이란 이미 그리스도의 몸의 지체가 된 그리스도인들의 영적 성장을 말한다. 이것은 회중들이 신앙적인 면에서의 깊이와 질적인 발전을 뜻한다. 교인들이 더욱 열정적으로 기도할 수 있게 되고 하나님을 예배하거나 말씀, 성찬 등의 영적인 일에 몰두하고 성도들 간에 사랑의 교제를 힘쓰게 된다. 정의, 평화, 일치, 복음화에 대한 하나님의 뜻에 더욱 민감해져서 이에 복종하게 될 때 교회는 하나님을 향한 질적 성장(Growing up)을 체험하게 된다.

③ 확장 성장(Extension Growth)

확장 성장은 새로운 교회를 개척함으로써 이루어지는 성장을 말한다. 이 경우 새로운 교회를 개척하려는 의욕적인 선교열 때문에 교회의 성장은 가속화되며 전체적으로 볼 때 교회는 성장을 한다.

④ 봉사와 증거의 성장

이것은 성육신의 성장이라고도 한다(마 4:25, 눅 4:18-21). 교회가 그 지역에 어떤 영향을 끼치느냐 하는 물음은 중요하다. 교회가 그 지역 사회에 공헌하고 정치적 사회적 문제에 참여할 때 견실한 교회 성장이 이루어진다.

지금까지 서술한 대로 교회는 성장 모형의 다양한 성장을 통해서 성장함을 알 수 있다. 그 어느 것에도 유혹을 받아 치우치지 않아야 한다. 다만 주님의 지상 명령을 이루려는 데 목표를 두고 세계 복음화에 힘쓰는 교회가 되면 교회 성장에 균형을 이루면서 성장하는 교회가 될 것이다. 즉 교회 내부의 영적인 성장에 힘쓰면서 끊임없는 전도로 결실을 얻고 교회의 양적인 성장을 이룩하고, 양적 질적으로 교회가 성장하면 교회는 교회 개척을 힘써야 한다. 이런 교회가 될 때 바람직한 성장의 균형화로 교회는 계속 성장하게 될 것이다.

(2) 교회 성장의 요소

일반적으로 교회가 성장하는 데에 영향을 주는 요소를 말할 때 교회가 처한 지역 즉 상황(Context)과 자체라는 기관(Institute) 두 분야를 연구하게 된다. 즉 교회의 외부 환경과 교회 내부 환경을 조사하는 것이다. 교회 내부 기관은 그 교회가 소속하고 있는 전체 교단과 그 지역 교회 자체로 나누어진다. 그 결과 교회 성장의 요소는 세 가지로 구분할 수가 있다.

① **국가적 요소(National Contextual Factor)**

국가적인 환경에 따라 교회 성장이 촉진되기도 하고 저해되기도 한다. 예를 들면 미국의 교회 성장과 아프리카의 교회 성장은 국가적으로 차이가 난다. 같은 극동 아시아지만 한국 교회는 크게 부흥하는 반면 일본 교회는 거의 성장하지 못하고 있다. 그 나라의 세계관, 가치관, 인구, 정치, 경제, 사회적 상황 특히 전통적인 종교 문화적인 특성 등에 의해 교회 성장이 영향을 받게 된다.

특히 눈에 보이지 않지만 한 나라에는 영적으로 지배하는 귀신의 역사가 있다는 이른바 영적 차원의 요소가 교회 성장에 지대한 영향을 미친다는 인식이 최근의 선교 분야에서는 강조되고 있다. 어느 국가에 전반적으로 주도권을 잡고 있는 영적 세력들 다시 말해 정사와 권세 잡은 자들 때문에 복음 전파가 방해를 받는 지역에서는 교회 성장이 어렵다. 이슬람 지역이나 독재와 억압이 강한 북한, 수백만의 귀신과 물질주의가 만연한 일본에서는 복음 전파와 교회 성장이 지극히 어려운데 그 이유는 그 나라의 영적 지배력(Territorial Spirit)이 그리스도의 왕국에 대적하고 있기 때문이다.

② **교단적인 요소(National Instutional Factor)**

같은 국가 안에서도 그 교회가 속한 교단에 따라 성장이 달라진다. 카톨릭과 개신교라는 큰 범주에서부터 군소 교단에 이르기까지 그 교단이 가지고 있는 객관적 특성에 따라 성장의 결과가 달라진다. 예를 들면 교단의 정치, 신학 인맥, 목회철학 등에 따라서 성장의 결과가 촉진되기도 하고 저해되기도 한다. 대체로 자유주의 신학이 강한 교단의 교회는 정체되거나 감소하는 반면 보수적이고 복음적인 교회는 성장하는 경향이 있다. 미국 교회의 경우 지난 반세기 동안 감리교와 장로교가 감소하고 침

레교와 오순절 교단이 크게 성장한 것 등은 이러한 교단적 요소의 전형적인 실례이다. 물론 최근 들어서는 교단이나 교파보다도 개 교회와 특히 그 교회를 맡은 목회자의 목회 철학과 영성에 따라 교회가 달라지는 독립적 경향이 점점 강해지고 있는 것도 사실이다.

③ 지역적 요소(Local Instituional Factor)

국가와 교단과 지역이 아무리 좋아도 개 교회의 특성 자체가 성장형 요소가 되지 않으면 교회 성장을 기대하기 어렵다. 가장 중요한 것이 목회자의 믿음과 리더십이다. 성도들의 영적 상태와 교회 위치 및 시설 그리고 프로그램 등이 그 교회의 성장을 좌우하게 된다. 교회 병리학은 이 부분을 집중적으로 연구하는 학문이다. 왜냐하면 국가적인 요소나 교단적인 요소, 그리고 목회 환경적인 요소는 그 세계를 떠나지 않고는 근본적인 해결이 불가능하기 때문이다. 그러나 개교회적인 요소는 목회자만 변해도 교회 전체가 거의 변할 수 있고 교회 성장을 이룰 수 있다.

4. 교회 성장의 원리와 비전

(1) 패러다임 쉬프트(Paradigm Shift)

밭에 씨를 뿌린 농부는 가을의 풍성한 추수를 꿈꾼다. 우리는 이것을 지극히 당연한 이치로 여긴다. 교회 성장에 대한 하나님의 기대도 이와 다를 바가 없다. 따라서 교회와 성도는 성장에 대한 꿈을 갖는 것이 필요하다. 꿈을 꾸는 성도가 있어야 교회는 성장할 수 있으며 새로운 모습으로의 변화가 가능하게 된다.

① 의식의 전환

사람이 어떤 생각을 가지느냐 하는 것이 일에 미치는 영향은 지대하다. 긍정적이고 적극적인 사고를 가진 사람은 여건이 다소 불리하고 어렵더라도 목표를 이루게 되지만 부정적이고 소극적인 사고를 가진 사람은 여건이 아무리 좋다고 해도 성공을 하기에는 어렵다. 교회 성장도 마찬가지이다. 그 구성원들의 의식이 적극적으로 바뀌어야 한다. 성장할 수 있다는 긍정적인 생각을 해야 하고 성장시켜야 한다는 책임 의식이 따라야 한다. 이 세상에 있는 모든 물건은 그 값을 치러야 얻을 수 있는 것같이 교회 성장에 필요한 대가도 지불해야 한다. 가만히 앉아 있어도 이루어지는 것은 결코 아니다. 사고 방법이 올바른 사람이 많아야 목표가 이루어질 수 있다.

첫째, 성장의 목표를 정하는 일이다. 도달해야 하는 목표가 있어야 의욕도 생기는 법이다. 운동장에서 달음질하는 자들이 목표가 없다면 헛 달음질이 되고 만다. 아무리 열심히 뛴다 해도 소용없는 것이다. 교회 성장이라는 목표를 세우지 않는다면 노력할 동기를 갖지 못하게 된다. 이것은 지도력의 부재에서 생기는 심각한 문제이다.

둘째, 성장을 위해 노력을 해야 한다. 일단 목표가 서게 되면 이를 이루기 위한 노력이 따라야 한다. 밭과 종자가 있다고 충분한 분량의 수출을 거두게 되는 것은 아니다. 밭은 갈고 파종하고 적당한 시기에 적당량의 거름을 주고 병충해를 입지 않도록 방지하는 노력이 투자되어야 한다. 교회가 저절로 성장할 수 있으리라는 생각은 망상이다.

② 적극적 사고 방식으로 전환

세계 제2의 자동차 판매왕 조 지라드는 고객관리의 원리를 터득하여 기네스북에 오를 정도의 놀라운 판매실적을 올렸다. 어느 날 놀이공원에서 허니문 카 앞에 줄 서 있는데, 그 때 지라드 옆에 있던 한 아이가 울며 보챈다. 아이의 어머니는 "애 지난 번에도 탔잖아" 하면서 아이를 달랜다. 하지만 떼를 쓰기 시작하는 아이를 이길 재간이 없었다. 결국 허니문 카에 올라타서야 조용해졌다. '그래, 판매도 허니문 카와 같다. 한 번 탔다고 해서 다시 안 타지는 않는다. 언제든 다시 타고 싶어한다.' 조 지라드가 평범했었다면 그의 생각도 여기까지밖에 미치지 못했을 것이다. 그러나 그는 달랐다. 세계 제1의 세일즈맨이기에, 문제는 한 번 탔던 고객이 다시 타고 싶어하지만, 다른 허니문 카로 갈 수 있다는 것까지 생각이 이르렀다.

예컨대 자기에게 자동차를 샀던 고객이 차를 다시 사고싶어할 때, 꼭 자기에게 찾아온다는 보장은 없는 것과 같다. 한번 자기에게 차를 샀던 고객을 다시 자기에게 부르는 것. 그것이 바로 판매의 비결이다. 그는 고객카드를 놓고 한 사람에게 1년에 무려 12번의 안부편지를 보내는 성의를 다했다. 결과는 대성공이었다. 대부분 처음 물건을 팔 때는 친절과 성의를 다하지만 그러나 팔고 난 뒤에는 소홀해진다. 기존의 고객을 관리하기 보다 새로운 고객을 찾기에만 열심이다. 우리가 전도 할 때도 이와 같다. 우리는 사람을 구원하는 일에 너무나도 건성으로 사람을 만나고 헤어지고 곧 잊어버린다. 사고의 변화가 필요하다. 적극적인 사고로 말이다.

하나님께서는 우리가 생각하고 구하는 것을 사용하여 일하신다. 우리가 믿음을 가지고 말하는 것과 비전을 가지고 생각하고 계획하는 것들을 통해 그 이상으로 역사하신다. 그러므로 부정적이고 소극적인 사고 방식을 그대로 가지고는 교회 성장에 대한 비전을 이룰 수 없다. 우리의 사고 방식이 바뀌면 하나님의 역사도 바뀐다. 교회 성장에 대한 긍정적이고 적극적인 사고방식을 가진 사람을 통하여 하나님은 당신의 역사를 이루어간다.

인간의 지혜와 계산과 방법으로는 성장할 수 없으나 하나님의 능력을 의지하고 강력한 믿음으로 비전을 갖고 적극적으로 추진할 때 결과는 우리의 생각을 초월하여 나타나게 된다.

③ 믿음의 사고로의 전환

보화는 가치를 아는 사람에게만 보화이다. 그러므로 우리에게는 분별력이 보배이다. 무엇이 귀중한지 무엇이 가치가 있는 것인지 분별하는 은사가 귀중하다. 옛날 제정 러시아는 알래스카를 미국에 팔려고 8년 간이나 교섭 끝에 720만 불이라는 엄청난(?) 목돈을 받고 미국에 팔았다. 쓸모 없이 돋아난 혹을 떼낸 것처럼 그들은 시원하게 생각했다. 그러나 그 당시 쇼워드 국무장관은 앞으로 100년이 지나면 저 알래스카는 황금의 보고가 되리라고 예견했다. 그 예견 그대로 우리 나라 돈 50억 정도에 산 쓸모 없는 땅이 지금은 석유만 해도 1천억 배럴이 저장된 지구상의 최대의 보고가 되었다. 이와 같이 제대로 그 가치를 읽지 못해 기회를 놓치는 일이 우리 가운데도 비일비재하다. 신앙도 마찬가지이다. 우리가 예수님을 믿는다고 하지만 얼마나 그 분을 알고 있을까? 하나님이시며 사람이신 그 놀라운 신비는 예수님이 최대의 보화인 것을 웅변적으로 가르쳐 준다. 교회 성장에 있어서도 이처럼 믿음은 중요하다.

"믿음은 바라는 것들의 실상(實狀)이요 보지 못하는 것들의 증거"이다. 이는 보이지 않는 미래를 보이는 현실처럼 믿고 나아가는 것이다. 교회의 성장이 멈추고 있는 상태에서 그 정체 현상을 깨트리려면 먼저 지도자의 교회 성장에 대한 믿음을 증진시켜야 한다. 교회 성장에 대한 비전을 가진 지도자는 믿음의 은사를 가진 사람들이다. 믿음의 사람은 가능성이 희박한 중에서도 가능성을 생각하며 어려운 중에도 극복할 힘을 얻는다. 믿음을 증진시키기 위해서는 성경에 믿음의 말씀들이나 믿음의 책들을 통해서 귀한 도움을 얻을 수 있다. 또한 믿음으로 교회를 성장시킨 생생한 체험을 읽거나 들음으로 힘을 얻을 수 있다. 무엇보다 하나님께 믿음의 은사를 간구하고 믿음의 사람들과 교제하는 것도 도움이 될 수 있다.

(2) 창조적 계획

모든 시작은 계획으로 시작된다. 설계사의 설계를 통해서 아름답고 웅장한 건물이 이루어진 것처럼 목회자의 창조적인 계획에서부터 교회 성장은 가능한 것이다.

① 분명한 목표를 세워야 한다.

목표는 비전을 남이 알 수 있도록 나타낸 것을 의미한다. 믿음을 성취시키고 비전을 이루는 첫 번째 단계는 바로 목표 설정이다. 목표를 분명하게 정하고 그 지점을 향해 똑바로 나가야 한다. 그럴 경우에 성공률은 대단히 높다. 분명한 목표를 세우되 실현 가능한 것으로 세우고 기존의 가능한 시설을 이용할 수 있어야 한다. 또한 짧은 기간 내에 달성하도록 세우며 현실적이며 구체적으로 드러내는 것이 좋다. 무엇보다 중요한 것은 모든 것을 한꺼번에 다 할 수는 없으므로 핵심적인 일에 초점을 두어 우선 순위를 정하고 집중적으로 힘을 모으는 것이다. 목표를 달성하기 위해서는 이러한 핵심적인 몇 가지에 대한 집중과 더불어 강한 확신을 가져야 한다. 그리고 끊임없이 평가하고 수정하는 것이 요구된다.

② 구체적인 계획을 세워야 한다.

교회 성장을 위해 분명한 목표를 설정한 후에는 구체적인 실행 계획이 따라야 한다. 계획은 목표를 이루기 위한 수단이다. 그러므로 상황에 따라 변화되어 개선할 수 있어야 한다. 고정된 목표를 위해 유동적인 계획에는 개교회의 실정에 따라 다양한 방법이 있을 수 있다. 교회 성장을 위해서는 과감한 계획도 필요하다는 것을 기억해야 한다. 현재로서는 교회 상황이 충분하지 않을 때에도 과감히 조력자를 쓸 수 있어야 한다. 그리고 변화에 따른 갈등이나 반대 세력에 대해 극복하고 대처할 수 있는 계획을 세워야 한다.

(3) 성장에의 소망

빌립보서 2:13에 "너희 안에 행하시는 이는 하나님이시니 자기의 기쁘신 뜻을 위하여 너희로 소원을 두고 행하게 하시나니"라는 말씀은 우리 마음의 소원이 교회 성장에 얼마나 중요한 것인가를 말해 주고 있다.

① 성장에 대한 소원을 가져야 한다.

우리의 마음으로 계획할지라도 그 계획을 이루시는 분은 하나님이시다. 하나님은 하나님의 뜻을 이루기 위해서 우리 안에 소원을 두고 그것을 실천하게 하신다. 교회의 성장은 우리의 소원이기 전에 하나님께서 기뻐하시는 일이다. 따라서 마음에 소원을 두고 행하는 자에게 하나님께서는 기쁨으로 그 일을 이루어 주신다. 그러므로 목회자와 온 교회가 교회 성장을 위한 간절히 소원을 가지고 교회 성장에 대한 사명을 가져야 한다. 비전의 본질은 강력한 믿음이다. 그 믿음을 가지고 확신 가운데 마음의 소원을 두고 행하는 사람을 통해서 하나님께서는 하나님 나라를 확장해 가신다. 하나님은 우리를 소원의 항구로 인도하시는 분이시다.

② 비전을 가져야 한다.

비전을 가진 사람은 하나님의 도우심을 통해 나타날 미래의 일을 미리 현실로 볼 수 있는 사람이다. 비전의 사람은 하나님을 만나기 위해 끊임없이 기도하고 하나님의 기쁘신 뜻을 위해 부단히 연구하는 사람이다. 이처럼 비전 있는 지도자가 교회를 성장시킬 수 있는 것이다.

조력자의 역할도 필요하다. 조력자도 교회 지도자의 비전에 절대 동의하고 협력해야 한다. 따라서 담임 교역자는 교회가 지향할 방향에 대해 그림처럼 선명하게 그 비전을 성도들에게 제시하고 전달해야 한다. 그래야 모든 성도들이 자신이 소속된 교회의 성장 비전을 분명히 알고 그에 따른 세부 계획을 바르게 이해하고 확신있게 따를 수 있다.

(4) 말씀과 기도에 성실

① 우리를 완전케 하는 성경

성장은 자라는 것이다. 교회 성장은 무엇보다 영의 양식인 성경을 통해서 가능한 것이다. 또 성장은 조화가 따라야 한다. 이것이 배제된 성장은 성장이 아니다. 몸과 정신과 신앙의 생활이 조화를 이루어야 한다. 규칙적인 성경 읽기와 공부는 교회 성장의 중요한 밑거름이다. 성경은 성령의 감동을 입은 사람들이 하나님의 계시를 받아 기록했기 때문에 성경을 통해서 성도가 자라고 교회가 자라는 것이다. 성경은 성도의 인격과 신앙과 생활의 활력이며 능력이 되는 것이다. 성경은 생명력이 있기 때문에 성경을 통해서 교회가 균형 있게 자라는 것이다.

② 우리를 변화시키는 기도

우리는 기도의 능력을 잘 알고 있다. 특별히 합심 기도는 더욱 큰 힘을 발휘한다. 그러므로 기도를 지속적으로 하는 것이 필요하다. 오순절의 성령의 역사도 기도의 모임인 마가 다락방의 기도에서였다. 기도는 개인이나 공동체나 다같이 힘을 얻게 된다. 아무리 사회 환경이 바뀌고 사람들의 삶의 방식이 달라졌다고 해도 하나님은 기도의 방법을 통해서 일을 이루신다. 기도는 은혜의 방편이며 특권이다. 하나님께서 교회에 기도의 특권을 주신 것은 기도의 방편을 통해서 일하심을 나타내신다.

(5) 영혼 구원에 대한 뜨거운 마음.

① 영혼의 가치를 인정해야 한다.

무슨 물건이든지 가치를 아는 사람과 그렇지 못한 사람 사이에 차이가 있게 마련이다. 여러 곳이 파손되어 못쓰게 되어도 과거의 역사를 말해 주는 골동품의 가치를 아는 사람에게는 금보다 귀한 물건일 수도 있다. 그러나 그것의 가치를 모르는 사람에게는 전혀 쓸모없는 물건에 불과하다. 영혼에 대한 관점도 마찬가지이다. 인간은 하나님의 형상을 지니고 있고 그리스도께서 우리를 위하여 죽으신 것을 생각한다면 그 한 사람의 영혼의 중요성은 물질적인 가치로 평가할 수 없는 것이다.

성경은 한 사람의 가치는 천하보다 더욱 귀한 것으로 증거하고 있다. 이것은 인간을 향한 하나님의 평가인 것이다. 우리는 이러한 하나님의 관점에서 인간을 보아야 한다. 온 세상 사람들에게 조롱을 당하고 비난을 받는 사람이라고 하여도 그 사람의 영혼은 천하보다 귀한 것이다. 그의 죄는 비난받아도 그의 생명은 귀하고 그의 영혼에 대해 교회는 관심과 의무를 다해야 한다.

② 성도에게 부여된 책임과 임무

성도들은 귀한 존재이다. "성도들은 닭이 아니라 독수리입니다" 이는 노만 핀센트 필 목사님의 우렁찬 외침이다. 이 이야기가 나오게 된 동기가 있다. 양계장을 하는 집의 아들이 어느 날 산에 올라갔다가 독수리 알 하나를 둥지에서 꺼냈다. 그는 독수리 알을 가지고 집으로 돌아와서 어미 닭이 달걀을 품고 있는 곳에 넣어 두었다. 얼마 후 병아리가 깨어났고 독수리 새끼도 깨어났다. 독수리 새끼는 병아리 틈에서 같이 자라나고 있었다. 주변이 온통 병아리였다. 모든 것을 병아리처럼 행동하였다. 자기가 독수리인 것을 알 리가 없었다. 그러던 어느 날 닭장 위를 독수리가 힘있게 날고 있었다. 독수리 새끼는 "아! 멋지다. 나도 저 새처럼 날 수는 없을까?"라고 독백하며 날개에 힘을 주어 보았다. 이상스럽게 힘이 솟구쳤다. 날아졌다. 그는 창공을 날면서 좋아서 외쳤다. "나는 닭이 아니라 독수리였어. 나는 닭이 아니라 독수리였어."

그렇다. 성도들은 닭이 아니라 독수리이다. 모두가 하나님께서 훌륭하게 쓰실 하나님의 사람들이다. 하나님께서는 성도들을 독수리로 훈련시키고 준비하고 계신다. 하나님은 어떻게 하나님의 사람을 훈련시키시는가? 오늘 이야기는 이렇게 말해주고 있다. "마치 독수리가 그 보금자리를 어지럽게 하며 그 새끼 위에 너풀거리며 그 날개를 펴서 새끼를 받으며 그 날개 위에 그 것을 업는 것같이 훈련시키신다." 그러므로 하나님은 하나님의 훈련소에서는 성도를 훈련시키셔서 독수리로 쓰실 것이다.

천하보다 귀한 것이 생명이다. 예수님은 그 귀한 생명들을 주님 앞으로 인도하도록 우리에게 책임과 임무를 부여하였다. 이것은 아무도 회피할 수 없는 교회의 영원한 사명이다. 성도는 전도에 적극 참여해야 하며 노력해야 한다. 주님께서 제자를 훈련시킨 것처럼 교회도 평신도의 전도 훈련을 시켜야 한다. 생명

의 귀중함과 복음 능력을 가르쳐야 한다. 전도는 타고나는 것이
아니다. 교육과 훈련을 통하여 유능한 전도자가 배출되는 것이
다.

3장 · 교회 성장학의 허와 실

1. 교회 성장 이론의 태동

맥가브란의 교회성장 이론을 알기 위해서는 맥가브란의 삶과 그 배경을 먼저 살펴보아야 하는데 그 배경은 동료교수였던 티펫(Dr. Alan R. Tippet), 제자인 와그너(Dr. C. Peter Wagner), 그리고 자신의 글에 잘 나타나 있다. 맥가브란(Donald Anderson McGavran)은 1897년 3대째의 선교사 집안에서 태어났다. 그는 1980년에 미국 중부 인디아나주 인디아나 폴리스(Indianapolis, Indiana)에 있는 Butter University에서 B.A.학위를, 1922년 동부 해안 Vew Haven에 있는 Yale Unversity 안에 있는 신학교(Divinity School)에서 B.D.를, 그리고 1923년에는 인디아나 폴리스에 있는 선교대학(College of Mission)에서 M.A. 학위를 받았다.

그는 1923년 선교대학을 졸업하자 즉시 그가 소속했던 The Christian Church Disciples of Church에서 목사안수를 받고 그 교단이 지원하고 있는 연합 기독교 선교회(The United Christian Society) 소속 선교사로 인도의 하다(Harda)에 파송되면서 선교 활동을 시작했다. 사실상 그가 어렸을 때는 선교사로 헌신하고 싶지 않았다. 선교사로 일생 동안 경제적 곤란을 겪으면서 산다는 생각에 선교사가 되겠다는 꿈을 갖지 못했다. 대신 그는 법률 분야에서 크게 성공하려는 야심을 갖고 있었다. 그렇지만 그가 SVM(Student Volunteer Movement:학생선교 자원자 운동)을 통해 주님께 자신의 삶을 헌신하기로 작정하면서 그의 야심이 변하였던 것이다.

선교지에서의 활동은 미션 스쿨의 교장에 이어 행정담당, 총무직 등 주로 행정적인 일을 담당하였다. 또한 시청각 자료로 선교사의 일생을 담은 "사랑에 이끌리어"(Constrained by Love)라는 영화를 제작하기도 하였다. 그가 선교부의 교육과 행정직을 맡고 있으면서 했던 고민을 통하여 그의 생애의 큰 전환점을 만들게 된다. 그것은 영혼 구원의 열심을 가진 신자들이 보내준 막대한 선교자금과 선교사들의 정열이 투입되고 있음에도 불구하고 이에 상응하는 회심자의 수가 너무 적고 교회들은 성장하지 않는다는 사실이었다. 자신의 선교회가 매년 1%에도 못 미치는 성장을 하고 있는 상황을 목도하면서 그의 마음 속에는 '어떻게 하면 교회를 성장시킬 수 있을 것인가?' 하는 질문이 던져졌다.

그는 전도가 활발히 진행되고 많은 사람들이 구원을 체험하고 교회가 성장하고 교회수가 증가하는 지역을 관찰하기 시작했다. 그 다음에는 교회가 성장하지 않을 뿐만 아니라 지난 수십년 동안 교회수가 하나도 증가하지 않고 도리어 쇠퇴현상을 나타내고 있는 지역을 연구하였다. 그 다음에는 두 지역을 비교 연구하면서 그에게는 보다 구체적인 물음이 제기되었다. '왜 어떤 지역의 교회들은 계속 성장하고 교회수가 증가하는 반면에 어떤 지역의 교회들은 침체하고 있는가?' 이러한 의문이 그의 마음 속에 깊이 자리잡게 되면서 교회 성장 운동에 대한 평생의 연구 주제가 되고 이것이 교회 성장운동에 시발점이 되었던 것이다.

맥가브란이 교회 성장을 구체적으로 연구하기 시작한 시기는 1934년 또는 그 이후로 보는 것이 타당할 것이다. 동시대의 인물로 인도에서 사역하고 있던 피켓(Jarrel Waskom Pickett)감리교 감독이 『*Christian Mass Movements in India*』(1933)를 출판하면서 맥가브란의 집단개종(People Movement)이라는 중요한 개념의 기초가 되는 생각을 사례연구를 통해서 발표하였고, 이 책을 통해 맥가브란은 많은 감동을 받게 되어 피켓 감독과 교류를 시작하였다. 그는 후에 다음과 같이 말하였다. "사실상 나의 교회 성장에 대한 관심은 훌륭한 감리교 감독인 피켓에게 힘입은 바 컸다. 1934년 그가 교회 성장에 대한 나의 관심에 불을 점화시켜 주었다. 나는 그의 불에 나의 촛불을 붙였다."

맥가브란은 피켓 감독과의 교분 그리고 공동연구를 통해서 그의 교회 성장 이론을 발전시켰다. 그 결과로서 2년 후 1936년에는 『*Christian Missions in Mid-India*』가 출판되어 선교사들의 이목을 집중시켰다. 그는 피켓 감독의 "Mass Movement"란 말을 사용하다가 그 이후에는 "People Movement"라는 말을 사용했다. 여기에서 용어의 변경은 매우 중요한 의미가 숨겨져 있다고 보는데, "Mass Movement"가 무자각적인 성격을 가진 데 비하여 "People Movement"는 개인의 인격이 무시되지 않고 존중되면서 전체 공동체 속에서 공동의 협동작업이 수행된다는 점을 감안한 것으로 보여진다. 즉 다원적 개인들의 회심(Multi-individual Conversion)이 수행된다는 점을 중요시한 것이다. 보다 구체적으로 설명한다면 공동체 안에서 개인의 인격과 의견이 존중되면서도 의견교환을 통해서 상호의존적인 회심(Mutually Interdependent Conversion)이 일어나는 결정 과정(Decision Process)을 중요시한 것임을 보여준다.

맥가브란은 1936년에 Columbia University에서 Ph. D.학위를 취득했다. 피켓의 주장에 귀를 기울여 1937년부터 1954년까지 17년 동안 그는 불가촉 천민(the Untouchables) 계층인 사트나미(Satnami)를 위해서 사역하였다. 맥가브란의 선교지 현장에서 실천하는 교회 성장이론의 사례연구는 여러 선교단체의 관심의 대상이 되었다. 1954년에 이르기 전부터 선교단체들은 맥가브란에게 교회성장의 관점에서 그들의 선교 현장을 조사해 주도록 위촉해 왔다. 그래서 1954년에는 아프리카 7개국을 순방하여 그 곳에 있는 20여 선교단체에 의하여 세워진 교회들을 조사 연구하였다. 이런 모든 현지답사, 관찰, 연구한 것들을 모아서 정리하여 얻은 것을 『Bridges of God』(1955)로 출판했다. 이 책의 내용은 많은 관심과 반응을 불러 일으켰다.

이 책이 출판되자 다음 해 1956년 이후 맥가브란의 소속 선교부(The United Missionary Society)는 그에게 남미, 필리핀, 태국, 그리고 중남미의 카리브해 연안에 있는 교회들을 순방하여 연구하게 하였다. 맥가브란은 1956년부터 1967년에 걸친 현지답사 연구를 통하여 교회가 어떻게 성장하며 어떻게 그 성장을 멈추게 되는가 하는 문제에 대하여 설명할 수 있게 되었다. 이 연구결과를 정리하여 『How Churches Grow』(1959)를 출판하였고 그의 명성이 널리 알려지게 되었다. 그후 그는 코스타리카, 멕시코 및 미국 등에서 세미나를 개최하거나 강연의 연사로 활동하였다.

1960년 미국 북서부해안 Oregon주 Eugene에 있는 North West Christian College의 초빙을 받아 The Institute of Church Growth를 설치하여 다음해인 1961년부터는 안식년으로 돌아오는 선교사들에게 교회 성장에 대한 강의를 시작하였다. 맥가브란은 이 사건을 염두에 두고 현대 교회 성장 운동은 1961년에

탄생했다고 말했다. 그는 캘리포니아주 패서디나(Pasadena)에 있는 풀러신학교에 초빙을 받아 초기 선교대학원 원장으로 부임했다. 풀러를 중심으로 한 그의 사역은 교회 성장 운동으로 널리 알려지게 되었고 알란 티펫(Alan R. Tippet), 랄프 윈터(Ralph D. Winter), 찰스 크래프트(Charles H. Kraft), 에드윈 올(J. Edwin Orr), 아더 글래서 (Arthur F. Glasser), 피터 와그너(C. Peter Wagner) 등의 전임교수진과 함께 교회 성장 학파를 형성하게 되었으며 오늘날 전세계적으로 그 영향력은 지대하다.

2. 맥가브란의 교회 성장 이론

(1) 맥가브란의 교회성장 원리

① 동질 집단 원리(Homogenuous Unit Principle)

미국의 흑인들이 돈을 벌면 제일 먼저 사는 것이 캐딜락이라고 한다. 이들에게 자동차는 가장 매력적인 자기 과시의 상징이다. 그 중에도 캐딜락은 부의 상징으로 보이기 때문이다. 그래서 남들이 어떻게 생각하건 캐딜락을 끌고 다니면서 왕이 된 느낌을 갖는 것이다. 이들에게는 아무리 다른 것을 많이 주어도 절대로 만족이 되지 않는 법이다. 일단 캐딜락을 가져야 그 다음에 다른 것들이 만족이 되기 시작한다고 볼 수 있다. 이런 현상은 우리 나라 사람들도 비슷하다. 일단 외형적으로 최고의 것을 가져다 놓아야 부자가 되고 귀족이 된 느낌을 가지는 사람들이 많다는 것이다. 그래서 비싼 것을 사서 집에 전시하려 한다. 물론 이것은 거품이다. 지나간 날 우리가 당한 IMF의 충격은 이렇게 해서 시작된 것이다. 이에 비해서 중국 사람들은 정 반대이다. 아무리 부자라도 외모로는 절대로 티를 내지 않는다. 부자인지 아닌지 겉으로는 절대로 알 수 없다는 것이다. 왜 이런 현상이 나타나느냐 하면 동질집단은 동질DML 문화와 가치관을 공유하기 때문이다.

맥가브란의 교회 성장 신학에서 가장 기본적인 원리는 동질집단 원리이다. 동질성이란 단어는 본래 사회학자인 알프레드 슐츠(Alfred Schultz)가 사용했던 개념이다. 동질집단이란 쉽게 말하면 서로 같은 부류라고 생각하는 사람들이 그룹을 형성한 것을 말한다. 맥가브란은 그의 대표적인 저서 『*Understanding Church Growth*』의 동일집단 원리에 대한 설명의 첫머리에서 "사람들은 인종적, 언어적, 또는 계급적 경계선을 넘지 않고 기독교인이 되기를 원한다."고 말하고 있다. 이는 같은 사회집단에서 많은 변화를 하지 않고 기독교를 받아들이고 싶어한다는 것을 이야기한 것이다. 이것은 현재 미국에 있는 교포들의 언어적 장애를 생각할 때 쉽게 이해될 수 있다 또한 한국에 와 있는 미국인들은 한국말을 할 수 있어도 영어로 예배드리는 것이 본성적인 것임을 보여준다. 이 원리는 사람들이 인종적, 문화적 경계선을 넘기를 주저하는 점에서도 잘 나타난다. 사람들이 자신들과 비슷한 배경의 사람들과 어울리기를 좋아하며 그들의 가족생활과 직업, 경제력, 교육수준 및 그들의 지역적 배경이 큰 차이가 없을 때 잘 모이는 경향이 있음을 부인할 수 없다.

맥가브란은 계속해서 설명한다. 인간은 그들 자신의 사회 주변에 장벽들을 건설한다. 각각의 사회는 살아가고, 말하고, 옷입고, 일하는 방식들이 필연적으로 다른 사회들과는 다른 것일 수밖에 없다고 할 수 있을 것이다. 인간은 여러 가지 잡다한 조각들이 모여 이루어진 모자이크와 같으며, 각 조직은 다른 조직에 속한 사람들에게는 생소하고 종종 불쾌하게 보이는 각기 나름대로의 삶의 방식을 가지고 있다. 맥가브란은 이질 단위의 결합의 위험성을 다음과 같이 지적하고 있다.

많은 계층의 무리가 모인다면 자체 내에 배타적인 것이 생기며 각각 그들의 특성을 부인하지 않을 뿐 아니라 합쳐지지도 않는다. 그리스도의 제자가 된다는 것은 단순히 신앙적인 결단만이 아니다. 만약 동질집단이 고려되지 않고 모든 계층의 사람들이 다같이 모여 집회를 형성하면 두 가지 결과가 생긴다. 첫째로는 교회가 약화되며 조직의 기능이 약화되고 분열된다. 둘째로는 모임에 초대받는 것을 그들의 형제와 떠나서 우리와 합하자는 소리로 생각하게 됨으로써 모임의 성장을 막게 된다. 이는 동질집단이 되면 계속적으로 성장하게 되며, 이질집단이 되면 교회 성장을 막게 된다는 것이다. 그래서 그는 거듭하여 연합된 교회들이 침체를 피하고 교회 성장을 이루려면 그들을 구성하고 있는 동질적인 단위들을 염두에 두어야 한다고 강조한다.

그는 또한 전도에 중요한 장애물은 인간의 마음이 본래 악하고, 진리를 싫어하는 때문이 아니라 사회문제 때문이라고 하면서 적절한 예로 한 사람이 기독교로 개종하게 될 때 자기가 속한 사회의 여러 가지 풍속, 습관, 전통 등과 기독교 사이에 상치되는 것이 있기 때문에 믿기를 두려워하는 것이라고 한다.

동질집단의 원리를 비성경적이라고 보기에는 어렵다고 생각한다. 요한계시록 7:9의 "각 나라와 족속과 방언에서 아무라도 능히 셀 수 없는 큰 무리가 흰옷을 입고 손에 종려가지를 들고 보좌 앞과 어린 양 앞에 서서"라는 말씀을 통해서 볼 때 서로 비슷한 특징을 가진 집단들이 무리를 이루어 영광의 찬송을 하고 있음을 보게 된다. 여기에서 우리가 유념해야 할 사실은 이 원리가 중립적인 개념을 함유하고 있다는 사실이다. 다시 말하자면 좋은 결과를 낼 수 있도록 사용될 수도 있고 좋지 않은 결과를 가져올 수도 있다는 것이다. 이 원리를 적용함으로 수적인 면에서의 성장은 기대할 수 있지만 양육의 측면에서 부족한 면이 드러날 수도 있기에 이러한 부족한 점들을 보완하는 노력이 의무로 주어지는 것이다.

② 복음의 수용성 (Receptivity) 원리

미국 최초의 흑인 합참의장인 콜린 파웰이라는 사람이 있다. 그는 지난 91년 걸프전 당시의 전쟁 영웅이다. 그는 미국 최초의 흑인 대통령 후보로까지 거론되었다. 파웰은 뉴욕의 슬럼가인 사우드 브롱크스에서 자랐는데, 청소년시절을 범죄와 폭행과 가난 속에서 공부한 사람이다. 그곳을 오래 전에 떠나왔지만 아직도 그 지역은 가난과 범죄를 벗어나지 못하고 있다. 그런데 그가 졸업한 중학교에서 한 교사가 그에게 "당신이 떠난 이후에도 이곳은 조금도 변화되지 않고 있습니다. 이들을 도와주십시오" 라고 편지를 했다.

파웰은 곧 그의 후배들에게 편지를 보냈다. 그 선생님은 편지를 들고 학생들에게 이렇게 말했다. "여러분, 이 학교에서 콜린 파웰 합참의장이 나왔습니다. 그도 우리와 똑같은 환경에서 자랐습니다. 그가 우리에게 편지를 보냈는데, 편지 내용을 볼까요?" 그 선생님은 편지지를 펼쳐 읽기 시작했다. "여러분 절대 낙심하지 말고 중퇴하지 마십시오. 열심히 공부하시고 미래를 준비하시오. 여러분들 중에는 판사도 나오고 장군도 나오고 위대한 지도자 나올 것입니다. 내가 여러분의 꿈을 바라보고 있습니다." 이 편지를 읽고 난 후 학생들은 비록 힘든 처지에 있지만 자기들도 위대한 인물이 될 수 있다는 희망을 가지고 노력했다. 그 결과 그 학교에서 마약이 없어지고 폭행이 없어졌다.

미국의 흑인들은 대개가 가난하고 어렵고 범죄율이 높지만 반면에 복음에 대한 수용성은 백인들에 비해 높다. 그 이유는 그들은 심령이 가난하기 때문이다.

집단이 복음의 메세지에 대하여 어떠한 정도로 반응하는가를 수용성이라 한다. 맥가브란은 이렇게 말한다. "성장과 전진을 계속하고 많은 개종이 일어나고 있는 교회에 보조가 집중되어야 한다. 이것이 오늘의 전략이다. 오늘날 전 세계에서 추수할 수 있는 수용적인 지역들이 많이 있다. 그러므로 풍성한 결과가 생길 수 있는 지역으로 더 많은 노력을 집중시키고 우선권을 주어야 한다."

미국 내의 한국 사람들은 복음을 받아들이는 수용성이 높기 때문에 한인 교회가 많다. 그러나 멕시코 사람들과 중국 사람들은 수용성이 높지 못하다. 그러므로 선교의 자원투입은 수용성이 높은 자연 그룹이나 지역에 집중되어야 많은 열매를 거둘 수가 있는 것이다. 성경에서 보면 예수님 당시에도 보통 사람들이 종교지도자들보다 복음에 더 수용적이었으며 베뢰아 사람들이 데살로니가 사람보다 더 수용적이었다(행 17:11). 세계의 선교역사를 살펴보더라도 복음에 더 많은 관심을 가진 사람들이 어디든지 있었으며, 하나님은 이러한 사람들을 예비하셨으므로 이러한 사람들에게 복음을 전하는 것이 수용성 원리이다.

따라서 맥가브란은 복음의 수용성이 높은 지역이나 인종을 분석하고 파악하여 일종의 추수신학(Harvest Theology)으로서 이런 곳에 전략적인 차원에서 선교를 집중하자는 것이다. 그렇지만 맥가브란은 다음과 같이 언급하고 있다. "수용성이 적다고 해서 포기를 하여서는 안 된다. 어느 누구도 영접하는 이가 적다고 해서 선교를 그만 두어야 한다고 결론을 내려서는 안 된다는 것이다. 다만 올바른 정책은 성과가 좋지 않은 지역을 가볍게 취급하는 것이다."

그렇다면 이처럼 수용성에 있어서 차이를 가져다주는 요인들은 무엇일까? 맥가브란은 이러한 요인들이 많이 있으며 그 중에서도 새로운 정착민들(New Settlements), 돌아온 여행자들, 무력으로 정복당한 사회, 민족주의, 통제로부터의 해방이 일어나는 사회에서는 복음에 대한 수용성이 높아진다고 한다. 수용성의 요인은 개인과 사회에 어떤 변화가 있을 때, 또는 긴급한 상황과 위기에 처하게 될 때 신앙에 의지하거나 절대적인 신앙의 공동체에 속하려는 인간 본성이 드러난 결과라고 할 수 있다.

③ 집단 개종 운동(People Movement) 원리

집단 개종 운동은 동질 집단 원리에 의거하여 자연적으로 도출되는 원리이다. 이 원리를 이해하기 위해서는 맥가브란의 "People"의 개념을 이해해야 한다. 이 용어는 결혼 및 친밀한 교제생활이 그 사회 내에서만 발생하는 부족, 카스트 또는 여하한 동질의 무리를 의미한다. "People"은 부족 또는 카스트, 종족, 혈족 또는 어떤 사회이든 그 사회의 서로 밀착된 유대를 지니는 부분임을 나타낸다.

그러므로 집단 개종 운동은 모두 동일 부족 출신인 다수의 개인들 즉 5명이든 500명이든 이들의 공동결단으로부터 초래된다. 이렇게 함으로 어떤 집단으로 하여금 사회적 이동 없이 기독교인들이 되게 하여 그들의 비기독교인 친척들과 예전과 다름없는 접촉을 유지하게 하는 것이다. 그러면 그 부족의 다른 그룹들이 여러 해가 지나서 교훈에 적합하게 된 후 유사한 결단에 임하게 되고 그리하여 오로지 그 부족의 구성원들로 이루어진 기독교 교회들을 형성할 수 있게 하는 것이다.

사실상 맥가브란이 "People Movements"를 원리로 정립하기까지는 많은 그의 고민이 있었음을 짐작할 수 있다. 서구 개인주의와 전혀 다른 씨족이나 부족이라는 집단의식이 강한 인도에서 사역할 때에 그곳 집단을 떠나 공동체의 인간관계를 무시한 채 선교사 거주지역에 가서 사는 것이 선교방법으로 좋지 않다는 것을 인식하였다. 그래서 피켓 감독의 영향으로 새로운 전도방법을 연구하기 시작하였다. 즉 인도의 문화권에서는 개인이 결정하기에는 공동집단의 결정이 더 우선적인 영향을 미치고 있음을 발견하였다. 자기 문화권을 벗어나지 않고 공동체 안에서 살면서 인도인 기독교도가 되도록 도와주어야 한다고 그는 결심하였다. 인도인 부락에서 결신자가 발생하면 선교사 거주지역에 피신시켜 보호하던 정책을 버리고 새로 믿게 된 사람으로 하여금 자기가 속한 집단공동체에서 부모형제, 친지들과 기독교인이 되었다는 결정과정을 의논하고 이것을 상의하고 권고하도록 하였다. 즉 많은 사람이 상호의존적인 결신의 과정을 거쳐 집단적으로 믿음의 신앙을 고백하고 그들의 공동체 안에서 예배를 드리는 신앙공동체를 형성하도록 하였다. 이때 이 공동체 안에서 충분한 의견교환과 의논의 과정을 거쳤기에 기독교 신앙에 대한 이해가 있게 된다. 따라서 개인적으로 당하게 될지도 모르는 박해를 방지하게 된다. 이러한 공동체 안에서 토의와 논의를 거쳐 집단이 그리스도께로 돌아오는 운동을 집단 개종 운동이라 불렀다. 공동체들은 사회적인 분산 없이 동일가족 성원들 사이의 뼈아픈 상처 없이 그들의 일상적인 관계를 유지하면서 기독교에로 돌아오게 된다.

집단 개종 운동을 보다 더 잘 이해하기 위해서는 두 어휘를 알아야 한다. 그것은 곧 "다원적 개인"(Multi-Individual)과 "상호 의존적"(Mutually Interdependent)이다. "다원적 개인"이란 많은 사람들이 그 행동에 참여한다는 것을 의미한다. 맥가브란의 연구에 의하면 제 3세계뿐만이 아니라 서구 개인주의 사회에 있어서도 공유결심(Shared Decision)이 있다. 즉 어떤 사회이든지 어떤 일을 하고자 결정할 때 개인들은 공동체의 제약과 통제를 받게 된다. 이렇게 하여 공동체는 집단의식을 소유하게 된다. 따라서 어떤 공동체가 그리스도에게 돌아갈 때 각 개인은 그 최후 결정에 참여한다. 많은 사람들이 결정을 하되 궁극적으로 각 개인이 각자의 마음을 결정하는 것을 다원적 개인의 회심(Multi-Individual Conversion)이라고 맥가브란은 불렀다. "상호 의존적"이라는 용어는 결단을 행한 모든 사람들이 서로 친숙하게 알며 다른 사람들이 행하려고 하는 것의 관점에서 조치를 취한다는 것을 의미한다. 요한복음 1장에서 예수의 제자들이 자기들의 형제, 그리고 친구에게 자기 결심을 알리고 권면하는 것을 상호 의존적 회심이라고 한다.

이러한 집단 개종 운동의 장점을 맥가브란은 5가지로 지적한다. 첫째는 토착화 원리로서 낮은 수준의 교육을 받은 사람도 금 같은 신앙을 나타내며 또한 고향을 떠나지 않고 예수를 믿을 수 있다는 것이다. 둘째는 자립 원리로 자기 문화를 버리지 않고 신앙을 가질 수 있으며 선교사나 외부의 도움 없이도 자립, 자치, 자력전파가 얼마든지 가능하다. 셋째는 자발적 확장이다. 이 원리가 적용될 경우 평신도들이 자발적으로 복음을 전하여 교회가 성장한다는 것이다. 넷째로 주변에 있는 자기 동족이나 친척, 친구 등에게 전할 기회가 많기 때문에 교회 성장에 엄청난 가능성이 있다고 본다. 다섯째는 이 집단 개종 운동이 신자가 되는 데 가장 바람직한 모형이라고 하는 것이다.

맥가브란의 이 운동에 대한 확신은 대단한 것임을 볼 수 있다. 아시아, 아프리카, 오세아니아의 전체 개종자들의 최소한 3분의 2가 이 집단 개종 운동을 통하여 기독교인이 되었으며 오늘날 아시아와 아프리카에 있는 대부분의 기독교인들이 이 운동의 후손들이라는 것이다. 아울러 미래의 대성장은 집단 개종 운동들에 의하여 이루어지리라고 주장한다.

④ 토착 교회 원리(Indigenous Church Principles)

선교전략을 이야기함에 있어 가장 언급이 많이 되고 있는 것 가운데 하나는 토착 교회 설립이다. 맥가브란도 교회 성장이 이루어지기 위해서는 토착 교회 원리가 적용될 때 가능하다고 보았다. 이 원리들이 적절하게 이해된다면 복음의 전파를 위하여 매우 유용하고 탄자니아에서 뿐 아니라 텍사스에서도 마찬가지로 유용하므로 교회 성장을 연구하는 모든 학생들이 진지하게 이 원리들을 받아들여야 한다는 것이다. 지금까지 선교역사를 통해서 많은 복음선포가 있었지만 비기독교인들에게 파고들지 못하였다는 사실에 주목하고 선교사들과 선교학자들은 그 원인 분석에 골몰하여 왔다. 그래서 복음이 보다 효율적으로 전파되도록 하기 위해서는 효과적인 토착 교회 설립에 있음을 지적하여 왔다. 전통적으로 토착 교회 원리는 자급, 자치, 자립전파의 토착교회를 설립하고 헨리 벤(Henry Venn)이 주장한 것처럼 미복음화 지역을 향하여 선교사를 철수하는 것이었다. 물론 루퍼스 앤더슨 (Rufus Anderson)은 토착 교회 설립 후에 선교 교회가 피선교 교회와 선교적인 면에서 계속 협력해야 한다고 주장하였다. 맥가브란은 이러한 토착 교회 선교이론을 다소 약한 것으로 보았으며 그래서 이 단계에서 더 나아가 세워진 토착교회가 선교하는 교회가 되도록 하는 데에까지 나아가야 함을 이야기하였다. 맥가브란은 이렇게 선교하는 교회가 되기 위해서는 완전화 단계(Perfection)가 있어야 한다고 했다.

교회 성장 운동은 교회와 신앙이 지역적인 상황 속에서 적응하여 토착 교회로 세워질 때 교회가 성장한다고 확신한다. 이러한 확신을 가지고 맥가브란은 그의 책 『*Understanding Church Growth*』에서 토착 교회가 더 잘 성장하는 이유를 여덟 가지로 제시하고 있다. 이러한 이유들로 인해 맥가브란은 토착 교회 원리가 적절히 이해된다면 그것들은 복음 전파에 위대한 가치를 가지고 있기에 교회 성장의 모든 연구자들에 의해 신중히 고려되어야 한다고 주장하는 것이다.

⑤ 평신도 지도력 개발 원리

맥가브란의 교회 성장 운동에서 언급되고 있는 또 하나의 원리는 평신도 지도력의 중요성이다. 이것을 윈필드 안(Winfield C. Arn)과 공저인 『*Ten Steps for Church Growth*』에서 살펴볼 수 있다.

개혁주의 교회는 일반적으로 평신도에 관한 신학이 부족하며 평신도의 활용 노력이 적극적이지 못하는 상황이다. 그렇지만 교회 성장 운동은 평신도의 지도력에 중점을 두고 있다. 맥가브란은 교회 성장을 이루기 위해서는 평신도 지도력 향상이 필수적인 것임을 이야기한다.

그는 교회의 지도력을 다섯 가지로 구분하였다. 첫번째 지도자 유형은 평신도로서 자원적 봉사자이고 직분없이 교회를 섬긴다. 두 번째 지도력은 평신도 유형으로 자원적 봉사자이며 교회 직분을 통하여 사역을 감당하는데 주로 이들은 불신자를 전도하거나 이들을 섬기는 일을 한다. 세 번째 유형은 평신도 지도력으로 교회에서 부분적 지원을 받으며 교회 기관을 돌보거나 개척 교회의 사역을 돌본다. 네 번째 유형은 목회자 지도력에 속한 것으로 신학교에서 훈련을 받고 목회에 종사하는 성직자 계층이다. 다섯 번째 지도력은 교회간의 관계와 국제적인 교회 사역을 위한 행정적이고 관리적인 직무를 감당하는 목회자 유형이다. 특히 이중에서 두 번째 유형의 평신도를 훈련시켜야 한다고 주장한다. 효과적이고 역동적인 교회 성장을 이루기 위해서는 두 번째 유형의 평신도를 발굴하고 훈련시켜 활용해야 할 것을 이야기한다.

맥가브란은 평신도 지도자 개발은 다양하고 분기화된 사역이 필요로 한 시점에서 그리고 무엇보다도 평신도 훈련을 통해서 적극적이고 역동적인 효과적 복음전도가 이루어질 수 있다는 사실을 파악하고 검토해야 될 바람직한 원리로 보고 있는 것이다.

⑥ 사회 과학 원리

교회 성장 운동은 교회와 선교회가 여러 민족을 믿음과 순종으로 인도하는 것을 돕기 위하여 문화 인류학과 사회학, 심리학, 커뮤케이션 이론, 통계분석과 같은 사회과학을 이용할 것을 크게 강조한다. 그러기에 풀러 신학교는 모든 학생들에게 핵심과목으로 성경의 선교신학, 교회 성장학, 기독교 선교 운동(선교역사), 인류학, 물활론(animism)을 택하게 요구한다. 한가지 예로, 맥가브란의 사회학 이론은 문화와 사회를 유기적 통일체로 보는 고전적 사회이론에 크게 의존한다. 막스 베버, 소로킨 등의 말을 인용하지는 않으나 대체로 그 원리를 적용한다. 흥미로운 사실은 교회 성장 이론을 부르짖는 풀러 세계 선교 대학원 교수들은 신학이나 철학분야의 박사학위를 가진 사람이 거의 없다는 것이다. 오히려 이들 교수들은 교육학, 토목공학, 사회 윤리학, 어학, 농학, 인류학 등 주로 과학적 방법이 다루어지는 그런 분야에서 교육받은 사람들이라는 점이다. 물론 이 교수들은 또 두 신학과정을 밟은 사람들이다. 맥가브란은 자신이 교회 성장이란 사회 속에서 발생하기 때문에 제반 사회과학에 크게 의존한다고 말한 대로 통계학, 사회학, 인류학에 많이 의존하려 하였다. 이것은 그가 선교 사역시에 인도에서 연구하였던 배경이나 방법, 그리고 그의 교회 성장 신학 원리를 보아서도 알 수 있다

그렇지만 성경은 하나님의 목적을 완성함에 있어 초자연적인 것, 신적인 것임을 감안할 때 과도하게 사회과학적 접근에 의존한다는 것은 분명 위험한 요소가 있음을 부인할 수 없다. 그래서 맥가브란은 교회의 성장에서 신적인 요소를 꾸준히 강조하고 있다. 비록 맥가브란이 교회 성장에 도움이나 방해가 되는 문화적인 요소의 중요성을 강조하기는 하지만 그는 교회 성장의 제일 원천은 신학적인 요소임을 인정하는 데 주저함이 없다. 그것은 바로 인간의 모든 삶과 행위 가운데 있는 성령의 역사이며,

이는 교회를 신적인 제도 곧 하나의 유기체로 인식함을 뜻한다.

(2) 맥가브란의 교회 성장이론의 공헌과 문제점

① 공헌

교회성장운동에 대해 찬성하는 주장도 많이 있지만 비판하는 시각도 만만치 않음을 볼 수 있다. 비판하는 시각 중에 어떤 사람들은 맥가브란의 주장에 대해 철저한 이해가 부족하여 적절한 판단이 미흡한 경우가 있음을 볼 수 있다. 교회성장론이 무엇인가에 대해 죠지 헌터(George G. Hunter)는 12가지로 설명하였는데 맥가브란은 이에 전폭적으로 동의하였다. 이것을 요약하면 다음과 같다.

1. 전도의 목적은 제자를 만들어 그리스도의 교회에 가입시키는 것이다.
2. 교회 성장학은 과거의 성장을 분석하고 새로운 성장을 계획함에 있어서 통계 숫자와 통계표를 중시한다.
3. 교회 성장학은 교회 성장의 목표설정을 중시한다.
4. 교회 성장학은 어떤 특정한 전도 전략만이 모든 문화에 적용된다고 보지 않고 오히려 토착적 전략을 강조한다.
5. 교회 성장학은 선교전략을 개발하기 위하여 사회과학, 즉 사회학과 문화인류학을 중요시한다.
6. 교회 성장학은 효과적인 전도 이론을 발전시키기 위하여 실제적인 연구를 강조한다.
7. 교회 성장학은 과거의 전도 원리와 방법을 재평가하고 새로운 것을 개발하기 위해 노력한다.
8. 교회 성장학은 복음을 잘 받아들이는 수용적인 사람들이 있음을 믿는다.

9. 교회 성장학은 과감한 교회개척이 필요함을 인정한다.

10. 교회 성장학은 이론과 전략을 위한 세계 전체에 걸친 자료를 가지고 있다.

11. 교회 성장학은 결신자를 교회에 가입시키는 것이 전도의 목적이라는 고교회관(a high doctrine of the church)을 믿는다.

12. 교회 성장학은 교회 성장이 하나님의 뜻임을 확신한다.

이상의 요약에서 보여준 것처럼 교회 성장학은 기존의 전도 원리와 방식을 검토하고 전반적인 연구를 통하여 현장의 실제적인 경험이 반영된 새로운 전략이라고 볼 수 있다. 이러한 교회 성장 이론의 공헌은 무엇일까?

첫째로, 이 운동의 가장 큰 공헌은 교회의 복음적 사명(the evangelical mandate)을 강조함으로써 교회로 하여금 국내의 전도와 세계 선교에 대한 관심과 열정을 심어줄 뿐 아니라 이 소중한 사명을 어떻게 효과적으로 감당할 수 있을 것인가에 대한 도전과 고민을 던져 준 것이다.

교회 성장운동의 창시자라고 할 수 있는 맥가브란은 그 자신이 약 30여 년 동안 인도 선교사로 일하였다. 그가 가지고 있던 최고의 가치는 위의 요약에서 보여주고 있는 것처럼, 어떻게 하면 소중한 복음을 증거하는 것이며 더 효과적으로 증거하여 더 많은 결실을 얻느냐 하는 것이었다. 현장의 체험을 통하여 어떻게 하여야 같은 시간과 물질을 투자하여 더 많은 결신자들을 얻을 것인지에 대한 관심과 노력이 집중되었다. 그 결과, 많은 연구들을 통하여 효과적이라 여겨지는 새로운 이론들을 제시하였던 것이다. 아울러 선교가 단순히 그리스도의 복음을 전파하는 것에서 더 나아가 각 신자들을 제자화하여 교회의 일원이 되게 하는 일까지 포함한 것임을 그는 지적하였다. 이 제자화를 강조하는 맥가브란의 선교의 개념과 열정에 영향을 받아서 많은 교회가 그대로 실천하여 대 교회가 되었다. 그리고 대 교회로 성장한 많은 교회들이 복음적 사명을 더욱 힘있게 큰 활력을 가지고 실천하게 되었다. 즉, 국내의 전도와 세계선교에 더 많은 재력과 인력을 투입하여 더욱 큰 성과를 거두고 있다.

둘째로, 수적인 성장을 교회 성장의 기본으로 강조함으로 교회의 증가와 교세의 확장에 기여하고 있다는 사실이다. 많은 사람들은 이러한 수적 성장에 대해 반대한다.

이와 같은 주장은 전반적으로 성경에 대한 이해의 차이에서 제시되지 않았나 생각한다. 다윗이 사람들의 수를 조사했을 때는 하나님이 그렇게 할 것을 명하셨다(삼하 24:1-48). 물론 그것은 심판을 하시기 위함이었다. 그리고 역대기 저자는 다윗이 그렇게 하도록 사탄이 그를 격동시켰다고 기록하고 있다(대상 21:1). 그리하여 죄가 거기에 있었다. 그러나 그 죄는 교만이나 자만, 더 작게는 불신으로 인한 결과였다. 하나님의 백성을 세는 것이나 그 결과를 숫자로 평가하는 것은 죄가 아니다. 우리에겐 그러한 행위로 가득 찬 책이 있다. 민수기(Numbers)가 있지 않은가!

초대교회는 교회로 들어오는 사람들의 수를 세는 것을 두려워하지 않았다. 삼천, 오천, 수많은 남자와 여자들, 허다한 제사장의 무리들이 그 표현들이다(행 2:41, 47;4:4;6:1,7;11:21;16:5). 또한 단도직입적으로 이야기하자면 교회가 수적으로 성장하여야 더 광범위한 복음사역을 할 수 있으며 사회나 국가적으로 그리스도인들이 요소 요소에서 역량을 발휘할 기회가 넓어지며, 그래서 사회 참여와 봉사활동을 힘차게 할 수 있지 않겠는가? 맥가브란은 단지 교회의 양적인 숫자만 강조한 것이 아니다. 우리 주님이 우리에게 가장 간절히 원했던 것, 즉 잃어버린 자를 찾아 구원하는 것과 질적인 성장을 분리할 때 그것은 곧 기독교적이 되지 못할 것이라고 주장한다. 양적인 성장이 이루어지려면 질적인 성장에 의존하여야 한다. 진정한 양적인 성장이란 질적인 성장이 병행되지 않으면 이루어질 수 없음을 이야기한 것이다. 따라서 맥가브란이 수적인 중요성을 강조한 것에는 본질적으로 상호의존관계를 가지고 있는 질적인 면을 전제하고 있음을 알 수 있는 것이다.

그렇지만 이러한 양적인 성장의 피상적인 면을 고려한 나머지 물량주의로 나아가는 것을 경계하여야 한다. 물량주의에 사로잡혀 양적인 성장에만 몰두하는 것은 매우 위험한 일이며 결국 많은 부작용과 문제를 야기시킬 수밖에 없음을 알아야 한다. 또한 양적인 성장에만 몰두할 때 궁극적으로는 모든 성장은 멈추고 마는 것을 역사 속에서 많이 경험해 왔다. 질적인 성장이 있어야 궁극적으로 양적인 성장이 이루어질 수 있을 것임은 너무도 자명한 사실이다. 그러기에 교회 성장 이론을 적용함에 있어 맥가브란의 전략이 양적 성장에 집중되어 있다고 오해하여 질적인 면을 소홀히 여겨서는 안된다. 질적인 성장이야말로 결국에는 양적으로 성장해 가는 필수적인 요소임을 기억하여야 할 것이다. 아울러, 맥가브란의 이론이 질적인 성장을 전제하고 양적인 측면을 강조하여 전략이 세워졌지만, 앞으로는 질적인 측면에 대한 구체적인 노력도 반영되어야 함을 과제로 남기고 있다.

또 한편으로, 교회 성장에는 관심이 적은 자유주의 신학자들은 교회의 목적은 사회정의를 구현할 수 있어야 한다고 주장한다. 교회 성장의 관점으로 생각하는 것은 살아남기 위한 계획일 뿐 그것은 그리스도에 의하여 우리 앞에 제시된 삶의 양식과 정반대 되는 것이다. 그러므로 교회의 사명은 이 땅에서의 인간화를 위한 하나님의 역사에 동참하는 것이다. 교회는 그 자체가 하나의 목적이 아니다. 하나님 안에서 인류 전체가 이미 화해의 시대라는 새로운 시대, 곧 하나님과의 새로운 관계를 맺는 시대로 옮겨 가고 있다. 그렇지만 구약과 신약의 전체적인 주제 중의 하나는 세계의 복음화이다. 세계의 복음화는 새 언약과 구약 모두에서 공언된 하나님의 의지이다. 잃어버린 인간이 교회의 선포된 복음을 통하여 구원을 받는 것은 하나님께서 원하시는 가장 큰 일임은 성경 전체의 핵심이다. 잃어버린 자들이 더해지는 교회 성장은 거부할 수 없는 하나님의 뜻인 것이다. 이러한 제1차적인 핵심을 경시하고 인간의 복지와 정의를 더 중시한다면 이것은 복음의 목적이 도치되어 결국은 쇠퇴와 혼동의 격동을 겪어야 할 것이다. 사실상 이러한 쇠퇴의 결과를 자유주의 교회들에서는 더욱 심각하게 맛보고 있는 상황이다.

복음화는 우리 시대에 매우 정당한 일이며 잃어버린 세계를 향한 교회의 제1차적인 사명이다. 교회의 책임은 모든 사람들에게 복음을 선포하는 것이지만 그 목표는 그들을 구원하는 것이라야 하며 단지 알리는 것으로 끝나서는 안 된다. 이러한 이유로 선교와 전도는 더욱 힘차게 세계 곳곳에서 일어나야 하며 이것이 교회의 사명인 것이다. 이러한 사명의 효과적인 수행의 결과로 교회로 나오는 숫자가 많아져야 하며 교회의 수가 증가되는데 강조가 되어야 하는 것이다. 이러한 자세와 사명을 더욱 새롭게 해 준 것이 바로 교회 성장 운동의 공헌이라 하겠다.

② 문제점

교회 성장 이론에 대한 지금까지의 견해는 서로 긍정과 반대가 교차하고 있음을 보게 된다. 객관적이면서도 오히려 지지하는 관점에서 평가를 내린 맥퀼긴(J. R. Mcquilkin)은 그의 저서 『교회 성장 평가』(*Measuring the Church Growth*)에서 다음과 같이 평가하였다.

1. 교회 성장 학파의 수적 성장의 개념은 성경적이다. 이것은

허용만이 아니라 명령이다.

2. 수용성원리도 성경의 증거가 있다.

3. 대중운동은 성경적 명령은 없지만 전례가 있다.

4. 문화인류학은 명령은 없지만 과학을 이용할 수 있다. 그러나 조심스럽게 사용해야 한다.

5. 교회 성장 이론을 적용함으로 대성장이 가능하느냐는 알 수 없다.

그는 교회 성장 이론의 핵심인 수적 성장, 수용성원리, 대중운동, 사회과학의 성경적 타당성에 대해 명령, 증거, 전례, 가능성, 보류의 평가를 내리고 결론으로 교회 성장 운동의 가설은 하나님의 말씀에 근거한 든든한 신학적인 기조에 의존한다고 하였다. 그렇지만 여러 다른 학자들은 이에 대한 문제점도 아울러 지적하고 있다. 여기에서는 성경적 기준에 비추어 교회 성장 이론의 문제점을 살펴보고 이 이론이 갖고 있는 신학적 문제는 무엇이 있으며, 아울러 신학자들이 가장 대표적으로 꼽고 있는 교회 성장 이론 3가지의 문제점에 국한하여 간단히 진단해 보고자 한다.

성경적 문제

교회 성장 학파인 알란 티펫(Alan R. Tippet)은 교회 성장학이 성경적임을 증명하기 위하여 『*Church Growth and the Word of God*』을 저술하였다. 이러한 변호들에도 불구하고 남침례교의 마일즈(Delos Miles)는 교회 성장학의 공적을 높이 평가하면서도 잘못된 성경해석을 다음과 같이 지적한다.

교회 성장 운동은 때때로 이미 정한 견해를 지지하기 위하여 성경을 잘못 해석한다. 가장 대표적인 예가 제자 삼음과 양육을 분리하기 위하여 시도한 마태복음 28:19,20에 대한 맥가브란의 잘못된 해석이다. 그 본문의 정확한 해석은 그것을 지지하지 않는다. 따라서 맥가브란은 억지 해석을 하였다. 이와 더불어 마태복음 28:19-20의 "모든 백성"을 이방이 아닌 동질집단으로 해석한 것과 제자화(discipling)와 완전화 단계(perfecting)를 분리한 해석은 잘못으로 지적되고 있다. 이점에 있어서 피터 와그너(C. Peter Wagner)교수도 같은 오류를 범하였다. 예를 들면 사도행전 1장에서 가룟 유다 대신 맛디아가 제비 뽑혀 선택된 것을 와그너는 맛디아가 아람말을 하는 나머지 열 한 제자와 동질 집단이기 때문이라고 주장한다. 이것은 마음에 이미 결론을 가지고 성경에 접근한 예라 생각된다. 유대인들에게 복음이 먼저 전해진 것도 구약의 언약 사상에 배경한 것인데 교회 성장 학파는 이를 지나치게 문화적 동질 집단 원리로 해석한 것이다.

신학적 문제

교회 성장 운동이 안고 있는 문제점 중에 첫째로 지적할 수 있는 것은 신학적 중립성(theological neutrality)의 표방하에 그것이 노출하고 있는 신학적 입장의 모호성이라는 점이다. 맥가브란은 교회 성장신학은 선교의 열의가 신학적 교리의 의견 차이로 인하여 저해 받기를 원치 않기 때문에 교회 성장의 기본적 입장만을 제시할 뿐 나머지는 각 교파의 신학자 각인이 신학적으로 완성하여야 할 것이라고 한다. 이러한 맥가브란의 신학적 배경은 아더 글래서가 쓴 글에서 엿볼 수 있다. 맥가브란의 신학적인 유산은 19세기 초에 스코틀랜드와 미국 개척자에게서 동시에 발전된 회복 운동인 그리스도의 제자 운동(Christian Church Disciple' s of Christ)에 뿌리를 두고 있다는 것이다. 이들이 가장 중요시한 초점은 신앙의 영역에서 모든 편협하게 굳어진 것들에 대한 개혁에 있었다. 이것의 중심은 그리스도의 몸의 연합에의 열정, 당파심에 대한 미움, 생명과 믿음과 신약교회의 회복이 없으면 연합이 성취될 수 없다는 데에 대한 깊은 확신감이었다. 여기에서 볼 수 있는 것처럼 이들은 당파심으로 인한 심한 분쟁과 불화로 지치고 피곤하였다. 하나님의 단일성에 대한 표현과 경험을 하고자 하는 열정이 배어져 있는 것이다. 이러한 신학적인 유산 때문에 맥가브란은 종파적인 사람이 아니었다. 그는 그리스도를 하나님으로, 구주로서 고백하는 자는 모두 기꺼이 영접한다.

사실상 교회 성장 운동을 신학적으로 일괄적으로 정리한다는 것은 매우 어려운 일임을 알 수 있다. 맥가브란 자신은 교파적으로 "그리스도의 교회"에 속하였고, 풀러 신학의 동료 교수였던 알란 티펫은 웨슬리 신학의 전통을 가진 감리교 목사였으며, 아더 글래서는 약간 온건한 개혁주의 신학의 관점을 가진 개혁장로교회 목사였다. 따라서 교회 성장 이론은 신학적으로 개혁주의라고 할 수 없고 웨슬리안이라고 부를 수도 없는 것이다.

이러한 혼재로 인해 잘못된 신학적 적용이 되고 있는 것을 보게 된다. 예를 들면 사람들이 예수를 구주로 영접하지 않는 것은 그들의 죄 때문이 아니라 잘못된 접근 때문이라고 한다. 또한 교회 성장을 위한 평신도 훈련, 리더십 훈련 등 인위적이고 기능적이며 기술적인 측면들을 강조하는 경향이 있어 구원의 일이 하나님과 사람의 협력적 사업이라는 신념을 가진 듯한 인상을 줌으로써 펠라기우스주의라는 비난을 받기도 한다.

둘째로, 교회 성장 신학은 "교회 성장"과 "하나님의 나라 성장"을 동일시한 결과 교회 절대주의를 낳고 교회의 사회 참여 의식을 약화시킨다는 것이 그 문제점으로 지적받고 있다. 교회 성장 신학자들 중에서도 이 문제에 대하여 많은 관심을 가진 에디 깁스 (Eddie Gibbs)는 맥가브란에게 있어서 교회와 하나님의 나라의 구별이 모호함을 지적한 바 있다. 맥가브란을 필두로 하여 다수의 교회 성장 학자들이 교회와 하나님의 나라를 동일시하는 경향이 있음을 볼 수 있다. 이렇듯이 교회 성장이 하나님 나라와 동일 선상에서 절대적으로 뒷받침되고 있기에 교회 성장 지상주의로 흐르기 쉬워 경시해서는 안될 크리스천의 사회적, 경제적, 정치적 활동의 중요성을 경시하는 경향이 있다.

동질 단위 집단의 원리 문제

이 원리에 의하면 전도의 중요한 장애물은 인간의 본질적인 부패, 진리를 싫어하는 마음에 두지 않고 사회 문제에 두고 있다. 그렇다면 한 사람이 기독교로 개종하게 될 때 자기가 속한 사회의 여러 가지 풍속, 습관, 전통 등이 기독교의 교리적 핵심보다 우선 순위가 되는 것이다. 이것은 우선 순위에 있어 인간의 죄성과 타락보다는 군집 전체의 속성에 초점을 맞추고 있기 때문에 중요한 기독교 교리의 강조가 흐려질 위험성이 존재한다고 여겨진다.

이 원리는 성경적 타당성을 인정받지 못하고 있다. 성경에서는 예수 그리스도 안에서 모든 동질 단위가 하나가 되어야 할 것을 이야기한다. 교회야말로 모든 단위가 융화되는 용광로와 같은 역할을 감당해야 한다. 이질적인 요소가 있다 할지라도 서로 그리스도 안에서 하나가 되며 비록 다른 이질 그룹이 모였다 할지라도 한 지체이며 한 동역자인 것을 실천해야 하는 집합체가 되어야만 한다. "너희는 유대인이나 헬라인이나 종이나 자주자나 남자나 여자 없이 다 그리스도 예수 안에서 하나이니라"(갈 3:28). 성경은 유대인과 이방인 간의 인종적 장벽이 제거되어야 한다고 말한다. 종이든 자유자이든 그리스도 안에서는 구별이 없어야 할 것을 이야기한다. 또한 골로새서 3:11은 우리로 하여금 모든 이질적인 요소들이 극복되어져야 함을 다시 한 번 이야기한다. "거기는 헬라인과 유대인이나 할례당과 무할례이나 야인이나 스구디아인이나 종이나 자유인이 분별이 있을 수 없나니 오직 그리스도는 만유시요 만유 안에 계시니라." 이러한 교훈에 따라 초대교회는 이질 집단이 하나로 모였다. 무식한 자(행 4:13), 제사장(행 6:7), 바리새인(행 15:5), 가난한 자(행 2:44; 4:32-37)가 모였으며 가정에서 예배를 드렸지만 동질 단위로 모였다는 증거가 없다. 이러한 근거로 어떤 신학자들은 교회 성장학파가 말하는 동질 단위 원리는 성경적 근거가 없으며 사회적 관찰에서 출발하여 선교 전략을 발전시킨 후에 성경적 지지를 모색한다고 주장한다.

동질 단위 원리에 의하면 한국인 목사가 일본인 교회에서 목회하기가 힘들다. 그러나 이방인 교회인 안디옥 교회는 구브로 출신의 바나바와 유대 출신의 바울이 동역하면서 목회했다. 이 점에서 사도들은 이질 집단을 잘 극복하였다 작금의 한국교회의 현실을 보면 지방, 혈연, 동창, 직업 등으로 모여드는 것을 부인할 수 없다. 그렇지만 이러한 양상은 경제적, 도덕적 실패의 모습일 수 있다. 이런 상황에서 동질 집단 원리를 이용하게 된다면 이는 더욱 파당주의와 분파주의를 낳게 되어 그 혼란은 심각한 상황에 이를 것임에 분명하다. 그리스도의 몸을 화해할 수 없도록 철저하게 나누어 버리는 어리석음을 저지를 수 있음을 우리는 경계해야 한다. 좀 더 가시적이고 계수적인 성장을 이룬다 해서 이 이론을 적용한다면 결국은 성장이 아니라 쇠퇴와 좌절에 처하게 될 것임을 우리는 예측할 수 있다. 또한 폐쇄적인 차별주의를 낳을 수도 있다는 사실을 경계해야 한다. 로잔대회에 참석하였던 어느 아프리카 흑인 대표는 자기 나라에 돌아가서 동질 집단 원리를 새로운 인종 차별주의라고 방송하였다고 한다.

사실상 이 원리는 성경적 근거가 빈약하다. 또한 "인종적 편견"이나 "특수층 형성"에 기여하여 오히려 사회적 불평등과 갈등을 야기시킬 수 있는 가능성이 많다. 또한 "세계적 교회"(The Church Universal)라는 사상과 조화를 가지기 어려우며 분리를 조장할 수도 있다. 따라서 이 동질 집단 원리는 맥가브란의 다른 원리들보다 활용하는 데 많은 주의가 요하는 것이라 생각한다.

이러한 난점들이 있기에 대부분의 선교학자들은 교회 성장 원리 가운데에서 이 동질 단위 원리에 대해 가장 많은 비판을 가하고 있다. 이런 상황일지라도 많은 결실을 예측하며 동질 단위 원리를 전략적인 측면에서 적용코자 할 경우에는 하나님의 말씀 안에서의 심층적인 양육과 훈련이 이루어짐으로써 그리스도인들의 믿음이 성숙한 분량에 이르며 우주적인 교회의 지체 의식을 강화하는 초인종적이고 초문화적인 교회 협력과 선교에의 동참을 촉진시켜야 하리라 생각한다.

복음의 수용성 원리의 문제

맥가브란은 성장과 전진을 계속하는 교회에 보조가 집중되어야 하는데, 이것이 오늘의 전략이라고 주장한다. 응답을 보이는 이들에게만 전념해야 한다는 원칙에 대해서 일부 선교 이론가들은 세 가지 이유에서 반대하고 있다.

첫째로, 성령의 인도하심을 기다리지 않는다는 것이다. 선교의 주체는 성령이며 적절한 인도자이시고 유능한 전략가이시기에 선교의 과제는 결과에 신경쓰지 말고 보냄을 받는 곳으로 가기만 하면 된다는 것이다. 사도행전 16장을 보면 사도 바울 자신이 복음을 증거하고자 했던 곳(소아시아 지방)이 있었지만 성령이 인도하시어 궁극적으로 마케도니아로 가서 복음을 전하게 되었다는 것을 기록하고 있다. 이렇듯이 선교의 주체와 인도자는 성령인데 이러한 성령의 역사를 기다리지 않고 가시적인 결과를 가지고 접근하기 때문에 오류가 있을 수 있다는 점이다.

둘째로, 선교의 대위임명령(Great Commission)을 거부할 수 있다는 것이다. 성경의 가르침은 한 지역에서의 많은 증인이 아니라 많은 지역에서 한 사람의 증인, 곧 만인을 향해 복음을 전하는 것이라고 이들은 주장한다. 마태복음 28:19을 보면 "모든 족속"이라고 기록되어 있으며 누가복음 24:47에도 "모든 족속"이라고 기록하고 있다. 따라서 수용성이 좋은 지역을 선별하여 그 곳에 노력과 보조가 집중된다는 것은 바람직하지 못하다는 것이다.

셋째로, 봉사의 본질은 특정한 곳에만 한정될 수 없다는 것이다. 그리스도인들의 목표는 다수가 아니라 하나님께 영광을 돌리는 것이며, 부름을 받은 것도 성공이 아니라 순종을 위한 것이라는 것이다. 그러기에 청지기는 어느 곳에서든지 성실을 다하여야 하며 그 결과는 하나님의 책임이라는 것이다. 어떤 신학자들은 교회 성장 신학이 선교를 교회 성장에만 제한하는 것을 비판하면서 교회는 그 곳이 어느 곳이든지 모든 사람들을 위한 선교를 하여야 한다고 주장한다 그러기에 선교의 대상은 전 세계 모든 구석구석이며 반드시 그리스도 안에서 복음을 모르는 사람들만을 위한 것이 아니고 그리스도의 이름을 입술로 고백하지만 실제 그들의 신앙은 죽어있고 그리스도의 선교에 동참하지 않은 사람들도 위하는 것이어야 한다는 것이다. 수용성의 전략에 따라 수용성이 덜한 지역이 소외되어서는 안 된다는 것이다. 결론적으로 종합하여 본다면 수용성 정도에 대한 과학적이고 합리적인 수치를 가지고 그리스도의 선교사역 자체와 성령의 역사를 제한해 버리는 실수를 할 수도 있다는 문제점이 있다는 것을 지적하고 있는 것이다. 그렇지만 맥가브란이 수용성의 정도에 따라 수용성이 높은 곳에 시간과 인력 등의 노력들이 집중하여야 할 것을 주장하지만 아울러 수용성이 낮은 지역에 대해서는 전혀 도외시하고 있지 않음을 그의 저서에서 알 수 있다.

집단 개종 원리 문제

어느 동질의 그룹이 복음에 수용적이어서 예수를 믿게 될 때는 한 개인이 아닌 집단 개종이 일어난다. 특히 아프리카와 아시아의 부족적 권위주의적 사회에서 추장이나 지도자가 개종할 때 많은 추종자가 따랐던 것을 볼 수 있다. 그러나 이러한 집단 개종은 본 훼퍼가 말한 "값싼 은혜"의 종교로 기독교를 전락시킨다는 비판을 받을 수도 있다. 맥가브란이 이야기하고 있는 집단 개종과는 다소 상이한 점이 있지만 다수가 한꺼번에 개종하는 집단 개종은 선교 역사에서 문제점을 야기시켰음을 보게 된다. 일찍이 로마 카톨릭 선교사들은 정치적인 영향력이 있는 소수 특정 계층을 복음화의 대상으로 삼은 전략을 구사하였는데 이 경우 선교의 대상이 되는 그룹이 정권을 상실하거나 그 영향력을 잃게 될 때 선교 사역도 종말을 고하게 되었다. 이런 경우를 네스토리우스 교파 선교사들의 중국 사역에서 찾아볼 수 있고, 반동 종교 개혁 세력으로서 예수회 선교사들이 일본과 중국에서 벌인 활동 속에서 발견하게 된다.

또한 집단 개종을 하였을지라도 진실한 개종이 아니기에 심층적인 양육이나 구체적인 신앙훈련 등 후속 조치가 없을 경우에는 혼합주의 성향을 띠는 기독교적 이교주의(christo-paganism)를 낳게 된다. 이런 예를 특히 로마 카톨릭의 주무대였던 남미나 필리핀에서 찾아볼 수 있다. 맥가브란의 지적과 같이 서구 교회에도 왕이 개종함으로 국가가 기독교화한 실례를 역사가 증명한다. 그러나 이러한 기독교국이 될 때 교회는 오히려 영적 성장보다 부패와 쇠퇴가 있었다. 맥가브란도 콘스탄틴 대제 이후에 일어난 집단 개종 운동이 신자들의 윤리적 수준을 크게 향상시키지 못했으며 예수를 믿기보다도 이교적 신앙의 색채를 나타내었음을 인정한다. 집단 개종 운동은 성경적 근거가 확실하지 않으며 또한 비성경적이라고 보기에는 무리가 있다. 왜냐하면 이 원리에 맞추기 위하여 성경의 예를 사용하고 있는 것을 발견할 수 있기 때문이다. 예를 들면, 12제자를 집단의 개념으로 보는 것, 고넬료와 그의 일가 친척의 개종과 빌립보 간수와 그의 친족들의 개종을 집단 개종으로 보는 것이다. 그리고 마태복음 28:19의 대위임명령도 민족 단위의 복음화 제시라기보다 전 세계를 향한 전도의 지상명령이며 세계 복음화를 의미하고 있는 것이다. 나이지리아 선교사였으며 칼빈 신학교 선교학 교수인 로버트 렉커(Robert Rocker)도 많은 사람들이 집단 개종 운동을 강조할 근거를 신약에서 찾는다는 맥가브란의 이야기를 전제하면서 다음과 같이 주장하였다.

사실 초기의 신약교회는 주로 유대인들 아니면 전에 유대인 개종자들, 그리고 신을 경외하는 자들이었다. 그러한 의미에서 그들은 한정할 수 있는 사회적 집단이었으며 회당은 교회의 초기화장에 다리와 경기장 역할을 하였던 것이다. 그렇지만 이것이 후대의 집단 개종 운동에 유사한 것 또는 성경적 근거를 마련해 주지는 못한다. 그러므로 아시아와 아프리카를 중심으로 한 선교사역의 경험에서 얻어진 이 원리가 유럽과 북미의 개인주의적 사회로 활용될 수 있느냐 하는 문제가 있다. 또한 집단적인 성향이 강한 사회, 즉 아시아나 아프리카 지역에서는 집단적 개종의 단체적인 의사결정을 단순히 개인이 순종하는 차원에서 개인의 의견이 반영된 다원적 개인의 회심으로 여겨질 수 있는 위험이 따르게 된다. 사실상 역사적으로나 현재의 상황으로 볼 때에 많은 사람들이 신앙을 고백하였다고 말하지만 이 세계에는 "세례 받은 이방인"이 너무 많다. 물론 이러한 점을 보완하기 위하여 다원적 개인 (multi-individual)과 상호 의존(mutually interdependent)의 회심의 개념이 연구되었음을 안다. 그렇지만 한 영혼의 각개의 회심보다는 다수를 통한 회심운동이기에 개인적인 요소가 고려된다고 하지만 집합적 행위로 결신이 이루어진다는 점을 고려할 때 보다 더 세밀한 접촉과 적용이 요구되며 계속되는 신앙적 후속 조치들이 병행되어야 할 것이다.

3. 피터 와그너의 교회 성장이론

피터 와그너는 교회 성장에 대해 정의하기를 "교회 성장은 예수 그리스도와 인격적 관계를 갖지 않고 있는 모든 남녀를 그리스도와의 친교와 책임성 있는 교회 회원으로 이끄는 데 수반되는 모든 것을 의미한다"고 하였다. 이 정의에서 먼저 교회가 무엇인지 알아보면 "예수 그리스도와 인격적 관계를 갖고 그리스도와 친교하고 책임성을 갖는 남녀들"이라고 할 수 있다. 이것은 하나님께 부르심을 받고 하나님의 나라를 위한 사명을 가진 모든 하나님의 백성을 의미한다고 보겠다. 여기에 성직자, 평신도, 남녀노소, 각계 각층의 사회인들이 포함되어 있다고 본다. 그리고 그 교회를 성장시키는 일은 "비 그리스도인들을 교회 회원, 즉 그리스도인이 되게 하고 그리스도와의 친교와 그리스도인의 책임을 다할 수 있도록 하는 데 수반되는 모든 것"이라고 하였으니 성장을 위한 다방면의 활동을 생각할 수 있다.

(1) 성장하는 교회의 지도자들에게 나타나는 공통적 성품

① 일편단심의 순종

성장하는 교회의 지도자들은 예수 그리스도의 주권을 강하게 인식하고 있다. 저들은 디트리히 본회퍼(Dietrich Bonhoeffer)의 말과 같이 "제자로서의 값"을 지불하고 있는 사람들인 것이다.

저들은 하나님의 위대한 분부를 이루어드리고 또 그 분부에 순종하기 위해서는 어떠한 대가도 개의치 않고 기쁜 마음으로 일하는 것이다(마 28:19-20). 저들은 신실한 청지기가 되는 데 있어서는 그 청지기의 노력 여하에 따라 최종적인 평가가 이루어진다는 것을 알고 있다. 저들은 마지막 날에 "잘 하였도다 착하고 충성된 종아"라는 말씀을 듣기를 간절히 소원하고 있는 것이다(마 25:21).

② 확고부동한 목적

성장하는 교회의 지도자들은 확신을 가지고 행동하고 있다. 즉 저들은 하나님의 뜻이 세계를 복음화 시키는 데 있다는 것을 알고 있다. 또한 저들은 하나님께서 저들을 통하여 성취하시기로 원하시고 계시는 그 일에 자신들이 하나님의 도구로 사용되어야 한다는 확신을 가지고 행동하고 있는 것이다. 그러므로 저들은 기쁜 마음으로 측정할 수 있는 목표를 정해 놓고 그 목표에 비추어 자신들의 성공과 실패를 결정하는 것이다. 이와 같은 저들의 행동이 어떤 사람들에게는 무모하게 보일지도 모르나 저들은 그것을 개의치 않는다. 저들은 결심자의 수를 헤아린다든지 또는 "예수님을 영접하는 기도"를 드리는 사람들의 수를 헤아리는 데 전도의 성과를 평가하는 기준을 두는 일 같은 것은 이미 오래 전에 포기하였다. 저들은 다만 진정한 "제자들"에 관심을 기울이고 있는 것이다. 즉 근본적으로 예수 그리스도께 헌신하고 교회 안에서 책임감 있는 교인으로 인정받는 그런 제자들이 되느냐가 중요한 것이다.

③ 통찰력 있는 연구조사

성장하는 교회의 지도자들은 잠언 18:13에 나타나 있는 "사연을 듣기 전에 대답하는 자는 미련하여 욕을 당하느니라"는 말씀에 내포되어 있는 참뜻을 잘 파악하고 있는 사람들이다. 그리스 도인들의 많은 행동이 어리석기 그지없는 이유는 현실을 똑바로 알지 못하고 행동하는 데 있는 것이다.

아직도 교회 성장에 관한 연구 조사의 방법론에는 발전의 여지를 많이 남겨두고 있기는 하나 이 분야의 실질적인 진전은 이미 많이 나타나고 있다. 교회 성장에 관한 합리적인 계획에 대하여 새로운 지식은 점점 더 활발해져 가고 있다.

④ 냉정한 평가

성장하는 교회의 지도자들은 너무 지나치게 실용주의적이라고 비판을 종종 받아 왔다. 저들이 실용주의적이라는 것은 사실이나, 저들은 자신이 이 실용주의를 온전히 하나님을 위한 실용주의라고 생각하는 것이다. 예를 들어서, 만약 현재 실시하고 있는 어떤 전도방법이 설정한 목표를 달성하는 데 주효하지 못하였다면, 그와 같은 전도방법은 시정되든지 또한 폐기되어야만 한다. 전도전략은 하나님이 원하시는 성과를 거둘 수 있는 전략으로 언제나 대체되어야만 한다.

교회의 성장은 능동적인 사람들의 철학이다. 수동적인 태도를 취하기를 좋아하는 사람들은, 전도의 결과는 하나님께 맡긴다고 하는 태도를 취하고 침체되어 가는 교회야말로 가장 성실한 교회일 것이라고 생각한다. 그리고 또 이 수동적인 사람들은 로버트 허드너트(Robert Hudnut)의 『교회 성장이 전부가 아니다』라는 저서와 같은 그런 저서들을 저술한다. 이와 같은 수동적인 사람들의 이론이 성장하는 교회의 지도자들에게는 물론 통하지 않는 것이다.

⑤ 신앙적 낙관주의

성장하는 교회 지도자들은 자기들을 가리켜 마치 개선장군과 같은 천박한 낙관주의자들이라고 비난하는 소리에 조금도 굴하지 않는다. 성장하는 교회의 지도자들은 그리스도께서 마태복음 16:18에서 말씀하신 바대로 그의 교회를 세우시고 계신다는 사실을 확신한다. 그리고 또한 저들은 지옥의 문이 이 성장하는 그리스도의 교회를 이길 수 없다고 하는 확신을 가지고 있다. 저들은 교회를 온 세계에 세우는 일에 참여하고 있다는 사실을 기뻐하며 또 교회가 이렇게 성장하고 늘어가는 것을 보고 즐거워 한다.

저들은 많은 사람들이 회개하고 돌아오기를 기도한다. 저들은 많은 무리가 그리스도에게 나오는 역사를 하나님께서 일으키시기를 바라고 있다. 신약성경에 나타난 전도의 본보기는 젊은 부자 관원에게 있었던 것이 아니라, 오순절 날 3,000명이 그리스도에게로 돌아오던 거기에 있었던 것이다. 그리고 중요한 사실은 "저희가 사도의 가르침을 받아 서로 교제하며 떡을 떼며 기도하기를 전혀 힘쓰니라"(행 2:42)고 한 사실에 있었던 것이다. 성장하는 교회의 지도자들은 이와 같은 놀라운 전도의 본보기가 하나님을 기쁘시게 해드리는 전도라고 믿는다. 왜냐하면 이와 같은 놀라운 전도의 역사는 믿음에서 나온 결과이기 때문이다.

(2) 교회 성장의 일곱 가지 모습

첫째, 전 교회로 하여금 성장 활동으로 촉매시킬 수 있는 적극적 사고와 다이나믹한 지도력을 가진 목사가 있어야 한다.

둘째, 교회 성장을 위한 모든 성령의 은사를 발견하고 개발하여 잘 활용하고 기동력을 잘 갖춘 평신도들이 자신도 하나님을 위하여 또한 교회를 위하여 일할 수 있다는 용기를 얻게 되면 거기에는 무한한 가능성이 열리게 된다.

셋째, 교회 원리들의 요구와 기대에 응할 만한 봉사의 범위를 마련하기에 충분한 넉넉한 규모가 있어야 한다. 교회는 각 교인들의 기대와 적극적인 참여로 말미암아 성장한다.

넷째, 축제로서의 예배와 기관들 사이에 동적 관계의 적당한 균형으로서의 모임과 세포조직을 이루어야 한다. 많은 사람이 한 자리에 모여 하나님을 만나기를 간구할 때 예배와 교회 내의 다양한 친교로 능동적이고 적절한 조화를 이룰 때 교회는 성장한다.

다섯째, 하나의 동질 집단으로부터 이끌리는 회원(Membership)이 되어야 한다. 이들은 많은 점에 있어서 공통적인 이해 관계를 맺고 있는 구성 단위로서 그들의 동질적인 관계가 적절하게 균형을 이루어야 교회가 성장한다.

여섯째, 제자를 삼는 일에 입증되어 온 효과적인 전도의 방법들을 통한 성장을 말한다. 전도한 후 그들의 결심에 그치지 않고 제자를 만드는 데서 교회는 성장한다.

일곱째, 성경적 명령에 조정된 우선되는 일들을 분명히 해야 한다. 와그너는 교회가 구령 사업과 사회 봉사를 해야 한다고 했다. 그 가운데서 어느 것을 먼저 실행하느냐 하는 우선 순위에 따라서 교회는 성장하게 된다.

4. 슈바르츠의 자연 발생적 교회 성장 이론

성장하지 않고 있는 교회보다 성장하고 있는 교회에서 보다 더 발전된 특성들, 즉 특별히 질적인 특성들은 존재하는가? 그러면 이러한 질적인 특성들을 발전시키는 것이 교회를 성장시키는 "성공의 열쇠"인가, 그렇지 않다면 "우리가 어떻게 더 많은 사람을 교회로 오게 할 수 있는가?"라는 실제적 질문보다 더 큰 도움이 되는 접근방법이 있을까? 이것이 정확한 우리 연구의 초점이다. "교회 성장 비결들"이라는 이름으로 지금까지 팔려왔던 많은 작태들에 대해서 우리의 연구 결과들은 문제를 제기시킨다.

(1) 교회 성장의 신화를 벗겨라

교회 성장에 관한 서적들을 한 번이라도 살펴보게 되면 혼란에 빠질 수 있다. 하나부터 열까지 모든 프로그램들은 "우리가 했던 대로 하시오. 그러면 똑같은 결과들을 얻게 될 것이오."라는 구호를 외치고 있다. 불행히도 이러한 개념들 중 많은 것들이 서로에 대해 모순된다. 한 부류는 복음의 공동체로 접근하는 가장 효과적인 방법으로서 "대형교회 이론"을 내세우는가 하면, 반대로 다른 부류는 최적의 교회 크기는 거의 대부분의 가정성경공부 크기같이 소그룹이라고 제안한다. 어떤 이들은 성공의 열쇠가 그리스도인이 아닌 자들을 대상으로 한 예배라고 제안하는 반면, 다른 이들은 예배의식의 목적은 절대적으로 하나님을 예배하는 것이며 성도들을 준비시키는 것이라고 강조한다. 한 그룹은 마케팅 전략들이 교회 목회계획 안으로 통합되어져야 한다고 확신하는가 하면, 다른 그룹은 심지어 그러한 방법론들에 관해 귀를 기울이지 않고서도 건강한 교회 성장을 향유하고 있다.

여태껏 해왔던 토론들로 인해서도 도저히 "모델"(세계의 어떤 지역에 있는 어떤 교회는 긍정적인 경험을 갖게 되었다는 구상들)과 "원리"(모든 지역에 있는 모든 교회에 적용된다는 구상) 둘 사이의 어떤 구분도 하지 못하는 것으로 여겨졌다. 그러므로 어떤 모델들은 보편적으로 타당한 원리들이라고 과시한다. 동시에 보편적인 적용으로 입증되어진 원리들은 때로는 "많은 모델들 중에 한 가지"로 오해를 받게 된다.

앞에서 이 두 가지 접근방법들 사이의 차이점을 묘사하려 시도해 왔다. 내가 하나의 모델을 따른다는 것에 관해 말할 때, 내가 의미하는 것은 한 성공적인 교회(거의 대부분 대형교회)의 방법들을 그 교회 자신의 상황에다 전환시키려는 교회의 시도를 말하는 것이다. 이러한 접근법은 특히 매혹적이다. 왜냐하면 확실하게 어떤 사람이 그 자신의 교회에 대해 깨닫기를 소원하는 비전은 벌써 모델 교회의 실제적 삶 가운데 보여질 수 있기 때문이다.

원리 지향적인 접근법은 다르다. 그것 역시 모델 교회들이 우리에게 가르칠 많을 것을 가지고 있다고 생각한다. 그러나 어떤 요소들이 모든 교회들에게 유효 적절한 보편적 원리들이라고 판명되는지, 즉 어떤 요소들이 아마도 흥미 있는 사실들이며, 대개 효과적 교회성장을 위한 타당한 원리들이 아닌지를 발견하기 위해, 하나의 특별한 모델로 그 자신을 제한시키기보다는, 수백 개의 모델 교회들(대형교회와 소형교회를 포함하여)을 연구한다. 그 원리들은 추출작용, 즉 관찰대상인 모델들로부터 모든 구체적이며, 지역적이며, 문화적인 선호도를 벗겨내므로 얻어지게 된다. 두 번째 단계로, 그래서 얻어진 원리들은 한 특정 교회의 구체적 상황에 대해 개별화된다. 때로는 성가신 이러한 원리 지향적인 접근법(추출작용 다음에 따르는 개별화작업)은 성공적인 한 교회를 단순하게 일대일로 모방하는 방법보다는 어떤 이들에게는 덜 매혹적이다.

본서에서 묘사된 대로, 자연발생적 교회 성장은 원리 지향적인 접근법이다. 모델 교회가 영감을 주는 것에 관해 잘못된 것은 없다. 그러나 만약 우리가 과도한 열정으로 재생 가능한 요소들을 전환시키기 원한다면, 모든 종류의 교회 성장에 기초가 되는 보편적 원리들을 발견하려 해야 한다.

성장하는 교회들로부터 배운다는 것은 보편적 원리들을 발견하기 위해 그들의 목회활동들을 분석하는 것을 의미한다. 이것은 교회 지도자들이 종종 성공의 열쇠로서 제시하는 설명조항들을 단순히 채택하는 것 이상을 의미한다. 나는 이 책에서 제시되어진 원리들 중 하나 하나를 성장하는 교회들로부터, 그런데 매우 흥미롭게도, 교회성장에 대한 "우리의" 접근법을 거부하곤 했던 교회들로부터 종종 배우게 되었다. 매우 그럴듯하게도, 이런 교회들은 자신들의 "성공"을 완전히 다른 유형에서 인식하며, 완전히 다른 용어를 사용하며, 심지어 자연발생적 교회 성장의 원리들에 대해 결코 들어 본 적도 없었다. 그러나 그들 교회들이 의식하든 의식하지 못하든 간에 이러한 원리들을 따라서 사역하며 목회한다는 것을 증명할 수 있다.

(2) 세계 교회 성장에 관한 연구보고서

보편적으로 적용 가능한 교회 성장 원리들을 어떻게 발견하는가? 이런 질문에 답하는 것은 직관의 문제도 아니며, 또한 한정된 수의 모델 교회들을 연구하는 것의 문제도 아니다. 정말로 이 질문에 대한 답변을 찾기 위한 오직 한 가지 방법이 있는데, 그것은 전세계 교회들을 과학적으로 건전하게 조사하는 방법이다.

이것을 실행하여 우리의 연구 프로젝트를 위한 기초적 틀을 얻게 되었다. 과학적으로 중요한 단정적 조치들을 취하기에 충분할 정도로 큰 데이터 베이스를 축적하기 위해서, 육대주에서 최소한 1,000개의 서로 다른 교회들이 필요하다. 우리는 대형교회와 소형교회도, 성장하는 교회와 쇠퇴하는 교회도, 핍박받는 교회와 정부로부터 보조받는 교회도, 은사주의적 교회와 비은사주의적 교회도, 유명한 교회와 전적으로 알려지지 않은 교회도 필요했다. 우리는(브라질 또는 한국처럼) 영적인 각성이 일어나고 있는 대표적인 교회와 지역뿐만 아니라, 세계적인 기준으로 볼 때 (독일처럼) "영적인 개발도상국"으로 더욱 간주되어지는 지역들도 필요했다.

이 연구는 발전하게 되어 교회 성장의 원인들에 대해 지금까지 다루어졌던 중 가장 광범위한 조사 프로젝트가 되었다. 총 32개국에서 교회들이 참가되었다. 참가하는 각 교회에서 차출된 30명의 요원들에 의해 완성되어진 설문지는 18개 언어로 번역되어졌다. 결국, 4백 2십만의 반응들을 분석하는 일을 맡았다. 잘라서 다시 합쳐 붙인다면, 그 답변서들은 시카고에서 아틀란타까지 이어주며, 또는 LA에서 솔트 레이크(Salt Lake)시까지 이어주는 긴 종이 띠가 될 것이다. 다른 말로 하면, 만약 우리가 적도를 따라 걸으면서 매 십 야드에 한 문제씩을 답하게 된다면, 마지막 문제를 답하기 전에 우리는 세계 한 바퀴를 돌게 될 것이다!

이러한 엄청난 노력을 가능하게 했던 것은 만약 그렇게 철저한 조사가 없었더라면 현대 "성공 원리들" 중 어떤 것들은 보편적으로 적용가능하며 어떤 것들은 단지 "신화"에 지나지 않는다는 것을 결정하는 것은 불가능했을 것이라는 깨달음이었다. "교회 성장원리"라고 사실상 자주 여겨졌던 많은 것이 우리 조사에 의하면 단순히 특정 목사의 즐겨 사용하는 아이디어 이상은 아닌 것으로 밝혀졌다. 한 저술가의 개인적인 경험들로부터 유추되어진, 그런 아이디어들이 반드시 잘못된 것은 아니다. 우리는 그런 것들로부터 많은 것을 배울 수 있다. 그러나 그것들이 보편적 교회 성장 원리들과 혼동되어서는 안 된다.

우리의 조사 프로젝트를 위한 가장 중요한 표준들 중 하나는 높은 과학적 기준이었다. 사회과학자이며 심리학자인, 크리스토프 셜크(Christoph Schalk)는 3년 전까지 우리가 사용해왔던 검사 절차들 가운데 여러 약점들을 발견한 후에, 그 프로젝트를 조정하고 과학분야 고문으로 역할하는 데 동의하였다. 그는 객관성, 신뢰성, 타당성을 위해 꼼꼼한 표준조항들이 담긴 새로운 설문서를 기안하고 데이터 분석을 위해 사회과학 분야에서 입증된 방법들을 사용하였다.

이 프로젝트는 독일어를 말하는 유럽에서 십년 전에 시작된 일련의 조사 프로젝트들 중 사실상 다섯 번째 단계이다. 비록 그 방법론이 많은 것을 수년 전에는 바람직한 것으로 남겨두었을지라도, 우리는 후속 조치의 연구들이 기반을 두게 되는 교회 성장 원리들에 관한 초기 단계의 이해는 얻었다.

내가 알기에, 우리 조사로 인해서, "문화와 신학적인 설득과는 상관없이, 어떤 교회 성장 원리들이 진실인가?"라는 질문에 대해 세계에서 첫 번째며 과학적으로 참된 해답을 얻었다. "오늘 세계에서 대위임령을 순종하기 위해 각 교회와 모든 그리스도인이 무엇을 해야만 하는가?"라는 질문에 대해 타당한 해답을 찾으려 우리는 노력하였다.

(3) "성장"이 적절한 평가기준인가?

"교인들을 불리는 것"이 자동적으로 "좋은 교회"라는 입밖에 내뱉지 않은 가설이 교회 성장 운동 진영 안에 존재한다. 그러나 이러한 등식이 정확한가? 우리는 교회 성장 서적들 가운데 이 주제에 관한 매우 다양한 주장들을 발견할 수 있으나, 결국 그것들은 단지 의견 즉 생각에 지나지 않는다. 그 이유는 단순히 교회 안에서 수량적인 성장(크기뿐만 아니라 성장률)은 분명한 정확도로 측정되어질 수 있는 반면에, 객관적이고 드러날 수 있는 표준으로 질적인 성장을 측정하는 신뢰할 만한 절차는 아직 주위에 없기 때문이다.

지난 10년 간에 걸친 우리의 노력들은 이런 류의 교회 측정도구를 개발하는 데 집중되어져 왔다. 우리는 지금 우리의 국제적인 조사과정을 다 마칠 수 있었기에, 그 어떤 교회라도 그 교회의 "질적 수치"(Quality Index;QI)를 규정할 수 있는 하나의 절차를 가지고 있다. 이것은 다음과 같은 여덟 가지 질적 원리로 나타난다.

질적 특성 1 : 권한을 나누어주는 지도력

리더십의 주제에 관한 교회 성장 서적은 성장하는 교회들의 목사들의 리더십 유형은 인물 지향적이기보다 더 프로젝트 지향적이며, 관계성 지향적이기보다 더 목표 지향적이며, 팀 지향적이기보다 더 권위주의 지향적이라고 전형적으로 주장하고 있다. 어떤 저자들은 모방할 가치가 있는 모델 교회들을 찾을 때에, 그들은 성장하고 있는 교회들보다 이런 유형의 리더십을 사용하는 경향이 있는 대형교회들에 대해 더 많은 비중을 두고 있는 듯하다. 그러나 우리가 앞으로 보게 될 것이지만 그 둘은 결코 똑같지 않다.

우리의 연구는 현존하는 교회 성장 서적(내 자신의 것들도 포함하여)이 우리로 하여금 예상하도록 하게 하는 것과는 다른 결과들을 산출하였다. "목표 지향적 태도"가 중요한 리더십 성향인 것이 옳은 반면에, 이것이 성장하는 교회와 성장하지 않는 교회의 지도자들이 매우 차이가 나는 영역이 아닌 사실을 관찰하기란 흥미롭다. 우리의 연구가 밝히는 바에 따르면, 성장하는 교회들의 목사들은 대개 개인들과 상호작용할 때 자신들을 잃어버리는 "대중적 인물"(people-persons)이 아니지만, 평균적으로 그들은 쇠퇴하는 교회들을 담임하는 그들의 동료들보다 다소 더 관계 지향적이며, 개인 지향적이며, 파트너십 지향적이다.

주요한 특징은 아마도 "권한 부여하기"(empowerment)라는 단어에 의해 가장 잘 표현된다. 성장하는 교회들의 지도자들은 목회를 위해 다른 그리스도인들에게 권한을 부여하는 데 강조점을 둔다. 그들은 그들 자신의 목표를 성취하고 그들 자신의 비전을 완수하기 위해 평신도 사역자들을 "도우미"로서 사용하지 않는다. 오히려, 그들은 권위의 피라미드를 거꾸로 뒤집어서 그 결과 지도자가 그리스도인들을 도와서 하나님께서 그들을 위해 지니신 영적인 잠재력을 성취하도록 한다. 이런 목사들은 개인들을 준비시키고, 지원하며, 동기를 부여하고, 정신적으로 도움을 주어서, 그들로 하여금 하나님께서 원하시는 모습이 모두 되어지도록 한다. 만약 우리가 이런 과정을 보다 면밀하게 지켜본다면, 우리는 왜 이러한 지도자들에게 목표 지향적이며 관계성 지향적인 태도가 둘 다 필요한지 이해하게 된다.

여기서 우리가 만나게 되는 것은 도입부에서 "저절로" 원리라고 언급했다. 다른 이들에게 권한을 부여하므로 그들 자신에게 부여된 힘을 깨닫게 되는 지도자들은 어떻게 "저절로" 원리가 성장에 기여하는가를 경험하게 된다. 자신들의 힘으로 대부분의 교회 책임을 떠맡기보다는, 그들은 자신들의 시간 대부분을 제자를 양육하며 권한을 위임하며 배가시키는 데 투자한다. 이것은 영적인 "자아 조직"이 발생하는 방법이다. 인간적 노력이나 압력이 아니라, 하나님의 에너지에 의해 교회는 역동적으로 움직이게 된다.

연구 자료결과들은 대형교회들의 본보기를 가지고 리더십 원리들을 묘사하는 교회 성장 서적의 경향에 대해 의문을 불러일으킨다. 그 자료들은 자신들의 교회를 "재생 가능한 모델"로 언급하기엔 비현실적일 정도로 너무 재능이 탁월한 천재적 지도자들을 보여주고 있다. 그러나 성장하는 교회의 목사는 수퍼스타가 될 필요가 없다. 우리 조사에서 최고의 점수를 획득한 대부분의 목사들은 거의 알려지지 않았다. 그러나 그들은 대개 세계적으로 유명한 대부분의 "영적인 수퍼스타들"보다 더 도움이 되는 기본적인 리더십 원리들을 우리들에게 제공한다.

여기서 묘사된 리더쉽 모델은 전문 기술자든지 신령한 사람으로 유명하지 않은 것은 분명하다. 전문 기술자들은 전형적인 성직자가 되든지 혹은 존경받지만 쌀쌀맞은 교회 성장 매니저가 될 수 있는 "정신적 지도자"에 대해 더 많은 비중을 두는 경향이 있다. 반대로, 영적인 사람들은 그 어떤 형태의 지도력에 순복하는 데 어려움을 지니는 경향이 있다.

질적 특성 2 : 은사 지향적 목회

은사 지향적 접근법은 어떤 그리스도인이 어떤 목회를 최선으로 맡아야 하는가를 하나님께서 주권적으로 결정하신다는 확신을 반영한다. 교회 지도력의 역할은 그 교회의 교우들을 도와서 자신들의 은사들을 발견하며 그것들을 적절한 사역들 속에 통합시키도록 하는 것이다. 그리스도인들이 자신들의 은사에 맞는 자리에서 섬기게 될 때, 그들은 대개 자신들의 능력으로는 조금 덜, 그리고 성령의 힘으로는 더욱 많은 역할을 감당하게 된다. 그러므로 보통 사람들이라도 특별한 일을 감당할 수 있게 된다.

여덟 가지 질적인 특성들 가운데 그 어떤 것도 "은사 지향적 목회"처럼 개인생활과 교회생활 둘 다에 많은 영향을 나타내는 것은 없다. 여기서 교회 성장은 단순히 소수의 교회 전략가들을 위한 주제가 아니라, 각 개인과 모든 그리스도인들의 삶을 위한 중요한 요소이다.

불행히도 최근 몇 년간, 어떤 사람들은 은사 지향적 접근법을 단지 교회 성장의 지나가는 또 다른 하나의 유행으로 오해하고 있다. 그러나 영적인 은사를 발견하고 사용하는 것은 "만인제사장설"이라는 종교개혁의 표어대로 살아가는 유일한 방법이다.

그리스도인들이 심지어 하나님께서 그들에게 주신 은사와 소명을 깨닫지 못할 때 어떻게 이 표어가 이루어질 수 있는가? 우리가 독일어를 말하는 유럽지역에서 1,600명의 활동적인 그리스도인들 가운데 실시했던 조사에 따르면, 80%가 자신들의 은사들을 알고 있지 못했다. 이 사실이 "만인제사장설"이 종교개혁의 땅에서 결코 성취되어지지 않았던 주된 이유들 중의 하나인 듯이 내게는 보였다.

질적 특성 3 : 열정적 형성

우리 조사에 따르면, 교회 성장이 영적인 신념(은사주의자이든 비은사주의자처럼)이든지 어떤 그룹들이 자신들의 계열 내에서 교회 성장의 원인으로 인용하던 구체적 영적인 실천사항들(예를 들어 예전적 기도나 "영적 전쟁")에 좌지우지되지 않는다는 것을 알게 된다. 양적으로 평균 이상 혹은 이하인 교회들을, 즉 성장하는 교회와 성장하지 않는 교회를 분리하는 요소는 다른 것이다. 즉 "이 교회의 교인들은 '불붙어' 있는가? 그들은 기쁨과 열정으로 헌신된 삶을 살고 있으며 자신들의 믿음을 실천에 옮기고 있는가?"라는 질문이다. 성장하는 교회와 쇠퇴하는 교회 사이에 이 영역에서 주요한 차이점이 존재하기 때문에, 우리는 이러한 질적인 특성을 "열정적 영성"이라고 명명하였다.

이러한 질적인 특성의 성질은 조사된 그리스도인들의 기도생활을 본보기로 들 때 분명해진다. 한 사람의 그리스도인이 기도에 소비하는 시간의 양이 교회의 질과 성장에 관해서는 단지 사소한 역할을 하는 반면, 기도가 "영감이 넘치는 경험"으로 간주되어지든 혹은 안 되어지는 것은 교회의 질과 양에 대한 주요한 관계성을 지닌다. 비슷한 결과들이 개인적으로 성경을 보는 것과 개인 영성에 영향을 미치는 다른 요소들에 대해 밝혀진다.

질적 특성 4 : 기능적 구조들

모든 대륙들에 존재하는 1,000개 이상의 교회들로부터 얻은 자료들에 대한 평가는 이 질적 특성에 대해 특히 흥미롭다. 다양한 교단들과 문화들 가운데 있는 교회들마다 구조에 있어서 광범위한 차이점들에도 불구하고, 높은 질적 지수를 지닌 교회들은 특정 기본 요소들을 공통으로 가지고 있다. "기능적 구조들"이라는 질적 특성을 차지하고 있는 15가지 하부 원리들 가운데 하나가 "부서장 원리"이다.

교회 성장을 위한 구조적 기능들의 의미를 이해하는 데 가장 큰 장벽들 중 하나가 "구조"와 "생활"은 서로 반대되는 요소라는 만연된 견해이다. 매우 흥미롭게도, 생물학 연구조사에 의하면, 죽은 물체와 살아있는 유기체는 어떤 사람들이 생각하듯이 그것들의 내용물에 의해 구별되어지는 것이 아니라, 개별적 부분들이 서로 서로에 대한 관계라는 구체적 구조에 의해 구별되는 것이다. 다시 말하면, 하나님의 피조물 가운데서 살아있는 것과 죽어 있는 것, 즉 생물과 무생물은 동일한 물질적 내용물로 형성되어 있으며, 오직 그것들의 구조에 의해서만 구별되어진다.

구조와 생명 사이의 이런 친근한 관계는 창조시 처음으로 표현되어졌다. 창조의 행위는 형태를 만들며 모양을 만드는 행위이다. "형태"의 반대는 형성되지 않은 땅, 모양 없는 덩어리, 진흙덩어리이다. 하나님께서 자신의 생기를 형태가 없는 진흙 가운데 불어넣으신 곳에서는 어디든지, 생명과 형태 둘 다 생겨난다. 하나님께서 자신의 영을 오늘날 교회 가운데 부어주시는 곳은 어디서나 비교적 창조적인 행위가 일어나게 된다. 그러므로 교회에 구조와 형태가 주어지는 것이다.

질적 특성 5 : 영감을 주는 예배

성장하는 그리고 쇠퇴하는, 평균 이상의 그리고 평균 이하의 교회들의 예배들이 서로 구분되어지는 보편적 요소가 무엇인가? 다른 말로 하자면, 모든 교회가 예배 절차들을 계획하는 데 있어 무엇을 고려해야만 하는가? "모델"과 "원리" 사이의 중요한 구분점이 너무 자주 무시되어지는 교회생활의 영역은 아마도 존재하지 않는다. 수없이 많은 그리스도인들은 자신들이 다른 교회들로부터 특정한 예배 모델을 채택해야만 한다고 믿고 있다. 왜냐하면 그들 교회들이 하나의 특별한 교회 성장 원리를 제시하고 있다고 추측하기 때문이다.

우리의 연구를 통해서 오늘날 유행되고 있는 예배에 관한 토론 내용을 이해하지 못하도록 감싸고 있는 안개와 같은 요소를 경험적인 빛으로 비추어 깨닫게 되었다. 다음의 사실을 심사숙고하라. 놀랍게도 윌로우 크릭 교회가 모델이 되고 있는, 교회에 다니지 않는 사람들을 주로 대상으로 삼고 있는 교회예배(구도자 예배)가 바로 하나의 교회 성장 원리라고 많은 그리스도인들은 확신하고 있다. 자신의 예배 절차들을 "구도자 예배"로, 그것도 이런 특정한 형태의 전도가 자신들의 상황에 적절한지를 자세히 조사해 보지도 않고서, 바꾸어버리는 절차를 밟고 있는 수많은 목사들과 나는 이야기를 나눈 적이 있다. 단지 그것은 많은 좋은 접근방법들 중 하나이다. 그러나 그들은 "구도자 예배"가 하나의 보편적 원리라고 생각하고 있다. 그러나 그것은 사실이 아니라는 것을 증명할 수 있다.

우리가 조사할 때에, 우리는 그들의 예배에 있어서 비기독교인들에게 접근하는 것에 대해 "매우 강력한" 방향성을 지닌 것으로 알려진 모든 교회들을 선택했다. 이러한 처지는 교회에 대한 그 어떤 하나의 범주를 상징하지 않으며, 성장시키거나 쇠퇴시키지도 않으며, 양적으로 평균 이상이지도 양적으로 평균 이하이게도 하지 않는다.

소위 "구도자 예배"가 교회가 모방할 만한 놀라운 전도방법이 아니라는 의미는 아니다. 단지 이런 형태의 전도가 하나의 교회 성장 원리로서 분류될 수는 없다는 의미이다. 예배는 기독교인이나 비기독교인을 대상으로 할 수 있으며, 예배의 스타일은 예배의 규정에 맞게 하거나 자유로울 수 있으며, 예배의 용어는 "교회적"이든지 "세속적"일 수 있다. 그러나 교회 성장에 대해서는 아무런 차이도 만들지 못한다.

다른 표준이 결정적인 요소인 것으로 입증되었는데, 즉 "예배가 참석자들에게 있어 하나의 '영감을 주는 체험'인가?" 하는 문제이다. 예배에 대해 우리가 물었던 열한 가지 질문들에 대한 답변들 모두가 같은 방향으로 모아졌다. 바로 다름 아닌 이러한 표준이 정체되고 쇠퇴하는 교회들과 성장하는 교회들을 뚜렷하게 구분해준다.

"영감을 주는"이라는 단어는 명백해질 가치가 있다. "Inspiration"라는 문자적 의미에서 이해되어야만 하는데 하나님의 영으로부터 오는 영감에 찬 상태를 뜻한다. 성령께서 진실로 역사하실 때(그리고 그분의 임재가 단순히 상상되어지는 것이 아니라), 그분은 회중의 전체 분위기를 포함하여 예배가 행해지는 방식 위에 구체적인 영향을 끼치신다. "영감 되어진" 예배에 진심으로 참석하는 사람들은 "교회에 가는 것이 즐겁다"라고 전형적으로 말한다.

이 사실을 알고 난 후, 이 질적인 특성에 대한 반대되는 그럴듯한 근원지는 분명해지는데, 바로 자신들의 의무를 다하기 위해 교회에 다니는 그리스도인들이다. 이런 사람들은 즐겁고 영감을 끼치는 체험 때문에 교회에 참석하는 것이 아니라, 목사나 하나님께 호의를 베풀기 위해서 그렇게 한다. 어떤 이들은 그렇게 지겹고 유쾌하지도 않은 예배를 견디는 자신들의 "충실함" 덕분에 하나님으로부터 복을 받을 것이라고 심지어 믿고 있다. 이런 식으로 생각하는 자들은 언제나 다른 그리스도인들을 강요하여 교회에 참석하게 하는 경향이 있을 것이다. 예배 가운데 특히 뚜렷하게 드러나고 있는 하나님의 자동성장 원리를 그들은 이해하지 못해왔다. 영감 넘치는 예배가 드려질 때, 그 예배로 인해 사람들은 "저절로" 예배드리러 몰려들게 된다.

질적 특성 6 : 총체적 소그룹 모임

전세계적으로 성장하는 교회들과 쇠퇴하는 교회들에 대한 우리의 연구에 의해서 소그룹 모임의 계속적인 증가가 보편적인 교회 성장 원리라는 사실이 드러났다. 더욱이, 교회 내에서 질적이며 수적인 성장에 긍정적인 영향을 소그룹 모임들이 끼치려 한다면, 이 소그룹 모임들 안의 생활이 되어야만 하는 모습을 역시 밝히고 있다. 소그룹 모임들은 단지 성경구절들을 토론하는 수준을 넘어서서 성경의 메시지를 매일의 삶에 적용하는 총체적인 모임이 되어야 한다. 이런 모임들 가운데서, 그들은 눈 앞에 놓여있는 개인적인 관심사가 되는 그러한 논점들과 문제들을 드러낼 수 있다.

총체적인 소그룹 모임들은 그리스도인들이 자신들의 은사들을 가지고 내외적으로 다른 사람들을 섬기는 것을 배울 수 있는 자연스런 자리이다. 정상적인 모임활동의 부산물로서 지도자들의 계속적인 자질개발을 통하여 소그룹 모임에 대한 계획성 있는 증가가 가능하게 되었다. "제자도"라는 용어의 의미는 총체적 소그룹 모임들 가운데서 실제적으로 되었다. 즉 추상적인 개념들을 기계적으로 학습하는 것이 아니라, 삶의 전환을 의미하는 것이다.

우리가 했던 조사의 한 결과는 매우 자극적이다. 우리는 다음의 문구를 설문 조사했던 목사들에게 제시했었다. "누구든지 교회에 출석하는 것보다 소그룹 모임에 참여하는 것이 우리에게 더 중요하다." 우리는 그들의 교회의 상황을 최선으로 묘사하는 반응을 나타낼 것을 그들에게 요청했다. 성장하는 교회든지 쇠퇴하는 교회든지, 수적으로 평균 이상의 교회이든지 수적으로 평균 이하의 교회이든지, 모두 대답은 똑같이 "아니오"였다. 우리는 소그룹에 참여하는 것이 교회 성장의 원리가 아님을 확신할 수 있었다. 그러므로 그것이 교회의 질적인 수치를 결정하지는 못하는 것이다. 그것은 급진적이며 치우친 견해이다.

그러나 조사결과들을 좀더 면밀히 검토한다면, 우리는 이러한 "급진적이고, 치우친" 견해가 평균 이하의 질적인 수준에 있는 교회보다 평균 이상의 질적인 수준에 있는 교회에서 더 흔한 것임을 알게 된다. 이 말은 높은 질적 수치를 지니고 있는 교회와 수적으로 성장하고 있는 교회에서 예배참석보다 소그룹 모임에(본질상 어색한 비교가 되겠지만) 우선 순위를 더 많이 두는 경향이 있음을 의미한다. 이 사실을 여전히 예배보다 소그룹 모임에 대한 우선 순위를 하나의 교회 성장 원리로 취급하지는 못한다. 왜냐하면 원리라고 하면 교회가 그 어떤 환경 아래에서도 무시해서는 안 되는 것이기 때문이다. 그럼에도 불구하고, 이로 인해 우리는 성장하는 교회들 가운데 소그룹 모임들에 주어진 중요성의 수준을 짐작해볼 수 있다. 즉 그것들은, 있어도 괜찮지만 없어도 상관없는 취미처럼, 하나의 부록과 같은 존재는 아니다. 아니, 참된 교회생활의 본질 중 많은 부분이 소그룹 모임들 안에서 행해진다. 우리 연구를 통해 교회가 커지면 커질수록 교회의 더 많은 성장에 있어서 소그룹 모임의 원리가 그만큼 더 결정적이게 될 것이다.

교회 성장의 그 어떤 측면도 "전도"라는 영역만큼 진부한 표현들과 독단적 주장들과 신화들 투성이지는 않다. 이것은 전도를 회의적으로 보는 사람들뿐만 아니라 전도를 자신들의 삶의 소명으로 여겨왔던 자들에게 부합되는 사실이다. 이런 주제에 관한 대부분의 토론들은 하나 혹은 많은 교회들에 의해 성공적으로 사용되어질 수도 있었던 전도방법들과 예외 없이 모든 교회에 적용되는 전도원리들 사이의 구분점을 흐리게 해왔다.

불행히도, "전도에 관한 조사"는 개인전도 프로그램의 효과성을 규정하는 데 제한되어져 왔다. 의심의 여지없이, 이 조사로 인해 그런 행사들의 "성공"을 규정할 수 있었지만, 그런 행사들이 보편적 원리들을 나타내는지 아닌지를 보여줄 수는 없다. "성공적인 프로그램"이 자동적으로 "교회 성장 원리"라고 여겨질 때마다 그로 인해 엄청난 혼란이 야기된다.

우리의 조사는 전도에 활동적인 모임들 가운데 대개 주장되어지는 논지인 "모든 그리스도인은 전도자이다"라는 표어를 반박한다. 이 말에는 핵심적인(경험적으로 드러낼 수 있는) 진리가 있다. 대위임령을 수행하기 위해 자기 자신의 은사들을 사용할 책임이 모든 그리스도인들에게 사실상 존재한다. 그러나 이러한 사실이 모든 그리스도인을 전도자로 만들지는 않는다. 전도자는 오직 하나님께로부터 전도에 상응하는 영적인 은사를 받은 자이다. 이전에 했던 우리의 연구들 중 하나에서, 우리는 전도의 은사는 모든 그리스도인들 중 10% 미만에게 주어진다는 피터 와 그녀의 이론을 확증했었다.

우리는 전도에 은사가 있는 그리스도인들과 하나님께서 다르게 불러주셨던 그리스도인들을 구별해야만 한다. 사실 모든 그리스도인들이 전도자들이라면, 이 은사를 정말로 소유하고 있는 10%를 찾을 필요가 없다. 이런 식으로, 전도의 은사를 지닌 10%는 두드러지게 보다 덜 도전받게 되는 반면에, 전도 은사가 없는 90%에 대한 수요는 매우 커질 것이다. 이것은 오히려 좌절시키고 매우 기술을 중시하는 모델이다. 우리의 조사에 따르면, 높은 질적 수치를 지닌 교회들 가운데 지도력은 누가 전도의 은사를 가지고 있는지 알고서 그들을 알맞는 사역 영역으로 이끌어주는 것임을 알 수 있다.

개인적으로 관계하고있는 비 기독교인들을 섬기고, 그들이 복음을 듣는지를 살피며, 지역교회와 접촉하도록 격려하기 위해 자신의 은사들을 사용하는 것이 그리스도인 각자가 해야 할 임무이다. 교회성장의 열쇠는 지역교회가 비 기독교인들의 문제들과 필요들에 대해 교회의 전도적 노력들을 집중시키는 것이다. 이러한 "필요 지향적" 접근법은 비 기독교인들에게 압력을 행사하여 필요 지향적 태도에 대한 부족함을 보상해야만 하는 "강압적인 프로그램들"과는 다르다.

성장하는 교회와 쇠퇴하는 교회의 기독교인들 모두가 비 기독교인들과 접촉하는 수가 정확히 똑같다는 사실을 주목하는 것은 특히 흥미롭다(평균 8.5회). 비 기독교인들과 새로운 우정관계를 세우도록 기독교인들을 도전하는 것은 거의 확실히 성장원리는 아니다. 논점은 오히려 이미 존재하고 있는 관계를 전도를 위한 접촉점으로 사용하라는 것이다. 우리가 연구 조사했던 교회들 하나 하나에서-"세상"과 거의 접촉을 하지 않든지 혹은 아예 않고 있는 것에 대해 한탄했던 교회들을 포함하여-교회 밖과의 접촉횟수는 이미 많았기에 교회 다니지 않는 사람들과 새로운 관계를 발전시키라고 강조할 필요가 없었다.

질적 특성 8 : 사랑하는 관계성

몇 년 전에 개인들 그룹들, 그리고 전체 교회들이 기독교적 사랑을 표현하는 법을 배우도록 도움을 주는 자료 서적들을 출판했을 때, 이것들은 "교회성장 자료들"은 아니라고 어떤 전문가들이 말하였다. 그러나 우리의 연구조사는 사랑을 보여줄 수 있는 교회의 능력과 교회의 장기적 성장 잠재력 사이에 매우 두드러진 관계가 있음을 시사해준다. 성장하는 교회는 정체되거나 쇠퇴하는 교회들보다 평균적으로 측정하기에 보다 높은 "사랑 지수"를 보유하고 있다.

이러한 "사랑 지수"를 규정하기 위해서, 우리는 교인들이 공식적으로 교회가 후원하는 행사들 외에 얼마나 많은 시간을 서로 서로 함께 쓰는지를 물었다. 예를 들어, 그들은 얼마나 자주 식사나 한 잔의 커피를 나누기 위해 서로를 초청하는가? 교회가 칭찬을 하는 데 얼마나 관대한가? 어느 정도로 목사는 회중 가운데 평신도 사역자들의 개인적 문제들을 인지하고 있는가? 교회에 얼마나 많은 웃음이 있는가?

어떤 전략가들이 연관성 없는 것으로 낮게 평가했던 이러한 이슈들이 중요한 교회 성장 원리들을 지니고 있는 것을 우리는 발견하였다. 심지어 좀더 노골적으로 말하자면, "구도자 예배"는 교회 성장 원리라고 불리기보다는 "전도 운동" 혹은 "영적 전쟁"의 실천이라고 불릴 수 있는 반면, 교회 속에서 웃음과 교회의 질적이며 수적인 성장 사이에 두드러진 연관성이 있음을 알 수 있다. 연구자료에 따르면 교회 성장 원리라는 지위를 결정적으로 지니는 그러한 두드러진 요소가 교회 성장 서적에 거의 아무런 언급도 되지 못한다는 사실은 흥미롭다.

거짓 없고, 실천적인 사랑은 말로 하는 의사전달에 거의 전적으로 의존하고 있는 복음전도 프로그램들보다 훨씬 더 효력을 발휘하는, 하나님에 의해 발산되어진 매력적인 능력을 지닌다. 사람들은 우리가 사랑에 관해 말하는 것을 듣고 싶어하지 않고, 기독교적 사랑이 정말로 어떻게 역사하는지를 경험하고 싶어한다. 교회가 더욱더 기술 중심이 되어갈수록, 교회는 사랑하라는 기독교적 명령을 따라 살아갈 때 더 많은 어려움들을 지니게 될 것이다. 기술 중심의 패러다임은 주로 믿음을 교리적이며 도덕적인 표준들을 완수하는 것으로 이해하기 때문에 그것으로 인해 그리스도인들 가운데 사랑하는 자신들의 능력에 결손이 생긴다.

(4) 대형교회가 "좋은" 교회인가?

교회 성장 서적에 익숙한 사람들은 닮을 만한 모델로서 뜨게 되는 수많은 대형교회의 이름들을 정규적으로 만나게 된다. 그러한 전제는 대형교회들은 정의하기를 좋은 교회들이라는 것이다. 이 이론은 주장할 만한가? 연구조사에 따르면 처음으로 그 반대 상황이 아마도 진실인 것으로 드러나게 되었다.

조사된 자료들을 분석하고 성장하는 교회와 쇠퇴하고 있는 교회들의 평균적인 등록교인 수와 예배참석자 수를 비교할 때, 그 전제 안에 어떤 것이 존재하였던 것을 느낀다. 즉 쇠퇴하는 교회들은 성장하는 교회들에 비해 등록교인 숫자는 평균적으로 두 배였으며, 그 교회들의 예배 참석자 숫자는 전체적으로 17% 높았다. 다른 단계에서, 우리는 지난 5년에 걸친 "대형"교회들과 "소형"교회들 가운데 실제 성장률을 검사하였다. 소형교회의 평균은 13%인 반면, 대형교회는 단지 3%였다. 통계적으로 두드러진 차이는 역시 질적 지수에서 분명히 나타났다. 대형교회는 전형적으로 50이라는 중간수치보다 2점이 낮은 수치인 48을 기록하였고, 소형교회는 중간수치보다 2점이 높은 52를 기록하였다.

그런 후 조사를 위한 기초로 역할을 했던 170개의 변수들 중 어느 것이 교회 성장에 대해 가장 강력한 부정적 연관성을 지녔는지를 계산하였다. 놀라운 결과가 나타났다. "자유주의 신학"과 "전통주의"와 같은 요소들과 동등하게, "교회 크기"가 세 번째로 가장 강력한 부정적인 요소인 것으로 입증되었다.

"대형"교회와 "소형"교회를 보다 정확히 정의하기 위해서, 우리는 여러 교회들을 특정한 크기로 조사했다. 즉 1-100명, 100-200, 200-300, 300-400명의 예배참석자가 있는 교회들로 나누었다. 그 결과 교회들의 성장률은 크기가 커감에 따라 줄어들었다. 이러한 사실은 당연히 그렇게 매우 놀랄 것은 아니다. 왜냐하면 대형교회에서 퍼센트는 보다 더 많은 사람들을 상징하여 나타내기 때문이다. 그러나 우리가 퍼센트들을 실제 숫자로 전환시켰을 때, 말문이 막힐 정도로 깜짝 놀랐다. 가장 작은 크기의 범주에 속한 교회들은 지난 5년에 걸쳐 평균 32명의 새신자를 얻었으며, 100-200명 모이는 교회들 역시 32명을 얻었고, 200-300명의 교회들은 평균 39명의 새 신자를 얻었으며, 300-400명의 교회는 25명을 얻었다. 그러므로 "소형"교회 하나는 그리스도를 위해서 "대형"교회 하나만큼 많은 사람들을 얻으며, 더욱이 주일 출석 200명의 두 교회는 출석성도 400명인 교회 하나에 비해 새신자를 두 배로 많이 얻게 될 것이다. 그러나 그런 현상이 정말로 대형교회(예배출석 1,000명 이상인)에서는 다르게 나타날 수 있을까? 우리의 축적된 거대한 자료들로 인해 우리는 처음으로 이런 이론을 검증할 수 있게 되었다고 그들은 말한다. 결과들은 다음과 같다.

초소형 교회들(평균출석 51명인)이 전형적으로 지난 5년 간 32명의 새신자를 얻게 된 반면, 초대형교회들(평균출석 2,856명인)은 똑같은 기간 동안에 112명의 새신자를 얻었다. 그러나 초대형교회들이 "초소형교회들(mini churches)"에 비해 56배로 큰 것을 감안한다면, 다음의 계산은 두 범주에 속한 교회들의 가능성을 훨씬 더 현실적으로 표현하고 있다. 만약 예배 출석인원 2,856명인 하나의 교회 대신에 우리가 51명의 예배 참석인원을 각각 지닌 56개의 교회들을 가지게 된다면, 이 교회들은 통계적으로 5년 안에 1,792명의 새신자를 얻게 될 것이다. 이 수치는 초대형교회가 얻게 되는 수치의 16배에 해당한다. 그러므로 초소형교회들의 전도적 효율성은 통계상 초대형교회들의 그것보다 1,600%의 훨씬 큰 수치를 나타낸다는 결론을 얻을 수 있다!

거의 적절한 모든 질적인 요소들에 관해, 대형교회들은 불리하게 소형교회들과 비교된다. 여기 두 가지 본보기들이 있다. 초소형교회들(100명 미만인) 가운데, 모든 참석인원들 중 31%가 목회자에 의해 자신들의 은사에 상응하는 직분을 가지는 반면, 초대형교회들에서는 그 수치가 단지 17%에 머문다. 초소형교회들에서, 예배 참석하는 자들 중 46%가 소그룹 모임에 구성되어져 있는 대신, 초대형교회에서 이 수치는 단지 12%에 그친다.

우리가 교회의 질을 평가하기 위해 사용했던 170가지 변수들 중 거의 모두에 있어 시나리오는 정확히 극적인 것 같다. 정확히 반대의 경우 — 크면서 동시에 수적으로 성장하며 높은 질로 두드러진 교회들 — 를 나타낼 수도 있는 그 어떤 본보기들이 존재하지 않는가? 그렇다. 그런 교회들이 존재한다. 그런데 그런 교회들은 너무 독특하며, 너무 예외적이어서 전세계의 화제 거리이다. 그 교회들은 규정에 있어 진실로 예외적이며, 사실상 꽤 눈에 띄는 예외적 존재들이다. 우리는 이러한 본보기적 교회들이 존재하는 것을 기뻐해야 한다. 그러나 우리는 이런 교회들을 다른 교회들을 위한 모델로 만들려고 해서는 안 된다. 높은 자질과 강력한 성장과 혁신적인 증가를 보여주고 있는 셀 수 없이 많은 초소형교회들을 주의 깊게 조사하는 것이 나에게 있어서는 훨씬 더 도움이 되는 것같이 보인다. 만약 우리가 정말로 모델을 필요로 한다면, 우리는 그러한 초소형 교회들을 이러한 범주 속에서 찾아야만 한다.

4장 · 한국 교회와 교회 성장의 고찰

1. 한국 교회 성장의 통계적 분석

1983년 미국 휘튼에서 교회의 속성과 사명에 관한 회의(Conference on the Nature and Church)가 열렸다. 이 회의에서 교회에 관한 제반 이론과 함께 전 세계에서 수집된 성장한 교회의 사례들이 소개되었다. 이중에서 교회 성장에 관한 토론에서는 한국 교회가 대표적으로 뽑혔으며 충현 교회가 사례로 소개된다.

한국 교회의 성장은 죤 본(John Vaughan)이 쓴 『최대의 이십대 교회』(*The World's 20 Largest Church*)에 소개된 이십대 교회 중 한국의 교회가 다섯 개나 포함되어 있다는 것으로도 증명된다. 한국 교회는 선교 초기부터 세계 교회사에서 그 유래를 찾을 수 없을 정도로 급속한 성장을 해왔다. 1945년 불과 38만 명이었던 교인수가 1992년에는 무려 1250여만 명에 이르는 양적인 팽창이 이루어진 것이다. 많은 사람들이 이런 추세로 성장을 지속한다면 금세기 안에 전국민의 30% 이상이 교회에 출석하게 되며 선교 2세기 안에는 민족의 복음화가 성취되리라 기대하기도 하였다. 그러나 최근에 보고되고 교회 현장에서 체감적으로 느껴지고 있는 것은 이러한 것이 낙관적인 현상이 아니라 더 이상 교회가 성장하지 않고 정체되어 있다는 사실이다.

(1) 한국 교회 성장요인과 둔화요인 분석

한국사회는 종교적으로 매우 다원화된 사회이다. 1992년 현재 한국에는 17개의 기성종교와 400개에 달하는 신흥종교가 있다. 또 개신교에만 113개의 교파가 있으며 불교에도 36개의 종단이 있다.[1]

그리고 개신교의 교회 총 숫자는 42,589개에 달하고 있다. 이러한 종교적 다원주의 상황에서 각종교, 교파, 교회는 다른 것들과는 경쟁하지 않을 수 없다. 이에 따라 신도들은 여러 기업의 다양한 상품을 각자의 구미나 취향에 따라 선택하는 소비자처럼 시장상황 가운데 있는 여러 종교, 교파, 교회 가운데서 하나를 선택할 수 있게 되었다.[2]

시장상황에서는 종교적 유동인구가 매우 많아지게 된다. 새롭게 한 종교를 갖게 되거나 혹은 이미 가지고 있던 종교를 포기하는 일 이외에도 한 종교에서 다른 종교로, 혹은 한 교파에서 다른 교파로, 한 교회에서 다른 교회로 이동하는 일이 흔해지게 된 것이다. 1989년 조사에 따르면 한 종교에서 타종교로의 개종율(개종의 경험)이 19.7%이다. 그러나 한 교파에서 다른 교파로, 한 교회에서 다른 교회로의 이동율은 훨씬 높은 것이다.

선택의 여지가 많아짐에 따라 교인들은 교인들대로 불신자는

---

1) 문화체육부, 한국의 종교 현황(1993). 9쪽,
2) Peber L. Berger, '종교와 사회' 이양구역, (서울:종로서적, 1981), pp. 155-164

불신자대로 취향에 따라 종교를 선택하고 목회자를 선택하는 세속화현상이 점점 더 심해지고 있는 것이다.

아래의 표는 지난 30년 간 한국의 교회수의 증가 상황을 보여주고 있다.

<표 1> 한국교회수의 증가현황3)

연 도	1950	1960	1970	1980	1990	1993
교회수	3,114	5,011	12,866	21,243	35,819	42,589
증가율		60.9%	157.0%	65.1%	68.6%	18.9%

위의 표에서 보는 대로 교회수는 그래도 지속적으로 증가하고 있다. 즉 교회의 숫자는 1950년의 3,114개에서 1960년의 5,011개로 10년 간 60.9% 증가했고 1993년까지는 750%의 증가가 있었음을 보여주고 있다. 그러나 문제는 교인들도 그만큼 늘었는가 하는 것이다.

다음의 표는 개신교 교인수의 증가 추이를 보여주고 있다.

<표 2> 교인수의 증가 현황4)

연 도	1950	1960	1970	1977	1985	1991	1994
교인수	500,198	623,072	3,192,621	5,001,491	6.489.282	8,037,464	8,146,556
증가율		24.6%	412.4%	56.7%	29.7%	23.9%	1.4%

위표에서 보는 대로 한국 교회의 교인수의 증가추세는 1950년에는 그 숫자가 50만을 조금 넘는 정도였다. 그러다가 1960년에

---

3) 한국종교사회 연구소, 한국종교연감(1993)
4) 1950, 1960, 1970, 1993년 통계. 한국종교 사회연구소 종교연감.(1993)
　　　1977년 통계, 문화공보부, 종교법인 및 단체현황(1977)
　　　1985년 통계, 인구 및 주택 센서스(1985)
　　　1991년 통계, 통계정. 한국의 사회지표(1991)

는 623,073명으로 10년 간 24.6% 증가했고, 1970년에는 3,192,621
명으로 10년 새 무려 412.4%나 증가했다. 1960년대의 괄목할 만
한 교인수의 증가는 같은 기간 동안의 현저한 교회수의 증가와
일치하는 것이다. 1970년에서 1977년 사이의 기간에도 56.7%나
증가했고, 1977년에서 1985년 사이의 8년 동안에도 29.7% 증가
했다. 그러나 1991년에서 1994년 사이의 3년 간에는 1.4% 증가
하는 데 그쳤을 뿐이다. 같은 기간 교회수는 18.9% 늘어났는데
교회수의 증가에 비해서 교인수는 증가하지 않았다는 증거가 된
다. 그리고 그동안은 교인들의 수평이동만 있었지 새로이 예수
를 믿어 구원받는 새로운 신자의 증가가 거의 없었다는 얘기가
되는 것이다. 다음표는 한국 내 주요 종교의 교세 증가율을 나
타낸 것이다.

<표 3> 한국내 주요 종교의 교세증가율[5]

		카톨릭	개신교	불교
1985(A) (총인구) (종교인구) (종교인구비)	40,806,000 17,203,296 42.6%	(총인구비)4.6% 1,865,397 10.8	(총연구비)15.9% 6,489,282 37.7%	(총인구비)19.8% 8,059,624 46.8%
1991(B) (총인구) (종교인구) (종교인구비)	43,268,000 23,364,720 54.0%	(총인구비)5.7% 2,476,660 10.6%	(총인구비)18.6% 8,039,464 34.4%	(총인구비)27.1% 11,729,089 50.2%
1994(C) (총인구) (종교인구) (종교인구비)	44,851,000 22,380,649 49.9%	(총인구비)5.9% 2,640,916 11.8%	(총인구비)18.2% 8,146,556 36.4%	(총인구비)24.4% 10,921,756 48.8%
(총인구) (증가율) (종교인구) (증가율)	+2,462,000 6.0% +6,161,424 35.8%	(B-A) +611,263 32.8%	 +1,548,182 23.9%	 +3,669,465 45.5%
(총인구) (증가율) (종교인구) (증가율)	+1,583,000 3.7% -984,071 -4.2%	 +464,256 6.6%	 +109,256 6.6%	 -807.333 -6.9%

---

5) 인구 및 주택센서스(1985), 통계청, 한국의 사회지표(1991, 1995) 등
   의 자료들을 재정리한 것임.

위의 (표 3)에서 볼 수 있듯이 1990년대 이전의 교세 성장은 개신교 뿐만 아니라 모든 종교의 공통된 현상이었다. 그 기간에는 개신교, 카톨릭, 불교 뿐만 아니라 원불교, 천도교, 그리고 기타 종교들도 크게 성장했다. 1985년에는 전체 인구의 42.6%인 17,203,296명이 종교인이었고, 1991년에는 54%인 23,364,720명이 종교인이었다. 6년간 전체인구는 6%인 2,462,000명 증가한 것에 비하여 종교인구는 무려 35.8%인 6,161,424명이 증가했던 것이다. 그런데 1994년에는 종교 인구가 49.9%인 22,380,649명으로 오히려 1991년보다 줄어들었다. 이 3년간 전체 인구는 3.7%인 1,583,000명 증가했지만 종교인구는 오히려 4.2%인 984,071명이 감소했던 것이다. 1990년대 이전의 교세성장과, 1990년대의 성장 둔화 혹은 쇠퇴가 종교 전반의 현상이라는 사실이다. 그러므로 한국 교회의 성장과 그 둔화의 요인을 신앙적, 종교적인 것에서 찾아보기보다는 상황적, 구조적인 것에서 주로 찾아야 하는 이유가 되는 것이다.6)

한국 교회의 성장은 1970년대가 절정기였고 1980년에 다소 둔화되다가 1990년에는 급격히 그 성장률이 떨어져 오히려 감소현상을 보였다. 경제, 정치적인 혼란과 위기가 있었고, 산업화 도시화가 급격히 이루어지면서 전통 농경사회가 붕괴되고 산업사회화 되면서 사람들이 많은 방황과 갈등을 겪던 시기가 그때였음을 안다면 사회, 정치, 경제적으로 안정된 지금 왜 교회 성장이 정체되는지 이해가 될 것이다.

① 상황적, 환경적 요인의 중요성

일찍이 켈리(Kelly)는 교회 성장론자들의 성장이론을 토대로 하여 보수적인 교회가 성장하는 이유를 제시하면서 교회 성장의

---

6) 이원규, '한국교회 성장과 그 둔화요인에 대한 사회학적 고찰' (서울 : 숭실대기독교 문화연구소, 1996), p.51.

요인을 밝힌 바 있다.7)

그의 논지는 교회는 강하거나 약할 수 (Strong or Weak) 있는데 강한 교회(교파)는 성장하고 약한 교회(교파)는 쇠퇴한다는 것이다. 그에 따르면 강한 교회들의 특징은 우선 교인들에게 전적인 중심성과 사회적 연대감과 같은 강한 헌신(Commitment)을 요구하고, 교인들에 대하여 믿음과 생활방식에 대한 엄격한 훈련을 하며, 사람들에게 복음을 전하는 열성과 함께 선교적 열정을 주입시키고, 믿음과 생활방식에 있어서 비멤버들을 회피하는 대신에 멤버들 사이에서 동조(Conformity)를 요구한다는 것이다.

그러나 켈리의 이론은 상황적 요인을 전혀 고려하지 않고 있다는 비판을 받고 있다.8) 그리하여 루프(Roof) 등은 통계학적, 경험적인 연구를 통하여 교회 성장에 영향을 미치는 요인에 있어서 상황적 요인의 비중이 56%, 교회적 요인의 비중이 44%임을 밝혀냄으로 교회 성장에 있어서는 교회 외적 요인이 더 중요하다는 것을 입증했다.

또 호지(Hoge)와 루젠(Roozen)은 교회의 성장이나 쇠퇴에 영향을 미치는 요인을 크게 네 가지로 구분하고 있다.9)

첫째는 사회구조적, 경제적, 정치적, 문화적 변화상황을 나타내는 전체 사회차원의 상황적요인(national contextual factors)이다.

둘째는 전체 교회차원의 제도적 요인(national institutional factors)으로서 이것은 교파적, 초교파적 교회전체의 경향과 운동을 의미한다.

---

7) Dean M, Kelly, 'Why Conservative churches are Growing?' (Macom, Ga: Mener University Press, 1972) 참고
8) 이원규, op.cit. p.52.
9) Ibid., p.53. 참고, Wade Clark Roof etal, Factors Producing Growth or Dedine in United Presbyterian Congeregation S', in Dean r, Hoge and David A. Roozen (eds), 'Understanding Church Growth and Pectine (New York : The Pligrim Press, 1979), p.222.

셋째는 지역적 상황요인(local conterxtual factors)으로, 이것은 특정교회의 지역공동체적 성격 — 인구이동, 근린관계 변화, 지역경제 경향 등 — 을 말하는 것이다.

넷째는, 지역적 제도요인(local institutional factors)으로서 이것은 개체교회의 내적인 요소 — 개체교회의 성격과 구조, 프로그램과 지도력의 특징이나 범위 등 — 의 특징을 말한다.

이때, 루젠과 호지는 교회 성장에 긍정이든 부정적이든 영향을 미치는 전체사회의 상황적 요인으로 과학의 발전, 생활수준의 향상, 교육수준의 향상, 도시화 등을 지적하고 있다. 전체교회의 제도적 요인은 교파적 정책, 신학성향, 도덕적 가르침과 표준, 새로운 교회발전, 선교의 방식과 도덕성을 유지하며, 단일화된 믿음체계를 고수하는 반면에 사회적 행동과 에큐메니즘을 강조하지 않는 교단이 성장하는 경향이 있음을 밝혀내고 있다.10)

이상의 사실에서 종합해 볼 때 한국 교회의 성장은 교회 자체의 열심보다는 한국사회의 여러 사회적 환경을 섭리해오신 하나님의 축복이요 은혜임을 인정하지 않을 수 없는 것이다. 항상 하나님은 세계 정세 속에서 경륜을 가지고 섭리하신다는 성경의 진술은 참으로 타당하다고 할 수 있다.

② 교회 내적 요인의 개발

그러면 이제 우리는 어떻게 할 것인가? 이제 한국 교회를 성장케 했던 외적, 상황적 요인들이 점차 사라지고 있다. 오히려 물질적 여유와 여가 혁명으로 교회 성장을 정체시킬 요인들만 날로 많아지는 때에 더 이상 안일하게 앉아서 기다리는 사역이 아니라 찾아가는 사역을 벌여야 할 때인 것이다.

교회 내의 전열을 정비하고 새로운 가능성을 타진해보기 위해

---

10) Ibid.,

더 많이 연구하며, 전도와 선교의 프로그램들을 개발해야 한다.

(2) 개신교의 교파별 성장과 특색

아래 표에서 우리는 교파별 성장과 특색의 현황을 1980년도 초기에서 1990년 초기까지 약 10년 간을 중심으로 통계적 입장에서 분석을 시도하려고 한다. 성장한 교회를 교파별로 보면 오순절 교회가 60, 70, 80,90년대에 이르러 계속 급성장하였으며 다음으로는 장로교와 감리교이다. 장로교 중 예장 합동측과 통합측이 비교적 꾸준한 성장을 보였다.

<표 4> 개신교의 교파별 교회수

교 파 별	교 단 수	교 회 수	교직자수	신 자 수
장 로 교	61	25,331	49,025	7,768,565
감 리 교	4	4,564	8,307	1,369,092
성 결 교	2	2,542	4,428	1,067,534
침 례 교	4	1,856	2,716	792,641
오 순 절 교 회	9	1,483	2,940	1,313,737
구 세 군	1	243	481	108,548
그리스도의 교회	3	381	683	116,965
복 음 교 회	1	34	55	10,350
루 터 교	1	24	34	6,853
나 사 렛 교 회	1	225	260	42,559
성 공 회	1	78	112	45,997
기 타	4	71	92	9,672
합 계	92	36,832	69,133	12,652,513

그러나 교회 숫자는 거의 정확하다고 볼 수 없다. 어느 군소 교단 중에는 위에 2항과, 3항에 부정직한 통계를 제시하고 있기 때문이다. 합동측의 경우 80년도 1백 38만에서 1백 90만으로

90%를 성장하였다. 기장과 고신의 경우도 60, 70년대의 침체기에서 벗어나 기장의 경우 80년 25만에서 93년 32만으로, 고신은 21만에서 27만으로 각각 두드러진 성장을 보였다.

특히 개혁측의 경우는 6만에서 61만으로 무려 10배 이상으로 성장하였음을 볼 수 있다. 이같은 성장은 합동측의 경우 1만 교회 운동, 통합측의 경우 5천 교회 150만 신도 운동, 기장은 2천 교회 운동 등 각 교단마다 뚜렷한 목표를 가지고 교세 확장에 전력을 다한 결과라 할 것이다.

장로교회가 성장한 것에 대한 원인은 자립, 자치, 자력 전파의 네비우스 방법과 총력전도와 보수신학을 바탕으로 한 목회활동에 있다고 한다. 그러나 보수신학을 자칭하는 장로교 일부교단에서는 지나친 분열로 80년도 초 32교단에서 93년도 61개 교단으로 배가 늘어난 것은 바람직한 일이라 할 수 없는 것으로서 교회 성장은 수적 성장만이 아니라 한 몸으로서의 지체 의식이 중요하며 이것을 남미의 신학자 코스타스(Costas)는 유기적 성장으로 표현했는데 이 유기적 성장이 없을 때 교회의 사회적 영향은 감소되며 적극적인 전도의 문을 막을 수 있다는 부정론이 제기된다.

<표 5> 장로교의 교회현황 및 성장

교 단	교 회 수	교 직 자 수	신 도 수
합 동	5,123	10,954	2,105,156
통 합	5,045	10,226	1,989,965
기 장	1,303	2,138	329,458
고 신	1,266	2,502	274,483
대 신	838	1,511	172,648
개 혁	1,565	3,231	614,820
합 동 정	1,044	2,642	570,464

감리교는 80년 64만에서 93년 136만으로 무려 두 배 이상으로 성장했다. 감리교회는 1976년 10월 전국 선교대회에서 하나님의 선교(Missio Dei)를 선교의 기초로 하면서 교세 확장을 위한 전도에 박차를 가함으로써 웨슬레의 전통을 계승하고 있다.

이같은 성장에서 우선 적극적으로 교회 성장 계획이 있었다. 1976년부터 10년간 한국 감리교회는 5천 교회 1백만 성도 운동을 전개했던 그 결과 매년 교인수가 크게 증가했다. 그리고 이어 1990년부터 시작된 7천 교회 2백만 신도 운동으로 해마다 많은 교회가 개척되고 있다. 이같은 세심한 교회 성장 계획의 실천과 함께 성장의 원인으로는 강력한 부흥 운동을 꼽을 수 있다. 요한 웨슬레의 부흥 운동을 이어받은 감리교회의 전통이기도 한 부흥 운동은 개 교회 차원에서 이루어지는 부흥 운동과 지방회 차원에서 이루어지는 사경회, 여름 산상성회, 웨슬레 회심성회가 있고, 연회와 총회 차원에서 이루어지는 교역자 무장 성회, 평신도 무장 성회와 선교요원훈련 등으로 활발히 전개되고 있다.

또한 적극적 사회봉사로 교회 성장의 결정적 역할을 하고 있다고 할 수 있다. 한국 감리교회가 장로교와 함께 한국에서 선교를 시작한 이래로 장로교는 계속 분열을 거듭해 왔으나 감리교회는 단일 교단을 유지해 왔다. 한국 감리교회 안에도 예수교 감리회 등 교파가 따로 있으나 이는 자생한 교파로 기독교 대한 감리회와는 무관함으로 매우 소교단에 지나지 않는다. 또한 감리교회는 감리교 신학대학을 중심으로 윤성범, 변선환, 홍정수 등의 토착화 신학 사상으로 한국 교회에 공헌과 함께 복음의 변질을 가져왔다는 비난을 받는다.

토착화 신학의 공헌으로는 기독교와 문화를 형성했다는 것과 민족주의 주체성 확립에 영향을 끼친 것, 그리고 타종교와 대화를 시도하고 한국 기독교를 세계에 소개했다는 것 등이다. 그러나 감리교 신학에 있어서 토착화 신학 내지 현대 신학을 긍정적인 면 못지않게 부정적인 역반응을 불러왔다. 토착화 신학은 기독교 사상과 타종교 사상, 그리고 동양 문화 사상 사이의 내용적 차이를 무시함으로써 혼합주의 내지 혼용주의에 빠졌다는 지적을 받았다. 혼합주의는 기독교의 유일성이 흐려지고 신론의 변화는 자연히 구원론의 변화를 초래하여 기독교를 성경에서 떠나게 만들었다는 비난의 소리는 감리교 선교와 전체적 선교에 부작용을 가져왔다고 볼 수 있다. 감리교회가 일부 장로교인들에게 이단으로 비쳐진다던가 현대판 종교재판이 결행됐다는 점은 선교적 차원에서 큰 손실을 가져왔고 감리교의 단점이 될 수 있다.

다음으로 한국 뿐 아니라 전세계에서 가장 큰 성장을 나타낸 것이 오순절교파 교회이다. 한국에서는 80년대 초 49만이던 것이 93년 자료에서 131만으로 두 배 가까운 성장을 가져왔다. 그러나 여의도 순복음 교회가 통상적으로 70만 성도라 할 때에 거의 반 이상을 차지하고 있다. 그러므로 여의도 순복음 교회를 제외한 다른 파, 오순절파나 교회는 아주 미세함을 알 수 있다. 왜냐하면 한국 오순절 교회 교파가 9개 교파나 합해서 통계적 교인 수이기 때문이다. 그러므로 오순절 교파에서의 교회 성장은 여의도 순복음 교회의 성장이라 할 수 있다. 오순절 교파에서 뿐 아니라 한국 교회와 전세계 교회에서 여의도 순복음 교회는 교회 성장의 대명사로 불리워지고 있다. 이같은 여의도 순복음 교회의 성장에 대해 정상이나 비정상이냐, 건전한 기독교냐 이단이냐 하는 논쟁이 진행 중이다.

그러나 피터 와그너는 여의도 순복음 교회를 건전한 교회로 간주한다. 그러나 한국 교회 중 장로교 통합측과 고신측은 여의도 순복음 교회의 신학과 신앙에 대해서 회의를 표시하며 이단성 여부를 심의 중에 있으며 개인적으로는 이단으로 단정하는 이도 있다. 여기에서 여의도 순복음 교회 성장이 한국 교회에 주는 교훈은 반드시 신학과 신앙이 건전한 교회만이 성장하는 것이 아니라는 점과, 한국에 깊이 뿌리내린 장로교회나 감리교회를 제치고 큰 성장을 하였다는 것은 일반 교인들에게는 교파의식이 거의 없다는 것을 나타내준다. 그리고 여의도 순복음 교회의 목회 이념이 성령 운동이라 한다면 교회 성장과 성령 운동은 깊은 관계가 있다는 점이다. 그러나 그 동안 기존 교단이었던 교파에서는 성령 운동을 도외시해 왔다. 그리고 60년대와 70년대 여의도 순복음 교회가 급성장 하는 반면 기성 교회에서는 교회 성장 이론과 전략이 빈곤했다는 점도 생각할 수 있다. 물론 각 교단별로 성장의 원인을 정확하게 지적하기는 불가능하다. 그래서 한국 교회에서 두드러진 성장 양성을 보이는 교파와 교회에 대해서만 취급했다.

2. 한국 교회의 성장 요인과 저해 요인

(1) 한국 교회의 성장 요인

한국 교회의 성장은 다양하고 복합적인 요인이 작용한 결과이다. 이원규는 한국 교회 성장은 교회 구조적인 요인과 사회 상황적인 요인과 문화적인 요인이 모두 복합적으로 작용한 결과라고 한다.

① 이원규의 분석
교회 구조적인 요인

첫째, 교회 운동으로서 60년대부터 확산되었던 부흥 운동, 성령 운동, 신유 운동, 전도 운동 등이 교회 성장의 분위기를 조성

했다. 둘째, 교회의 프로그램으로써 성경 연구와 친교를 도모하는 것 등이다. 셋째, 한국 교회의 구조적 성격으로 한국 교회의 개 교회 주의이다. 넷째, 교회 성장의 이념 등이다.

사회 상황적 요인

1960년대 이후의 한국의 정치, 경제, 문화, 사회적 상황이 교회 성장에 크게 영향을 미쳤다.

문화적 요인

문화적인 요인으로는 한국의 문화, 종교 그 자체가 교회 성장에 매우 적합한 성격을 가지고 있다. 한국인의 종교성은 매우 수용적이고 적극적이기 때문에 모든 종교를 매우 활발하게 수용 발전시키는 원동력이 되었다고 지적한다. 즉 지성과 이성적인 측면보다는 감성과 열성이 더 강해서 이것은 무종교의 권위나 종교인의 타종교로의 개종을 용이하게 하였고 무속적인 기복성과 현실주의를 대중성 홍보에 매우 유리하게 작용하였다.

② 이요한의 분석
1. 목회자들의 지도력과 영적 권위
2. 영적 각성 운동과 신앙갱신
3. 인간적 욕구 총족과 사람수의 모임
4. 긍정적 사고와 성취의욕
5. 복음의 우위성 확보
6. 대중성 확보

③ 나일선의 분석
나일선은 한국 교회 성장 연구원에서 주최한 목회자 세미나에서 교회 성장 요인을 28가지로 분석했다.

그것은 하나님의 섭리, 훈련된 많은 사역, 성경의 번역, 문명의 퇴치, 단일민족, 핍박극복, 절망의 시대적 요인, 애국심, 자기 백성에 대한 사랑, 서양의 식민지 정책으로부터 자유, 진취적 민족성, 선교활동, 기독교 기관, 네비우스 전도전략, 1907년 부흥운동, 소그룹 모임, 개척 교회 운동, 가족 전도, 특정국교가 없는 것, 복음 전도를 위한 비전, 선교를 위한 비전, 군목의 사역, 열성적인 봉사, 경제발전, 잘 훈련된 목회자, 심방, 평신도 사역, 기도와 금식 등이다.

복음에는 방해 요소를 제거하는 능력이 있다. 복음 자체에는 저해 요인을 제거하고 성장케 하는 능력이 있다. 유대주의의 좁은 울타리 안에서 예루살렘을 중심으로 오순절 날에 일어난 복음 운동은 유대인들과 그 개종자들을 중심으로 퍼져 나갔다. 복음의 능력은 현대 세속문화, 공산주의 문화 또는 소위 종교문화들 유교문화, 불교문화, 모슬렘문화까지도 정복할 능력이 있다. 선교에는 인종의 차별이나 민족 의식이나 종파의식 따위가 있어서는 안된다. 하나님은 우선권의 문제들을 기억하시고 선택에 직면한 자기 백성으로 하여금 복음 전도와 사회 참여에 종사하는 일을 꾸준히 밀어가도록 지휘하신다.

(2) 한국 교회 성장의 저해 요인

① 우선 순위를 상실

유다 백성들이 포로 생활에서 해방되어 고국으로 귀환할 당시(B.C. 605)에 제사장 여호수아와 정치 지도자인 스룹바벨의 지도하에 귀환한 백성들은 성을 수축하고 하나님께 감사하는 예배를 드리기 위한 성전을 짓기 위하여 주춧돌을 놓기까지 했다. 그러나 그들은 개인적인 문제와 가정과 사회적, 가정적, 군사적 문제를 먼저 해결해야겠다는 이유로 성전의 주춧돌을 놓은 후 15년이나 성전 재건을 연기하고 있었다.

하나님께서는 선지자 학개를 보내어서 "네 집은 완벽하게 지어 놓고 나의 집은 황무하다"고 책망하셨다. 그러므로 하나님의 교회가 추구해야 할 우선 순위 몇 가지를 제시해 보면 다음과 같다.

교회는 머리가 되시는 예수 그리스도께 완전 헌신(Commitment to Christ)하는 것을 우선해야 한다. 교회가 성장하기 위해서는 그 하는 모든 일을 주 예수 그리스도의 믿음으로 해야 한다. 그리고 예배와 하나님의 말씀을 우선해야 한다. 또한 그리스도의 몸된 교회의 전도는 헌신적이어야 하며 교회 일을 무시하거나 등한히 해서는 안된다.

② 자만

성경은 애굽에서 이스라엘을 출애굽시킨 여호와 하나님을 믿는 자는 두려워하지 말고 너희와 언약한 그 하나님의 말씀을 믿고 조금 후에 주어질 영광과 평안을 바라라고 한다. 이와 같은 소망을 가진 바울은 몸에 불편한 가시가 있었으나 그 가시를 인하여 더욱 겸손히 주님의 교회를 섬김으로 더욱 하나님의 역사를 이루었다.

③ 종교인들의 직업주의

목사는 신앙의 상징적인 존재이다. 만일 그가 그리스도 안에서 겪은 그 자신의 신앙적인 경험을 확인할 수 없다면 어떻게 다른 사람에게 모범을 보일 수 있겠는가?

④ 비전(Vision)의 결여

비전이 없는 백성은 요동하며 망하게 된다는 진리는 교회에도 예외가 아니다. 그런데 이 비전은 인간이 창출해내는 것이 아니고 인간이 하나님으로부터 받는 것이다. 하나님으로부터 오는 비전은 하나님의 나라에 대한 비전이다. 많은 학자들이 예수님의 성육신 사건에서 천국 운동은 시작되었고 그가 이제 재림하심으로 완성된다고 보고 있다. 이것이 가장 건전한 하나님 나라에 대한 이해라고 말할 수 있다.

⑤ 지도성(Leadership)의 결여

스가랴 선지자는 환상 가운데서 7개의 등잔을 가진 금촛대를 보았다. 그리고 그 좌우에 두 감람나무가 세워져 있었고 그 곳으로부터 두 금관(Pipe)을 통해서 기름(Oil)이 흘러나와 금 촛대의 등잔불을 밝히게 되었다. 이는 성령을 부어 주는 이스라엘 백성의 두 지도자 여호수아 대제사장과 유다 총독 스룹바벨을 가리키고 있는 것이다. 결국 지도자 없는 교회는 성령의 은혜가 공급될 수 없는 것이다. 몇몇 젊은이들은 절박한 운명으로부터 세상을 구원할 유일의 길은 성서로 돌아가야 됨을 알고 있었다. 요한 웨슬레, 죠지 화이터 필드 등의 복음 전도자와 존 하워드, J. 허드슨 테일러, 베르나르도 선교사 등의 리더십은 세계의 확고한 영향을 발휘하였다.

3. 한국 교회 성장의 문제점

(1) 교회 성장의 역반응

교회 성장은 한국 교회에 크게 공헌한 것이 사실이지만 반면에 역반응을 가져 온 것도 사실이다. 한국 교회는 부정적인 요소들이 두드러진 양상으로 작용해 왔다고 할 것이다. 코스타스(Costas)의 비판대로, 맥가브란과 양적 거대주의의 교회 성장학은 신학사상 중심 속에 그리스도와 세계, 그리고 전 세계를 향한 하나님의 영원한 구원이 주제가 되지 않는다.

그 대신 교회주의가 자리하고 있다. 여기서 교회 성장학은 교회의 존재 근거를 상실하고 있다. 교회 중심의 신학의 문제는 바로 교회가 중심이 되는 순간 성서의 중심인 그리스도를 몰아낸다는 신학적 위험성을 내포하고 있다.

(2) 교회 성장의 인본주의

맥가브란과 그의 학파가 내세우는 교회 성장학은 인본주의적이고 또 기능주의적인 수단을 지나치게 의존하는 데 문제가 있다고 본다.

다음의 글을 읽어 보라. 이 글이 우리에게 어필되는 이유가 어디에 있을까? 제목은 "다른 교회로 가십시오…"이다. 부천시 원미구에 있는 어느 교회 4월 3일자 주보이다. 주보 한쪽에 실려 있는 글 하나가 눈길을 끌었는데 그 글을 열 번도 더 읽게 되었다. 다음은 그 글이다.

"부천 교구권 밖에 거주하는 성도 여러분! 부활절이 지납니다. 온 가족이 편안히 예배드릴 수 있는 길을 택하십시오. 집에서 가장 가까운 위치에 있는 작은 교회중 진리적 교회를 선택하십시오. 단번에 등록하지 말고 여러 번 참석한 후 기도 가운데 선택하셔야 합니다. 그런 후 연락 주십시오. 이명증서(移名證書)를 보내드리겠습니다. 그간 어려운 발걸음으로 교회를 섬겨 도우신 사랑을 감사하여 잊지 않고 기도하며, 아울러 지속적인 사랑의 교제를 나누겠습니다. 저희 남은 믿음의 어린 형제들을 위하여 기도로 도와주시기 바랍니다. 여러분이 그간 섬기시던 본 교회가 진리 안에서 든든히 서 가기를 바라와서 믿음으로 기도해 주신다면 남은 교우들은 힘을 얻어 선배 신앙인 여러분들의 뜻을 이어갈 것입니다. 새로 정한 교회에서 부담 없는 신앙생활을 하려는 마음을 처음부터 갖지 마시고 항상 십자가 지려는 마음으로 여기서 보다 더욱 잘 섬겨야 합니다. 이제는 거리, 시간적으로 능히 더 잘 감당할 수 있는 여건이 되었습니다. 불평 없이 범사에 늘 감사하는 믿음으로 오로지 섬기는 것으로 만족하십시오. 항상 하나님 편에서, 진리 편에서, 교회 편에서, 목사님 편에서 생각하십시오. 절대 무리(群) 편에서 결단하지 마십시오. '모든 사람으로 더불어 화평함과 거룩함을 좇으라 이것이 없이는 아무도 주를 보지 못하리라'(히12:14)."

이 글이 무슨 내용인지 이해가 되는가? 이 글의 의미를 생각하며 참으로 많이 놀랐다. 문장 하나 하나에 담긴 뜻을 세밀히 헤아려 보며 더욱 많이 놀랐다. 이 글은 그 교회의 담임 목사가 너무 먼 거리에서 그 교회에 출석하고 있는 성도들에게, 부활절을 기해서 집에서 가까운 교회로 적을 옮겨서 그 교회로 출석하며 그 교회를 더욱더 잘 섬겨 주십사 하고 요청하는 내용인 것이다. 교인들에게 집에서 가까운 교회에 출석하라고 권고하는 것이 당연한 일이다. 그러나 이 당연한 일을 당연한 것으로 알고 공식적으로 교회 성도들에게 가르치며 그 귀한 성도들을 떠나 보내는 교회가 과연 얼마나 되는가? 그렇게 하지 못하는 많은 이유가 있을 것이다. 한국 교회는 교회 성장병에 걸려 인본주의적인 사고로 양떼 쟁탈전을 벌이고 있는 것이다.

(3) 교회 성장의 물질주의

교회 성장학은 교회의 물량적 확장과 확장된 수에 관심을 가지는 동안 그리고 그것을 유익한 성공의 표준으로 삼는 동안, 교인들의 신앙적 의식을 중성화하고 있다. 이 과정에서 교인들은 그리스도의 제자가 되는 희생마저 망각케 되는 위험성을 가진다고 지적했다.

교회 성장학의 부정적인 측면에서의 역기능이 한국 교회 성장에 있어서 성장 제일주의 및 물량주의를 가져왔다. 한국 교회에 있어서 성장 제일주의 및 물량주의에 대해서 사회 일각에서는 이미 비판이 제기되고 있다. 김요한은 한국 교회는 심각한 병을 앓고 있는데 이병의 이름은 "한국 교회 지도자들의 비전 결핍증"이라고 하였다. 즉 성장의 결과를 가지고 미래의 한국 교회가 국내와 국외에 어떻게 공헌 할 수 있는가에 대한 기독교적 비전이 거의 전무한 상태이며 한다는 일이 고작 건물 신축하는 일과 자기 교회의 교세를 넓히는 일에 계속 투자하고 있다고 지적하며 비판했다. 교회 성장 제일 주의로 인해 성공 척도와 신앙 기준을 물질로 삼는 분위기가 교회 안에 조성되었다. 그리고 물적, 인적 자원의 규모와 동원능력이 성공적인 교회가 성공적인 목회의 척도가 되었고 사회, 경제적 지위와 물질적 가치를 모두 추구하는, 그래서 하나님과 재물을 모두 섬기는 듯한 교회가 되어가고 있다고, 이원규는 지적하였다.

교회 성장 제일주의는 교회의 존재 이유 자체를 '성장'이란 용어로 설명한다. 즉 성장이 교회의 수단이 아니라 목적이 되어버리는 소위 목적 전치 현상이 생겨나게 되며 그 자체가 우상이 될 수 있다는 것을 상기하였다.

한국 교회는 심각한 교회 성장 제일주의에 빠지고 있다고 하겠다. 이로 인한 많은 문제가 야기되는데 이요한이 언급한 선교

적 비전 결여와 이원규가 지적한 역기능들인데 여기에 대해서
네 가지 문제를 언급하였다.

1. 신앙 구조의 문제로서 출석, 기도, 성경공부, 헌금, 전도 등
   수직적 신앙만을 강조하게 됨으로 이웃에 대한 사랑의 차
   원이 간과되는 것.
2. 구조적인 문제로서 개교회주의 병폐를 언급하였다.
3. 가치관의 문제로서 성장을 위한 성장이 되면서 질적 성숙
   의 성실성이 간과됐다는 것
4. 기능적인 문제로서 교회의 빛과 소금으로서의 사회 봉사의
   기능이 간과되고 있는 것

이상과 같은 역기능들은 한국 교회의 미래를 어둡게 하는 요
인이 된다고 하겠다. 다음으로 한국 교회는 분열의 문제가 심각
하다. 이 문제로 말미암아 교회의 내부는 물론 사회로부터도 문
제가 제기되고 있는 형편이다. 한국 교회가 100년여의 역사를
경과한 이제 지난 100년여 간의 한국 교회 역사를 회고해 볼 때
가장 가슴 아픔 일은 거듭된 분열의 과정이었다는 점이다. 특이
한 점은 한국에서의 교단 혹은 교회 분열은 누구나가 공감할 수
있는 신학적 혹은 신앙고백적인 이유에서가 아니라 주로 유치한
형태의 인연과 지연 혹은 계파 의식과 기존의 복잡한 정치적 이
유에서 분열되었다는 점이 문제의 심각성을 더 한다. 한국 교회
의 지난 100년여 간의 역사는 어떤 의미로는 분열의 역사였다는
점에서 한국 교회사는 곧 한국 교회 분열사(史)라 해도 지나친
말이 아니다.

하나님 나라에 실현을 추구하며 하나님의 통치를 받는 교회가
이토록 지나친 분열을 거듭하는 것은 교회가 그 본래적 위치를
망각한 처사라 하겠다. 그러므로 한국 교회는 자기 반성과 개혁
성찰과 함께 거듭나는 과정이 있어야 하겠다.

제2부 성경이 해답이다

예루살렘 교회는 모든 교회의 원(原) 세포이다.
모든 교회는 그 교회로부터 세포분열된 것이다.
예루살렘 교회의 성장은 하나님께서
구원받는 사람의 수를 날마다 더하게 하심으로 이루어졌다.
인간적 요소나 환경적 요소가 아닌
하나님의 능력으로 성장된 것이다.

5장 · 문제를 넘어서

　이어령 교수는 최근 글에서 일본의 몰락을 이야기한다. 80년대만 해도 일본은 막강한 경제 기술 대국으로 모든 나라의 질투를 사서 "저팬 배싱"(Japan Bashing · 일본 때리기)이라는 말이 돌았다. 하지만 90년대에 들어서 거품이 걷히자 저팬 배싱은 "저팬 패싱"(Japan Passing · 일본 제기기)로 변했고, 다시 최근에는 "저팬 나싱"(Japan Nothing · 일본은 없다)으로까지 이어지고 있다는 것이다. "배싱"이 "패싱"으로 "패싱"이 "나싱"으로 전락하게 된 것이다. 지금까지 일본을 이끌어온 3N(NHK, NEC, NTT)이 오히려 발전을 가로막는 벽이라는 농담이 발견된다는 것이다. 차세대 텔레비전을 아날로그 방식으로 개발해 왔던 NHK는 디지털의 벽에, 일본 컴퓨터의 표준이 된 NEC의 경우는 글로벌한 네트워크시대에는 폐쇄의 무거운 빗장이 되어버림으로, 통신분야의 NTT는 거대한 독점체제로 인해 결국 모든 기선을 일본에 빼앗기고 말았다는 것이다. 산업사회 제조업에서 승리를 거둔 일본은 러-일 전쟁에서의 과분한 자신감에 사로잡혀 공립학교의 영어시간을 주 15시간에서 4시간으로 줄이고 그것을 다시 3시간으로 축소했다는 것도 일본인들의 좁은 안목의 결과라는 것이다. 그래서 최근에 위기를 느낀 일본의 지도층에서 영어를 제 2공용어로 해야 한다는 말이 나오고 있는 것이다. 태평양전쟁 때에도 처음에는 파죽지세로 달렸지만 전함에서 항공모함으로 전쟁 패러다임이 바뀐 결과로 허망하게 무너지는 현상을 보였듯이 낡은 패러다임은 바꿔야 한다고 지적한다. 구원받은 우리 역시 과거 죄 가운데서 가지고 있던 세계관을 바꾸지 않으면 영적 전쟁에서 실패한다. 또한 교회 역시 패러다임을 바꾸지 않으면 지금 21세기에는 승리를 장담할 수 없는 것이다.

 "입체적 사고"란 사물이나 현상을 그대로 나타난 그대로 파악하는 평면적 사고에 대응하는 개념으로서 표면에 드러나지 않는 본질까지 깊이 생각하고 다각적으로 비교 분석하여 전체적으로 파악하고 투시하는 종합적 사고방법을 의미한다. 최근과 같이 경영환경이 급변하고 세기말적 변혁이 동반되고 있는 시기에 있어서는 종래와 같이 구태의연한 사고에서 벗어나, 우리의 인식이나 발상부터 크게 바꾸어야 한다. 그런데 그 밑바탕이 되는 것이 입체적 사고라고 할 수 있다. 입체적 사고를 위해서는 먼저 매사를 종합적·포괄적으로 이해하기 위한 끈질긴 사고와 노력이 뒤따라야 하며, 그 밑바탕에는 사물에 대한 풍부한 상식은 물론 깊은 애정과 장인정신이 깔려야 한다. 예컨대, 영화를 보더라도 어쩌다가 1~2편 볼 때는 그냥 재미있게 보지만, 1~2백편 또는 수 백 편을 지속적으로 보게 되면 그때부터는 대충 다음 스토리가 어떻게 전개되리라는 것을 충분히 예상할 수 있게 된다. 이 단계를 넘어서면 그 다음부터 단순히 영화만 보는 것이 아니라 배우의 동작 하나 하나, 촬영당시 감독의 지시와 카메라맨의 위치, 심지어는 배우의 마음까지도 느껴져 영화를 보는 감흥도 남다르고 마침내는 전문가 못지 않은 식견을 피력할 수 있게 된다. 이와 같이 평소에 사고를 깊고 넓게 하는 훈련을 계속함에 따라 영화 한편을 보더라도 "종합예술 한 편을 감상" 하는 차이로 구별된다. 이러한 입체적 사고가 우리 그리스도인 들에게도 필요하다. 믿음에서도 그렇고 삶에서도 그렇다. 그리고 교회 성장을 위해서도 이러한 입체적 사고가 필요하다.

　세상에 완벽한 사람은 없다고 한다. 누구나 얼마쯤의 흠은 있 다는 얘기이다. 그러나 많은 사람들은 자신의 약점을 부끄러워 하고 그 약점 때문에 용기마저 잃는 경우가 허다하다. 한 유태 인 보석상이 있었다. 그는 여행길에 아주 탐스러운 다이아몬드 를 발견하고 비싼 값에 그것을 사들였다. 보석상은 그 다이아몬 드 값에 대단히 만족했고 자기는 그 이상의 값으로 되팔 수 있 다고 믿었다. 그러나 자기 나라로 돌아와서 정밀하게 다이아몬 드를 살펴보니 살 때는 보이지 않던 작은 흠이 발견되었다. 보 석상은 깜짝 놀랄 수밖에 없었다. "아, 이 비싼 보석을 어떻게 손해를 보지 않고 팔 수는 없을까?" 보석상은 머리를 쥐어짰다. 그러나 다이아몬드를 감정하는 사람들은 모두가 고개를 설레설 레 내저으며 싼값으로라도 사려고 하지 않았다. 보석상의 실망 은 대단했다. 이제는 제 값을 받기는커녕 투자한 돈의 반이라도 찾을 수는 없을까를 걱정해야 했다. 그러던 중 보석상의 머리엔 한 아이디어가 번쩍 떠올랐다. "그래. 이 흠에다 장미꽃을 조각 해보자." 그리하여 흠이 있던 다이아몬드에 조각을 하기 시작했 다. 얼마 후 아름다운 장미꽃이 조각되었고, 이 기발한 아이디어 는 단번에 다이아몬드 값을 제값보다 두 배나 뛰게 만들었다. 약점을 장점으로 전환시킨 것이다. 이렇게 약점을 장점으로 변 화시키는 것이 바로 성공자의 발상이다. 그러한 발상은 기존의 관념을 타파하는 용기 있는 자세에서부터 나온다. 우리들의 두 뇌를 사용해야 한다. 두뇌에 충격을 끊임없이 주어야 한다. 그리 하여 하나님이 맡겨주신 달란트보다 몇 배나 더 남겨야 한다.

교회 성장은 하나님의 문제가 아니라 나의 문제이다. 목회자의 문제이다. 아이디어의 문제이다. 발상의 한계에 부딪혔기 때문이다. 성경은 성령께서 지혜의 영이라고 가르쳐주고 있다. 하나님의 영, 곧 성령의 지혜를 구하자.

1. 바람직한 교회 성장

바람직한 교회 성장을 언급하기 보다 바람직한 교회의 모습을 바르게 정립하는 것이 중요한 과제일 것이다. 본 장에서는 바람직한 교회관을 위해 성경적 입장을 조명해 보고 바람직한 교회에 대한 문제를 절실하게 제기했던 신학자를 중심으로 교회의 참된 본질 및 형태 교회와 사회와의 관계 교회의 참된 사명 등을 살펴보고자 한다.

(1) 초대 교회의 사명감

2차 대전 때 UBF의 이야기는 퍽 감명을 준다. 독일의 공습으로 인해 런던은 밤낮으로 폭탄이 소나기처럼 쏟아지고 있었다. 심술궂은 히틀러는 많은 폭탄에 시한 장치를 하여 투하하였다. 그래서 공습이 지난 뒤에도 시민들은 폭탄이 언제 어디에서 폭발할지 몰라 불안에 떨고 있었다. 폭탄이 투하되자마자 폭발하는 것이 아니라 어떤 것은 30분 어떤 것은 1시간, 어떤 것은 몇 시간 후에, 또 어떤 것은 몇 일 후에 폭발되도록 시한 장치가 되어 있었던 것이다. 그러니 공습 경보가 끝나도 런던 시민들은 안절부절 할 수밖에 없었던 것이다. 이때 영국의 귀족인 써포크 공작은 저녁에 기도하던 중에 바로 이 일을 그가 담당해야 한다는 하나님의 강한 부름을 듣게 되었다. 그 순간 이 써포크 공작은 자기 운전 기사, 여비서와 함께 시한 폭탄을 처리하는 UBF 라는 결사대를 조직하였다. 이들은 시한 폭탄이 떨어진 곳을 찾아가 죽음을 무릅쓰고 무려 34개의 시한폭탄을 해체한 것이다. 35개째를 처리하던 순간 폭탄이 터져 써포크 공작과 일행은 죽음을 당했다. 그들은 이름도 빛도 없이 죽었으나 많은 런던 시민의 생명을 구했다. 그 일이 하나님의 소명으로 여겨졌기에 그들은 용기있는 희생을 하였던 것이다. 그들에게 명예나 지위나 돈은 문제가 안되었다. 그들에게 중요한 것은 "그런 것들은 주어지지 않을지라도 하나님께서 원하시는 일이라면 내가 그 일을 하겠습니다" 하는 불타는 소명이었던 것이다. 이런 사람들이 많이 있는 나라는 발전하고 새로운 창조의 역사가 이루어질 수밖에 없다. 용기 있는 희생, 그것이 곧 창조적인 삶이다.

초대교회는 사명감으로 뭉쳐진 교회였다. 조직도 환경도 열악했지만 그들은 복음을 전하는 것이 그들에게 주어진 사명임을 인식했다. 사도행전에서 제자들의 활동 초점이 무엇인가를 아는 것은 매우 중요한 의미를 갖는다. 이에 대해 변종길은 사도행전 전체의 초점은 유대인들이 예수를 나무에 달아 죽였으나 부활하셔서 온 세상의 심판주가 되신 그리스도의 복음을 전하는 것이라고 말했다(행 11:34-43). 따라서 사도행전 전체의 주제는 1장 8절에 있는 바와 같이 "오직 성령이 너희에게 임하시면 너희가 권능을 받고 예루살렘과 온 유대와 사마리아와 땅 끝까지 이르러 내 증인이 되리라"고 하신 말씀에 있다고 하였다. 사도행전의 마지막 구절도 "담대히 하나님 나라를 전파하며 주 예수 그리스도께 관한 것을 가르치되 금하는 사람이 없었더라"고 끝맺고 있다. 최초의 교회에서는 복음 전파를 최우선적으로 여기고 교회 성장에 얽매이지 않았다는 것이다. 뿐만 아니라 사도들이 관심을 가지는 복음전파는 어느 특정 지역이 아니라 전체적인 복음 전파였다는 것이다. 이러한 관점에서 스데반이 순교 후에 예루살렘 교회에 큰 핍박이 일어나서 사도들 외에는 다 흩어졌지만 누가는 이것을 실패나 문제 상황으로 보지 않고 있다는 것이다 (행 8:1-4). 왜냐하면 이로 말미암아 흩어진 사람들이 온 유대와 사마리아에서 복음을 전파하였기 때문에 주님께서 명령하신 복음전파(행 1:8)가 이루어지며 또한 전체 교회 측면에서 교회 성장에 손실이 없기 때문이라는 것이다.

이와 관련하여 변종길은 교회 성장이란 하나님의 주관적 역사라고 한다. 즉 인간이 계획하고 노력해서 인간의 힘으로 성취할 수 있는 성질이 아니라 하나님의 손이 함께 할 때 이루어지는 것이라고 하였다(행 11:21, 2:41, 2:47). 즉 교회가 하나님의 말씀을 좇아 바로 행하고 교제하며 하나님을 찬송할 때 하나님께서 그 대가로 축복해 주실 때 교회 성장으로 나타나게 됨을 뜻한다. 따라서 교회 성장 그 자체가 우리의 추구해야 할 목표라기 보다 우리가 하나님 앞에서 말씀을 좇아 바로 행할 때 축복으로 주어지는 결과라고 하였다.

(2) 흩어져서 전도하는 교회

2차대전시 스코틀랜드의 작은 배 한 척이 나치의 어뢰에 맞고 침몰되었다. 구명정에는 열 명의 수병들이 탔다. 추운 2월의 북해였다. 처음에는 열심히 노를 저었지만 사흘쯤 지나자 그들은 지쳤다. 고무보트에는 먹을 것도 마실 것도 없었다. 다시 이틀이 더 지나자 이젠 더 이상의 희망이 없어 보였다. 굶주린 그들에게 추위는 너무도 심했던 것이다. 이때 비행기가 한 대 날아왔다. 이것이 적군의 것인가 아니면 아군의 것인가? 다행히 영국기였다. 조종사가 다행히 조난자들을 보았다. 여덟 명은 지쳐서 쓰러져있고 두 명이 겨우 손을 흔들고 있었다. 조종사는 그로부터 20킬로미터 떨어져 있는 아군의 배를 발견했다. 그리고 불빛으로 신호를 해서 조난 지점을 알려 주었다. 그리고 그들을 인도해 나가서 구명정 근방에 연막탄을 투하했다. 열 명의 수병이 구조되는 것을 확인하면서 조종사가 그 장소를 떠나려고 하였다. "무엇이 잘못 되었나?" 대답이 왔다. "잘못된 것은 없다. 단지 수병 하나가 감사하다고 연락해 달란다." 이렇게 연락한 수병은 한 사람이었다. 후일에 그는 말했다. "나는 그 감격으로 평생 남을 돕고 살았습니다." 바로 이것이다. 감사는 참된 감격을 준다. 그리고 이 감격은 행복을 일으킨다. 종은 울리기까지 종의 구실을 못한다. 대포도 쏘기까지는 그 위력을 모른다. 마찬가지로 감사하기까지 복은 절대로 복이 아니다. 감사는 반드시 표현이 되어야 더욱 감사를 느끼게 한다. 이것이 행복의 비결이다.

초대교회가 핍박 속에서도 견디어가며 복음을 전하였던 이유는 그들 속에 구원에 대한 감사와 감격이 있었기 때문이다. 그리고 구원받는 사람들을 보면서 그들 속에 더욱 감격이 더해 갔기 때문이다. 교회는 단순한 어떤 체제가 아니라 그 시대의 문화적, 사회적 상황 속에서 하나님의 말씀을 유효한 도구로 사용하는 살아 있는 유기적 기관이다. 리차드슨(Richardson)이 "교회는 그리스도께서 세상에서 일하는 방편이다"라고 할 때도 교회는 살아있는 그리스도의 손이요, 발이요, 그의 입이요, 목소리이다. 그러므로 부활하신 모습으로 이 세상에서의 자신의 복음전파 사업을 위한 살아있는 도구로서의 교회는 부활하신 그리스도와 함께 살아 활동하는 생명력 넘치는 교회가 되어야 한다.

교회 존재의 목적은 세계를 복음화시키는 것이다. 따라서 교인과 교회의 활동은 세상과 분리시켜 생각할 수 없다. 교회는 교회 내에 잠자고 있는 교인들을 깨워 전도의 일선에 내보내 활동하게 해야 한다. 교회의 따뜻한 난로 옆에 앉아 잡담이나 하는 교인은 전체적으로 교회 침체 원인이 될 뿐 아니라 개인적으로도 신앙 침체의 원인이 된다.

예배는 예루살렘과 유대와 사마리아와 땅 끝에 사는 비 기독 교인들에게 전도하기 위해서 드리는 것이다. 이것이 예배의 참 목적이다. 교회 활성화의 원동력은 성령이시며 그분의 활동하시는 사역이기도 한다. 성령의 말씀을 통하여 하나님의 계획을 알게 하고 어떻게 사역할 것인가? 어떤 사역을 할 것인가에 대해서 구체적으로 지시하신다.

참다운 교회는 기도(祈禱)하고, 조직(組織)하고, 훈련(訓練)하고, 계획(計劃)을 세우고, 전도하는 곳으로서 모든 선교의 목적을 위하여 이루어져야 한다. 그러므로 하나님이 기뻐하시는 교회가 되려면 성령의 능력으로 전도하는 교회가 되어야 한다.

2. 트랜드를 읽어야 교회는 성장한다

지금 미국에서 많은 기업들이 페이스 팝콘이라는 여성의 도움 받고 있다. 우리 나라에도 그녀의 책이 소개되어 있다. 『클릭 미래 속으로』라는 책으로 기자이며 저술가인 그녀의 미래감각이 아주 잘 나타나있다. 우리가 잘 아는 네슬레, 제너럴 푸드, 켈로그, 켐벨과 같은 세계적인 회사들이 그녀의 도움을 받고 있는데, 이는 그녀에게는 독특한 힘이 있기 때문이다. 그녀의 능력은 바로 사람의 생활변화를 잘 예측하는 것이다. 그녀를 가리켜 "라이프 스타일을 만드는 사람'"라고 부른다. 그녀가 지난 80년도부터 어떤 상품을 만들면 크게 성공할 것인가를 예측한 것이 거의 다 맞았기 때문이다. 건강 지향적인 패스트푸드가 각광을 받는다, 각 가정에 미디어 룸을 설치하는 것이 일반화될 것이다, 고급승용차를 선호하게 될 것이다, 저지방·저염도의 식품이 호평을 받게 될 것이라는 등의 예측들이 거의 다 정확하게 맞았다. 최근 한 인터뷰에서 그녀는 자신의 정확한 예측능력은 각종 자료를 바탕으로 정확하게 분석하고 분별하는 가운데 중요한 실마리를 찾아내는 것이라고 말했다.

이런 판단력과 분석력, 통찰력 그리고 창조력과 상상력은 하루 아침에 만들어진 것이 아니다. 이런 능력들은 그녀가 어릴 적부터 읽었던 성경과 설교를 통하여 상상력을 얻었다고 한다. 주님의 마음으로 사람들을 사랑할 때 창조력이 생기게 된다고 했다. 그녀는 하버드대학 출신도, 뛰어난 사람도 아니었고 그냥 평범한 학생이었다. 그렇지만 지금은 많은 사람들에게 도움을 주고 세상을 변화시켜 나가는 사람이 되었다. 21세기 교회는 창조력, 상상력, 분별력, 통찰력, 판단력 이런 능력을 필요로 하게 된다. 단순한 답습으로는 더 이상 교회의 성장을 기대할 수 없다. 하지만 그 미래의 트랜드(trend-동향(動向)를 읽는 방법이 성경에 있다. 즉 트랜드를 읽는 방법은 과거를 분석하고 미래를 내다보는 것이다. 구약 광야 교회와 신약의 예루살렘 교회를 통하여 과거를 반추하면서 21세기 교회 성장을 생각해야 성장하는 교회의 모델을 발견할 수 있다는 말이다.

(1) 사고의 패키지화가 필요하다.

"패키지화"라 함은 상호 관련되는 재화나 서비스를 묶어 부가가치가 높은 새로운 복합상품을 개발하여 일괄 판매하거나 기술적으로 상호 보완관계에 있는 부분이나 사업을 공동으로 추진함으로써 이익이나 효율을 높이는 것을 의미한다. 예를 들어 여행사에서 항공사와 호텔 등과 결합하여 "페키지투어" 상품을 개발한다거나, 전자회사가 전자제품을 판매할 때 "홈 오토메이션" 이름으로 관련제품을 일괄 판매하는 일, 또는 컴퓨터를 팔더라도 단순히 하드웨어만 파는 것이 아니고 CRT, 프린터 등 주변기기

는 물론 소프트웨어까지 함께 묶어 판매함으로써 수요의 확대창
출과 더불어 부가가치를 높이는 것 등이 좋은 예이다. 이 밖에
열 병합발전 프로젝트를 추진하는 경우에도 설비제작 및 토목은
중공업과 건설이, 전장부분은 전자관계사가 맡고, 설비도입은 물
산이 분담하는 식으로 관계사가 공동으로 사업을 추진하면 회사
별로도 이익을 내고 제각기 필요한 기술도 축척 할 수 있게 된
다. 이러한 공동 프로젝트 경험을 바탕으로 향후 해외시장에 진
출해서도 하드웨어는 물론 기술, 노하우 등의 소프트까지 팔 수
있게 될 것이다. 따라서 우리들은 상품의 개발 및 판매 또는 비
즈니스를 추진함에 있어 관련되는 제품이나 사업을 상호 연결시
키고 여기에 서비스, 용역기능 등을 더함으로써 새로운 상품이
나 가치를 창출하는 패키지화에 보다 많은 노력을 기울일 필요
가 있다. 이제 우리의 신앙도 패키지화 될 필요가 있지 않을까?
신앙 따로 사업 따로가 아니라 믿음 안에서의 대 통합이 필요한
때이다. 교회 성장 문제 역시 "패키지화"가 필요하다.

(2) 온고이지신(溫故而知新)

옛날에 청기와를 만들어 파는 상인이 살았는데 이 청기와는
보통 기와보다 훨씬 단단한데다 빛깔이 고운, 요즘말로 고부가
가치 첨단제품이었기 때문에 청기와 장수는 짭잘한 재미를 볼
수 있었다. 그런데 이 재미를 혼자서 독점해야겠다는 욕심에서
그 독특한 제조기술이나 "노하우"를 아무에게도 알려주지 않고
심지어는 자기 자식에게도 물려주지 않았기 때문에 이 청기와의
맥은 당대에서 끊어져 버리고 말았다. 비록 단적인 이야기지만,
우리 나라 국민들 마음속에 은연중 흐르고 있는, 정보나 노하우
의 독점욕과 그로 인해 발생되는 폐해를 잘 깨우쳐 주고 있는

사례이다. 청기와 뿐만 아니라 청자, 백자 등 우리 조상들의 훌륭한 기술은 국내에서는 별로 전수되지 않고 특별히 배우려는 사람도 많지 않았던 것에 비해, 이웃 일본에서는 우리의 원천기술을 가져다 계속 발전시켜 오늘날 세계적인 도자기 수출국이 되어 있으며, 비록 하찮은 것이라도 가업으로 생각되면 반드시 자식에게 물려주어 몇 대씩 이어져 내려오는 경우가 적지 않았다. 현대는 지식과 정보의 사회이다. 세계적인 미래학자인 앨빈 토플러 박사도 미래 사회의 모든 힘을 과거와 같이 군사력이나 경제력에 의해 좌우되는 것이 아니고, 지식과 정보로부터 나오는 것임을 분명히 밝히고 있다. 복음도 정말 중요한 생명의 정보이다. 이것을 우리만 알고 전달하지 않는다면 정말 그것은 문제이다. 제자도를 통하여 확산되어져야 할 중요한 뉴스이다.

　교회 성장에 필요한 정말 중요한 자료(source)는 다름 아닌 성경에 있다는 것을 알아야 한다. 이스라엘의 광야 40년 생활을 단순한 역사적인 측면에서가 아닌 교회 공동체로 본 예루살렘 교회의 집사 스데반의 설교를 통해서 예루살렘 교회는 구약의 출애굽 공동체를 교회로 보았다는 점에서 우리는 주목해야 한다. 사도행전 7:38에 "시내산에서 말하던 그 천사와 및 우리 조상들과 함께 '광야 교회'에 있었고"는 신약의 성도들은 출애굽 공동체를 교회 공동체로 보았음을 말해 주고 있다. 이 출애굽 교회 공동체를 광야 교회라고 구체적으로 부르고 있다. 이 광야 교회는 일곱 가지 공동체의 모습으로 나타난다. 광야 교회의 일곱 공동체를 연구함으로 하나님의 원하신 교회의 모습을 발견하여 오늘날 한국 교회가 하나님의 뜻을 이루는 교회가 되어야 할 것이다.

① 이스라엘은 유월절 공동체였다.

유월절은 "페사흐"(פֶּסַח)라 한다. 페사흐는 פָּסַח(페사흐) 동사의 명사형이며, "파사흐"는 지나가다, 통행하다, 통과하다, 사라지다, 면제하다(레 23:5, 민 28:16, 33:3, 수 5:11) 등의 의미를 가진다. 따라서 명사형 '피사흐'는 넘을 유(逾), 넘을 월(越)의 의미로 하나님이 애굽에 내린 마지막 재앙인 장자 살해 재앙에서 죽음의 사자가 이스라엘 백성의 문설주에 피를 보고 넘어갔다는 데서 "파사흐"는 일반적으로 유월절 절기(출 12:48)를 가리키며 혹은 유월절 희생 제사(출 12:27)나 유월절 양 자체를 뜻한다. 그 밖의 "피사흐" 동사가 단순 수동태에서는 절름거리다, 춤을 춘다로 의미하는데 이는 축제시의 제의 춤에서 유래된 것이다. 유월절 "피사흐"는 이스라엘 백성이 애굽의 종노릇에서 해방된 날 곧 사백 년 동안의 압박에서 벗어난 날을 기념하는 절기이다 (출 12:12-14). 이날 하나님은 이스라엘을 장자의 죽음에서 벗어나게 하셨다. 이 유월절의 가장 중요한 의미는 다음과 같다.

첫째, 유월절 공동체는 구원받은 공동체이다.

애굽에서 이스라엘 민족은 하나님의 능력으로 구원을 받았으며 이것이 곧 유월절인 것이다. 유월절은 이스라엘이 구원받은 공동체임을 확인시켜 주는 공동체의 경험이다. 이 구원은 하나님의 구원으로 이스라엘 민족들의 힘과 능력에 의한 것이 아니라 전적으로 하나님의 능력이었다. 이스라엘은 이 유월절의 경험이 없이는 이스라엘의 공동체가 될 수 없는 것이다. 또한 구원의 시작이 개인의 단위인 가정에서 시작되었다. "페사크"는 성소나 신전에서 시작된 것이 아니고 가정에서 처음으로 시작되었다. 오늘날도 이스라엘에서는 유월절 행사는 여전히 가정에서 이루어지고 있다. 사도행전 16:31에 "주 예수를 믿으라 그리하면 너와 내 집이 구원을 얻으리라"고 했다. 교회는 구원받은 사람들의 모임이다. 교회가 구원받은 믿음이 없다면 그리스도의 교회가 될 수 없는 것이다.

하나님의 구원은 출애굽기 3:7-8에 잘 나타나고 있다. 여기에 일곱 가지 하나님의 구원의 동사가 나온다. "보고, 듣고, 알고, 내려와서, 건져내고, 인도하여, 이르게" 하셨다.

둘째, 구원의 공동체인 이스라엘이 어린양의 피로 구원되었다는 사실이다. 출애굽기 12:7-11에서 "그 피로 양을 먹을 집 문 좌우 설주(楔柱)와 인방(引枋)에 바르고 그 밤에 그 고기를 불에 구워 무교병과 쓴 나물과 아울러 먹되 날로나 물에 삶아서 먹지 말고 그 머리와 정강이와 내장을 다 불에 구워 먹고 아침까지 남겨 두지 말며 아침까지 남은 것은 곧 소화(燒火)하라 너희는 그것을 이렇게 먹을지니 허리에 띠를 발에 신을 신고 손에 지팡이를 잡고 급히 먹으라 이것이 여호와의 유월절(逾越節)이니라"고 했다. 이스라엘의 구원은 어린양의 피로 말미암아 구원을 받은 것이다. 이스라엘 백성이 사망에서 벗어나 자유를 얻은 것은 어린양의 희생의 피에 의해서였다. 이것으로 애굽의 속박은 풀리고 그들은 해방되었다.

하나님의 진노를 피하는 길은 어린양을 잡아 그 피를 문설주와 인방에 바르는 방법 외에는 없었다. 오직 어린양의 피로서 구원을 받게 하신 것은 하나님의 뜻이었다. 우리가 죄악의 세계인 애굽에서 구원을 받으려면 유월절 양인 예수 그리스도의 피로 말미암아 구원을 받은 것이다. 교회는 이 어린양의 피가 있어야 한다.

구원은 "다른 이로서는 구원(救援)을 얻을 수 없나니 천하 인간(天下人間)에 구원을 얻을 만한 다른 이름을 우리에게 주신 일이 없음이라"고 분명히 성경 사도행전 4:12에서 증거하고 있다. 예수 그리스도께서도 요한복음 14:6에서 "나로 말미암지 않고는 아버지께로 올 자가 없느니라"고 하셨다. 예수 그리스도의 공로가 아니고는 우리는 구원 얻을 길이 없음을 성경은 증거한다.

셋째, 어린양의 피로 구원을 얻은 이스라엘 공동체는 더 이상 자기 몸이 자기 것이 아니다. 하나님께서는 이 유월절 공동체를 향하여 하나님의 소유임을 선언한다. 출애굽기 13:2에 "이스라엘 자손 중에 사람이나 짐승이나 무론하고 다 거룩히 구별하여 내게 돌리라 이는 내 것임이니"라고 하셨다. 하나님은 죽음의 재앙에서 이스라엘 공동체를 어린양의 피로 구원하시고 하나님의 백성을 삼으시고 영광을 받기를 원하신다.

세례 요한은 요한복음 1:29에서 "예수께서 자기에게 나아 오심을 보고 가로되 보라 세상 죄를 지고 가는 하나님의 어린양이로다"라고 했다. 유월절의 어린양은 예수 그리스도의 그림자인 것이다. 어린양의 피로 말미암아 구원을 받은 이스라엘은 이스라엘 공동체가 하나님의 공동체이요, 하나님의 은혜로 구원을 받은 공동체이기 때문에 그들이 하나님의 소유라는 신앙고백을 통해서 첫 열매와 첫 것은 하나님의 것으로 돌린 것이다. 이 구원의 공동체 이스라엘은 하나님의 소유임을 초실절의 절기를 통해서 나타내고 있는 것이다. 이것은 하나님이 이스라엘을 향한 뜻이기도 하다. 이스라엘을 택하신 하나님은 이사야 43:1에서 "야곱아 너를 창조하신 여호와께서 이제 말씀하시느니라 이스라엘아 너를 조성(造成)하신 자가 이제 말씀하시느니라 너는 두려워 말라 내가 너를 구속(救贖)하였고 내가 너를 지명하여 불렀나니 너는 내 것이라"고 했다. 그러므로 우리는 하나님의 백성으로 하나님의 자녀로 살아야 한다.

넷째, 유월절 공동체는 출애굽기 12:2에 "이 달로 너희에게 달의 시작(始作) 곧 해의 첫 달이 되게 하라"고 하셨다. 즉 구원받은 새 사람으로 새로운 인생을 시작하라는 하나님의 명령인 것이다. 이러한 하나님의 요구는 유월절 공동체인 이스라엘에게 당연한 것이다. 예수 그리스도께서는 요한복음 3:5에서 "물과 성령으로 나지 아니하면 하나님의 나라에 들어갈 수 없느니라"고 하셨고, 바울 사도는 고린도후서 5:17에서 "그리스도 안에 있으면 새로운 피조물"이라고 하셨다. 하나님의 의도는 구원받은 유월절 공동체가 하나님으로 새로운 삶을 시작해야 한다는 요구를 하시고 계신 것이다. 옛 사람은 벗어버리고 새 사람을 입고 우리의 정과 육은 십자가에 못박고 예수 그리스도로 거듭난 성도로 새로운 삶을 요구하는 것이다. 또한 하나님의 나라는 새 하늘과 새 땅이기에 하늘나라의 백성은 새로운 백성이 되어야 하는 것이다. 하나님께서는 가나안의 원주민을 쫓으시고 새로운 민족, 즉 유월절 공동체인 이스라엘을 가나안의 주인으로 불러들인 것이다.

다섯째, 이러한 유월절 공동체의 규례는 영원한 것이다. 하나님은 유월절 공동체인 이스라엘에게 이 유월절 절기를 영원히 지키라고 명하신다. 이 유월절에 참여하지 않는 사람은 이스라엘에서 끊어진다. 출애굽기 12:14에서 "너희는 이 날을 기념하여 여호와의 절기로 삼아 영원한 규례(規例)로 대대에 지킬지니라"고 하셨다. 이 유월절의 영원성은 교회를 통하여 이루실 하나님의 뜻이었다. 예수께서는 유월절의 영원성을 성만찬을 제정하심으로 완성시키셨다.

유월절과 성만찬의 관계는 광야 교회가 지킨 유월절과 그리스도 인들이 지키는 성만찬으로 모두 구원의 한 날을 기념하는 의식이다. 또한 애굽의 종 되었음과 노예의 신분으로부터 완전한 해방을 기념하는 의식이다. 이것은 그리스도의 교회가 성만찬을 통해서 예수 안에서 죄에서 해방 받아 하나님의 주신 자유를 선포하는 성찬 예식에서 완성되는 것이다.

② 광야 교회는 세례 공동체였다.

고린도전서 10:2에 "모세에게 속하여 다 구름과 바다에서 세례를 받고"라고 했다. 광야 교회는 교회 공동체 전체가 홍해에서 하나님의 인도로 세례식을 거행한 것이다. 세례는 물로 씻음을 의미한다. 히브리어로 물로 씻음을 나타내는 단어는 "라하쯔"(רָחַץ)가 있다. "라하쯔"는 씻다, 빨다, 목욕하다의 의미를 가지고 있다.

신약 성경에서는 세례를 뜻하는 단어는 "밥티스마"(βπτισμαά)이다. 이 명사의 동사형 "밥티조"(βαπτιζω)는 담그다를 뜻하는 "밥토"(βαπιω)에서 왔다. 그러므로 세례란 옛사람이 예수와 함께 장사지낸 바 된 것을 뜻하며, 물에 몸을 잠그고 부활하신 예수의 새 생명을 얻는 것을 뜻하는 것이다. 물에서 일으킴을 받는 것으로, 로마서 6:4에서는 "우리가 그의 죽으심과 합하여 세례를 받음으로 그와 함께 장사(葬事)되었나니 이는 아버지의 영광으로 말미암아 그리스도를 죽은 자 가운데서 살리심과 같이 우리로 또한 새 생명 가운데 행하게 하려 함이니라"고 했다.

가난한 청교도 가정에서 출생했고 학교에 다닌 기간은 고작 1년. 취미는 독서와 노동. 어머니에게 배운 교훈은 성경 잠언 22:29뿐인 소년이 장성해 미국 철학회를 창설했고 초대 프랑스 대사에 임명되기도 했다. 그의 가장 큰 업적은 벼락의 피해를 예방하는 "피뢰침"을 발명한 것이었다. 이 과학자의 이름은 벤쟈민 프랭클린이다. 그는 인생을 가장 성공적으로 살다 간 인물로 평가되고 있다. 벤쟈민은 자신의 성공비결을 이렇게 설명했다. "내게는 13대 덕목이라는 귀한 자산이 있다. 그것은 절제, 침묵, 질서, 결단, 절약, 근면, 진실, 정의, 중용, 청결, 침착, 순결, 겸손이다. 이것을 실천하다보니 인생을 낭비할 수가 없었다." 벤쟈민은 시간을 철저히 활용했다. 또한 불필요한 일은 과감하게 끊는 결단력의 소유자이기도 했다. "기회는 꽃잎 위에 앉아있는 나비와 같다. 나비를 잡으려면 결단과 민첩한 행동이 필요하다. 우유부단한 사람은 결코 나비를 잡을 수 없다. 성실함이 없으면 물질도 모이지 않는다." 진정 우리가 가슴 깊이 새겨 두어야 할 말이다.

성장을 위해 준비해야 할 중요한 자산 중의 하나는 순결과 거룩이다. 이를 위해 하나님은 구약교회에 정결의 의식을 주셨다. 구약에서는 라하쯔의 행위 세례는 거룩하게 하기 위한 정결 작업으로 나타난다. 출애굽기 29:4 이하에서 아론과 그 아들들은 회막문에 가서 물로 씻겨지고 의복을 입게 하되 속옷과 에봇 받침, 겉옷과 흉배를 달고 관을 쓰고 관유를 바르는 것은 아론에게 행해지며 속옷과 띠를 띠우는 것과 관을 씌우는 것은 아론의 아들들에게 행하여지는데 이는 아론과 그 아들들에게 제사장 직분을 위임하기 위한 정결 작업이다. 즉 하나님의 소유로 구성된 사람들에게 제1차적으로 행해지는 작업은 라하쯔 세례 행위이다. 루터는 세례가 세 가지 요소로 일어난다고 보았다.

첫째, 세례가 하나님의 이름으로 일어난다.

둘째, 세례는 삶의 시작에 서 있다. 사람의 어떤 행위로도 하나님의 은혜를 사람에게 이끌어 오지 못한다. 오직 하나님이 자신을 선사하시는 행위만이 인간을 그분과 사귀게 한다.

셋째, 루터는 세례 행위를 상징적으로 해석한다. 신앙을 가지고 세례를 받을 때 효력이 있다고 말한다

그리고 또 웨슬레는 세례를 칭의의 한 방법으로 보았다. 그는 세례의 효능을 말하면서 예수님의 십자가의 공로로 원죄의 죄책에서 벗어나는 것으로 보았다. 한 범죄로 많은 사람이 정죄에 이른 것같이 의의 한 행동으로 많은 사람이 의롭다 함을 받아 생명에 이르는데 이 구원의 선물은 세례를 통하여 우리에게 적용된다. 세례는 우리가 의롭다 함을 받는데 필요한 수단이 된다고 하였다. 또한 세례에 의하여 우리가 하나님과의 영원한 성약에 들어간다고 하였다. 이 성약은 하나님이 신령한 이스라엘에게 주신 것으로 맑은 물로 정결케 하여 새 마음과 새 영을 주는

것으로 이해한다. 세례로 우리는 그리스도를 머리로 하는 교회에 입회되어 그리스도와 합하여 세례를 받은 우리는 그리스도를 옷 입었다. 세례를 통하여 본질상 진노의 자식이던 우리가 하나님의 자녀가 된 것이다. 즉 우리가 그리스도의 몸된 교회에 접붙임을 받아 양자 된 것과 은혜로 하나님의 자녀가 된 것이다.

어린이가 스스로 범죄하기 전에 세례를 받으면 하나님의 말씀에 의하여 구원을 받는다고 하였다. 웨슬레가 이와 같이 세례를 중시하였음에도 불구하고 이것은 다만 외부적 가시적 방법이다. 그러므로 우리는 다만 의식적 세례를 받는 데 그치지 말고 세례의 진의를 깊이 인식하고 죄를 회개하고 겸비한 마음으로 세례를 받음으로 성령의 세례를 동시에 받아 거듭나야 할 것을 말하였다.

그리고 저스틴은 세례를 "세례의 의식은 조명(Illumination)을 뜻한다"고 했다. 저스틴은 당시 제국에 대항하여 기독교의 행실을 변론하고 있는데 주력하고 있었으므로 그의 기록은 정확한 예배 모범서가 아니다. 그는 다음과 같이 세례를 말한다. "우리가 가르치고 선포하는 것을 믿고 확신하며 이에 따라 살기를 원하는 자들은 과거의 죄를 용서받기 위해 금식하며 기도하고 하나님께 간구하도록 교훈을 받고 있다. 그리고 우리는 그들과 함께 기도하고 금식한다. 그후에 이들은 물이 있는 곳으로 데리고 와서 우리 자신들이 중생했던 것과 마찬가지로 중생의 과정을 밟게 한다. 왜냐하면 이들은 성부 하나님과 전 우주의 주인이신 우리의 구세주 예수 그리스도와 성령의 이름 안에서 물로 씻음을 받기 때문이다." 그래서 그는 세례의 씻음을 조명이라는 용어로 묘사한다.

바울은 "그리스도와 합하여 세례 받은 우리"라고 하였다. 이것은 단지 의식이 아니라 사실 그렇게 되는 일을 말한 것이다. 그러면 우리는 중생과 세례를 동시적인 것으로 말할 수 있을 것인가? 중생을 개인의 사적인 것으로 생각지 않고 하나님의 사실, 그리스도의 사실에 속하며 모두에게 해당되는 교통의 사실로 인식할 때 그것은 교회에서 세례로 표현되는 것이다.

내가 그리스도로 말미암아 중생하는 것은 형제의 교회에 참여하는 것처럼 내가 세례를 받는다는 것은 교회의 한 지체가 된다는 것이다. 그러므로 세례는 개인적인 것이며 또한 공동체적인 것이다. 바울은 이스라엘 공동체가 홍해에서 세례를 받았고 그 세례는 개인적인 세례가 아니라 이스라엘 전체의 공동체인 세례였다고 말한다.

로마서 6:3-4에 "그리스도 예수와 합하여 세례(洗禮)를 받은 우리는 그의 죽으심과 합하여 세례 받은 줄을 알지 못하느뇨 그러므로 우리가 그의 죽으심과 합하여 세례를 받음으로 그와 함께 장사(葬事)되었나니 이는 아버지의 영광으로 말미암아 그리스도를 죽은 자 가운데서 살리심과 같이 우리도 또한 새 생명 가운데서 행하게 하려 함이라"고 했다. 세례는 영적으로 죄인의 죽음과 새 생명을 얻은 사람으로 새로운 인생의 삶을 강조하고 있는 것이다. 갈라디아 3:27에 "누구든지 그리스도와 합하여 세례를 받은 자는 그리스도로 옷 입었느니라"고 그리스도와 합한 새로운 삶과 그리스도로 옷 입은 새로운 삶을 강조하고 있다. 세례는 그리스도와 합하는 것이며 그리스도 안에서 새로운 삶을 사는 것이다.

세례 공동체인 이스라엘 공동체는 애굽을 나올 때보다 홍해에서 애굽의 군대가 바닷물에 수장되고 홍해를 육지같이 건너고 구원받은 경험을 더욱 감동적인 것으로 보았다. 이스라엘은 하나님의 구원을 맛본 것이다. 홍해에서 신령한 세례를 공동체적으로 받은 이스라엘은 세례를 통한 구원의 백성으로 새로운 삶을 향해 나아간 것이다.

베드로 사도는 베드로전서 3:20-21에서 노아 홍수에 대해 "물은 예수 그리스도의 부활하심으로 말미암아 이제 너희를 구원하는 표(標)니 곧 세례라 육체의 더러운 것을 제(除)하여 버림이 아니요 오직 선한 양심이 하나님을 향하여 찾아가는 것이라"고 했다. 세상의 죄인들에게 홍수는 하나님의 심판이요 멸망을 의미했다. 그러나 하나님을 믿고 그 말씀에 순종하였던 노아와 그 가족들에게는 구원의 세례 의식이 되었던 것이다. 세례식은 죄인된 우리의 옛사람이 죽고 그리스도의 은혜의 구원 안에서 새사람으로 거듭남을 의미하기 때문에 세상으로부터 구별되는 것이며 주님의 몸된 교회라는 방주 속에서 구원을 체험하게 된다. 성도가 세례를 받았다고 하는 것은 광야 교회가 체험한 세례 공동체를 통해서 예표된 교회의 모습에서 발견되고 있다. 바로의 압제 하에서 참혹한 노예 생활을 하던 이스라엘 백성들이 옛생활로 상징되는 애굽의 노예 생활로부터 해방되는 것이다. 그리고 모세의 인도로 홍해를 건넘으로 가나안의 길이 열리게 되는 것이다. 이스라엘의 홍해에서의 체험은 그들의 광야 생활 곧 교회 생활의 입문이었던 것이다. 모든 죄인이 세례를 받음으로 교회의 성도의 자격을 얻게 되고 비로소 교회와의 영적인 교제를 하게 된다.

③ 성막 공동체이다.

이스라엘을 구원하신 하나님은 이스라엘의 예배를 받으시기 위해 성막을 지으라고 말을 한다. 출애굽기 25:8-9에 "내가 그들 중에 거할 성소를 그들을 시켜 나를 위하여 짓되 무릇 내가 네게 보이는 대로 장막의 식양(式樣)과 그 기구의 식양을 따라 지을지니라"고 하셨다.

성막의 크기와 재료 등 모든 것을 하나님께서 설계하시고 이스라엘로 하여금 이 성막을 짓게 했다. 그리고 이스라엘의 12지파가 이 성막을 중심하여 진을 이루게 했다. 이스라엘은 성막 공동체인 것이다. 성막 공동체는 예배 공동체임을 나타내는 말이다. 성막을 통해서 하나님을 예배하도록 하신 것이다. 성막은 세 부분으로 되었는데 마당과 성소와 지성소이다. 마당은 물두명과 제단이 있고, 지성소에는 촛대와 진설상과 향단이 있었고, 지성소에는 하나님의 법궤가 있었다. 성막을 다 짓고는 제사장을 세우는 제사장 임직식이 출애굽기 29장에 나오게 된다. 예배를 주관하여 하나님의 법대로 하나님을 예배할 제사장이 필요했던 것이다.

이 성막은 예배를 위한 것이었고 이스라엘은 예배 공동체임을 나타내고 있는 것이다. 하나님은 성막 공동체를 통해서 예배 받으시는 방편으로 두 가지 길을 내셨다.

먼저 예배를 위한 절기를 정하셨다.

안식일(安息日) 예배

출애굽기 20:11의 "이는 엿새 동안에 나 여호와가 하늘과 땅과 바다와 그 가운데 모든 것을 만들고 제 칠 일에 쉬었음이라 그러므로 나 여호와가 안식일을 복되게 하여 그 날을 거룩하게 하였느니라"라고 기록된 말씀에 쉬었다는 표현에 "루아흐"(נוּחַ) 동사를 사용하고 "안식일"(יוֹם הַשַּׁבָּת: 욤 하샷바트)이라 표기한다. "욤"(יוֹם)은 날을 의미하고, "샤바트"(שָׁבַּת)는 안식하다, 그치다, 쉬다를 의미한다.

안식일의 원리는 발을 금하여 오락을 멀리하는 것이다. 이 날은 우리가 하나님을 경배하고 하나님께 감사하는 날이다. 예수님은 안식일에 선한 일을 할 것을 말씀하셨다. 자신의 오락이나 육체의 즐거움을 위주로 하라는 날이 아닌 것이다. 안식일은 거룩한 날로 지켜야 한다. 이스라엘 백성이 타락한 시대는 아모스 8:5에 "너희가 이르기를 월삭(月朔)이 언제나 지나서 우리로 곡식을 팔게 하며 안식일에 언제나 지나서 우리로 밀을 내게 할꼬

에바를 작게 하여 세겔을 크게 하며 거짓 저울로 속이며"라고 말함으로 그들이 안식일에 가로막혀서 그 날에 매매를 못하니 어서 속히 지나가 버렸으면 좋겠다는 식의 표현을 하고 있는 것이다. 여호와 하나님께서 과연 자기 백성의 복을 위하여 제정하신 이 날을 이런 식으로 받아들일 때 어찌 그들에게 복을 주실 수 있겠는가?

또한 안식일을 통해서 하나님께서는 네 사사로운 말을 버리라고 하신다. 이 말은 영적으로 유익 되지 않는 말을 삼가고 거룩한 하나님의 날을 구별하여 하나님께 영광을 돌리는 하루가 되도록 하라는 것이다.

대한 예수교 장로회 헌법 예배와 예식에서는 다음과 같이 주의 날을 지킬 것을 말한다. 사도시대부터 우리 주님께서 죽으심부터 부활하신 주일의 첫날을 우리 기독교는 거룩한 안식일로 전하여 지켜 오고 있다. 이 날을 거룩히 지키기 위해서 그리스도인들은 생업을 중지하고 모든 가족이 예배당에 나아가 성도들과 함께 예배를 드리며 하나님께서 내리는 은혜를 받으며 하나님의 자녀된 특권을 누려야 한다. 이 날은 주님의 날인즉 이른 아침부터 예배를 드릴 준비에 거리낌이 되는 생각이나 말이나 행동을 삼가야 한다. 하나님의 말씀을 묵상하고 예배를 인도할 하나님의 종을 위하여 기도하면서 그 예배 가운데서 하나님과 교통하는 특별한 은총을 받도록 준비해야 한다.

주님의 날에 드리는 예배는 정한 시간에 한 마음 한 뜻으로 모든 성도가 참여해야 하며 예배의 처음부터 끝까지 경건한 마음으로 질서를 지켜야 한다. 공중 예배를 마친 후에는 그 남은 시간을 영적인 성장을 위하여 기도, 찬송, 성경공부를 비롯한 신앙담화나 경건서적을 읽도록 할 것이며 병자 위문, 가난한자 구제, 불신자를 위한 전도 등을 하면서 사랑과 은혜의 예배가 연속되도록 해야 한다.

바른 안식일을 지키는 자에게는 하나님의 복을 약속하고 있다. 이사야 56:2에 "안식일(安息日)을 지켜 더럽히지 아니하며 그 손을 금하여 모든 악을 행치 아니하여야 하나니 이같이 행하는 사람, 이같이 굳이 잡는 인생은 복이 있느니라"고 하셨다. 이사야 56:4-5에는 "여호와께서 이같이 말씀하시기를 나의 안식일을 지키며, 나를 기뻐하는 일을 선택하며, 나의 언약을 굳게 잡는 고자들에게는 내가 내 집에서, 내 성안에서 자녀보다 나은 기념물(記念物)과 이름을 주며 영영(永永)한 이름을 주어 끊치지 않게 할 것이며"라고 했다.

하나님께서 성막 공동체를 통한 예배의 법을 제정하시고 성막 예배를 드리게 하는 것은 하나님께는 영광이 되는 것이고 우리 인간에게는 하나님께로 나가는 축복이 되는 것이다.

안식년(安息年)

안식년 제도는 토지를 6년 동안 파종하여 수확을 거두지만 7년마다 한 해씩은 파종하지 않고 땅도 쉬게 하는 제도이다. 이 안식년도 안식일을 강조하는 말씀이다.

희년(稀年)

희년은 안식년이 7번지 난 후 50년째 되는 해를 가리키는 말이다. 희년은 안식일의 완성으로서 안식일을 다시 강조하여 나타낸 말이다. 희년이 되면 노예가 자유하게 되고 토지를 잃은 사람이 다시 찾게 된다. 완전한 회복이 이루어진다. 하나님을 예배하는 자는 영, 육의 모든 것이 회복됨을 말하고 있다.

유대인의 삼대 절기 예배

하나님은 출애굽기 23:14-17에서 "너는 매년 삼 차 내게 절기(節期)를 지킬지니라 너는 무교병의 절기를 지키라 내가 네게

명한 대로 아빕월의 정한 때에 칠일 동안 무교병을 먹을찌니 이는 그 달에 네가 애굽에서 나왔음이라 빈손으로 내게 보이지 말찌니라 맥추절(麥秋節)을 지키라 이는 네가 수고하여 밭에 뿌린 것의 첫 열매를 거둠이니라 수장절(收藏節)을 지키라 이는 네 수고하여 이룬 것을 연종(年終)에 밭에서부터 거두어 저장함이니라 너의 모든 남자는 매년 세 번씩 주 여호와께 보일지니라”고 하였다.

그리고 제사를 정하셨다. 하나님을 예배하는 두 번째는 제사를 드리므로 이루어진다. 제사는 매일 드리는 상번제와 안식일에 드리는 제사와 절기 때 드리는 제사, 안식년과 희년, 속죄일, 월삭일 등에 드리는 제사가 있었다. 하나님께서는 이러한 예배를 그 목적에 따라서 예배의 종류를 정하셨는데 번제, 화목제, 속죄제, 속건제, 소제 등의 종류가 있다. 이 다섯 가지 제사를 5대 제사라고 한다. 모두 성막 공동체를 통하여 영광을 받으시는 하나님께서 정하신 예배를 드린 것이다. 성막 공동체는 곧 예배 공동체이다.

④ 율법 공동체, 즉 계약 공동체였다.

이스라엘은 야웨 하나님과의 계약으로 맺은 관계이다. 십계명과 언약법은 하나님께서 이스라엘과 맺으신 언약의 핵을 이룬다. 그러므로 구약의 계명이 구약시대의 율법으로 과소평가 되어서는 결코 안된다. 왜냐하면 십계명과 언약법의 법 정신은 구약 성경과 신약 성경의 중심이 되기 때문이다. 구약 성경과 십계명의 관계는 신약 성경과 산상수훈의 관계와 같다. 그렇기 때문에 우리는 계명에 담겨있는 기본 정신을 알아야 한다.

계약을 뜻하는 히브리어는 “베리트”(בְּרִית)이다. 이 용어의 기원은 분명하지는 않다. 이에 관련하여 여러 가지 설이 있으나 가장 타당해 보이는 것은 “바리트”를 아카드어의 “Biritu”(비리

투: 걸쇠, 착고라는 뜻)와 연결시키는 것이다. 이러한 방식은 조약을 가리키는 아카드 및 힛다이트의 용어들에 의하여 지원된다. 즉 계약이라는 의미의 아카드어 "Riksu"(릭수)와 힛다이트어의 "Ishiul"(이쉬울)은 모두 결속을 의미한다. 계약이라는 용어의 어원이 묶는다는 의미를 지닌다는 것은 라틴어 "Vinculumfidei"와 독일어 "Bund"의 경우가 해당된다. 이러한 어원론은 "내가 너희를 계약의 속박 속으로 들어가게 할 것이다"란 문맥과도 일치한다.

묶는 것이란 은유는 조약의 유효함을 신뢰할 수 있음을 나타내기 위한 굳게 함의 의미를 나타낸다. 그것은 일반적으로 주장되듯이 "쌍방 사이의 합의 또는 해결"을 의미하지는 않는다. '베리트'는 일차적으로 위의 어원에서 알 수 있듯이 부과 책임이라는 개념을 함축한다. 그리하여 우리는 '베리트'가 명령되고 있음을 발견한다. 시편 111:9, 사사기 2:20에 "여호와께서 그의 언약을 명하셨으니"라는 말은 쌍방간의 합의에 의한 말이 아니다. 베리트는 율법 계명과 동의어이다(신 4:13, 33:9, 사 24:5, 시 50:15). 그리고 출애굽기 24장에서 나타나는 시내산 계약은 본질에 있어서 백성들을 향한 율법과 의무의 부여이다.

성경은 계약서이다. 구약(Old Testament)과 신약(New Testament)은 옛 계약과 새 계약이란 뜻이다. 하나님은 사람과 계약을 맺으셨다. 그런데 이 계약은 하나님 한 분만의 일방적인 계약이다. 에덴 동산에서 "선악(善惡)을 알게 하는 나무의 실과를 먹지 말라 네가 먹는 날에는 정녕 죽으리라"(창 2:17)고 선언하였으며, 노아 홍수 후에는 다시는 멸하지 않기로 세운 언약이다. "무지개를 구름 속에 두었나니 이것이 나의 세상과의 언약의 증거(證據)이다"(창 9:12).

아브라함에게는 할례의 언약을 세워 후손 대대로 지키게 했다. 또한 아브라함의 후손의 복을 "바다의 모래와 하늘의 별같이 자손을 주신다”는 계약이 있다(창 22:17). 이제 하나님은 모든 백성과 더불어 계약을 맺으시려 하신다. 하나님은 아브라함과 계약을 맺으시고 어언 400여 년이 지난 다음에 다시 이스라엘 백성과 계약을 맺으시는 것이다. 하나님과 이스라엘은 새로운 관계에 들어간다. 이스라엘 백성이 애굽에서 종살이하며 중노동에 허덕이다가 하나님께 부르짖었을 때 하나님은 기사와 이적으로 그들을 구출해 내셨다. 이것은 그 주도권이 전적으로 하나님께 있는 은총 이외의 아무 것도 아니다. 이때 이스라엘 백성에게 주어진 책임과 사명은 당위적인 것이다. “다만 가만히 서서 하나님이 행하시는 것을 보라”는 것이다. 이러한 상황에서 새로운 관계가 형성되는데 이것은 이스라엘 백성에게도 책임과 사명이 주어지는 그러한 관계인 것이다. 이것은 세 가지 개념인 소유, 제사장 나라, 거룩한 백성으로 표현된다.

이스라엘은 하나님의 소유라고 했다. 이것이 하나님의 개인 재산 또는 사유 재물 등으로 이해되면 곤란하다. 이 본문에서 “소유”는 대리 통치자에게 주어지는 직명으로 사용되는 용어이다. 하나님의 총애, 하나님의 오른팔 등으로 해석될 수 있을 것이다. 그래서 이스라엘이 “열국 중에서 내 소유가 될 것이다”라고 명시되어 있는 것이다. 하나님이 온 민족을 다스리는데 그 중에서 이스라엘에게 특별한 사명을 주었다. 이스라엘은 하나님의 통치를 대행해야 하는 것이다. 이러한 의미에서 이스라엘은 하나님의 ‘제사장 나라’이다. 제사장은 백성을 하나님께로 이끌고 희생제사를 드리며 중보의 역할을 하는 것이다. 제사장 나라는 다른 나라를 하나님께 이끌고 다른 민족을 향하여 하나님의 말씀을 선포하며 다른 백성과 하나님 사이에서 중보자로서의 역할을 하는 것이 제사장이다. 제사장 나라는 다른 나라를 하나님께 이끌고 다른 민족을 향하여 하나님의 말씀을 선포하며 다른 백성과 하나님 사이에서 중보자의 역할을 하는 나라를 말한다.

　"거룩한 백성"이라 함은 무엇인가 다른 백성을 의미하는데 이 것은 우월감과 자만감이 유별한 것이 아니고 다른 백성을 섬기기 위한 책임과 사명을 불러일으키는 것이다. 스스로 차별화하여 다른 백성을 경멸하며 저주하는 것은 거룩한 백성이라 할 수 없다. 이것은 오히려 거룩하지 못한 행동이다. "거룩하다"는 것은 거룩하신 하나님의 성품 즉 사랑과 공의의 성품을 닮는 것이다. 이렇게 이스라엘과 하나님은 상호 책임을 지는 새로운 관계에 들어간다. 이스라엘이 특별한 택함을 받고 애굽의 노예 생활로부터 특별하게 구원을 받아 또 하나님의 나타나심을 경험하게 된 것은 그들이 특별나게 우월해서도 아니고 유별나게 잘나서도 아니다. 남다르게 선해서도 아니다. 이스라엘이 이렇게 특별한 하나님의 은총을 받은 것은 열국에 대하여 하나님의 소유가 되며, 제사장 나라가 되고, 거룩한 백성이 되는 것이다. 이것을 망각하거나 위배하는 자에게는 언약 맺을 때 찢기어진 동물처럼 심판과 저주를 받는 것이다.

　하나님과 계약이 이루어질 때 준수해야 할 세부 조항들이 많이 주어진다. 이 계약 사항 중에도 십계명과 언약의 책은 가장 중요한 계약이었다. 이것은 언약 관계에 들어간 백성이 책임있게 지켜야 할 과제이다. 또한 이것은 하나님의 백성과 열국에 대한 하나님의 소유 그리고 제사장 나라로서 최소한으로 요구되는 규범인 것이다. 계약 공동체가 유지되며 자기의 사명을 완수하기 위해서 준수되어야 할 법이 바로 십계명이요 언약의 책인 것이다. 하나님과 이스라엘 백성이 언약을 체결할 때 피가 사용되었다. 모세는 청년을 명하여 번제와 화목제를 드리게 하고 희생 동물의 피를 취하여 반은 제단에 뿌리게 하고 나머지 반은 백성에게 뿌리게 했다. 계약할 때의 피는 저주의 상징인 것이다. 언약을 위반하는 자는 찢겨진 동물처럼 저주를 받을 것이라는 의미이다. 계약 사항을 어기는 자는 그가 누구이든지 이와 같은 저주를 받을 것이라는 경고인 것이다.

또 피는 씻는 기능이 있다. 피는 죄를 깨끗이 씻어 준다. 이것이 속죄의 피인 것이다. 제사 때마다 죽어 가는 동물의 피는 저주와 씻음의 상징이 포함되어 있다. 제사 드리는 당사자의 죄가 씻기어지는 것이다. 처음 언약을 맺을 때 뿌려진 피는 사람이 그 언약을 위반할 때마다 또 뿌려진다. 그리고 이 언약의 피는 우리가 받았어야 마땅할 저주와 아울러 우리가 받은 속죄의 은총을 생각나게 하며 기념하게 하는 것이다.

이스라엘 백성은 하나님과 언약을 체결하고 그 언약에 대한 책임과 사명을 다해야 하는 계약 공동체인 것이다. 계약 공동체는 이 십계명과 언약의 책을 다 지켜 행할 때 복을 받고, 어길 때 심판을 받게 되는 공동체이다.

⑤ 전쟁 공동체이다.

민수기 1:2-3에 "너희는 이스라엘 자손의 모든 회중(會衆) 각 남자의 수를 그들의 가족과 종족(宗族)을 따라 그 명수대로 계수(計數)할지니 이스라엘 중 이십세 이상으로 싸움에 나갈 만한 모든 자를 너와 아론은 그 군대(軍隊)대로 계수하되"라고 했다. 여기서 싸움에 나갈 만한 자를 계수하라는 하나님의 명령이 있다. 하나님은 이스라엘을 애굽에서 구원하시고 가나안을 준비하고 가나안을 이스라엘 공동체에게 허락하시지만 가나안을 정복을 통하여 주셨다. 이스라엘의 공동체는 전쟁 공동체인데 이 전쟁도 다윗이 고백한 대로 "전쟁의 승패는 하나님께 달려 있는" 전쟁이었다.

출애굽기 17장을 보면 이스라엘이 광야 르비딤에 진을 쳤으나 물을 발견하지 못해 고생이 심하였다. 모세가 반석을 쳐서 물을 내게 했을 때 아말렉은 이스라엘이 생수를 발견했다는 소문을 듣고 이스라엘의 생수를 빼앗기 위해 전쟁을 걸어 왔다. 이 아말렉과의 전쟁에서 모세의 기도의 손이 올라가면 여호수아의 군대가 이기고 모세의 기도의 손이 내려가면 아말렉이 이겼다는 것은 이 생수 전쟁이 보통 전쟁이 아니라 영적인 전쟁임을 알 수 있다.

"우리의 씨름은 혈과 육에 대한 것이 아니요, 정사(政事)와 권세와 이 어두움의 세상 주관자들과 하늘에 있는 악의 영들에게 대함이라 그러므로 하나님의 전신갑주를 취하라 이는 악한 날에 너희가 능히 대적하고 모든 일을 행한 후에 서기 위함"(엡 6:12-13)이라는 말씀도 교회는 하나님의 군사로서 악의 영들과의 전쟁을 위하여 부름을 받았음을 알 수 있다. 하나님께서 교회를 통하여 성도를 부르시고 영적인 군인으로 성숙한 성도가 되기를 기뻐하신다. "그러므로 내가 달음질하기를 향방(向方) 없는 것같이 아니하고 싸우기를 허공을 치는 것같이 아니하여"(고전 9:26), "내가 선한 싸움을 싸우며"(딤후 4:7), "경건과 믿음과 사랑과 인내와 온유를 좇으며 믿음의 선한 싸움을 싸우라"(딤전 6:11-12)는 말씀은 교회의 영적 전쟁에 부름을 받은 공동체임을 말하고 있다.

교회는 여러 가지 종류의 성도가 있다. 어린이와 같은 성도도 있다. 고린도전서 3:1에 "형제들아 내가 신령한 자들을 대함과 같이 너희에게 말할 수 없어서 육신에 속한 자 곧 그리스도 안에서 어린아이들을 대함과 같이 하노라"고 했다. 어린이는 전쟁에 나갈 수 없다. 어린이가 많으면 오히려 전쟁에 전력 약화를 초래한다.

⑥ 훈련 공동체이다.

광야 교회는 훈련 공동체이다. 하나님은 광야 교회를 가나안으로 인도하면서 가나안에서 하나님의 백성으로 하나님을 섬기는 선민으로, 이방인의 문화와 우상 종교의 종교 문화를 배우지 않고 오직 하나님의 율례를 지키고 하나님의 법을 따라서 하나님만을 섬기는 하나님의 백성으로 살도록 사십 년 동안 훈련을 시키신 것이다. 훈련의 과목은 광야 교회에서의 모든 문제를 통하여 하나님께서 말씀하셨다. 예수님께서도 제자들을 삼 년간 훈련시키셨다. 하나님의 능력으로 출애굽 후 바로 가나안으로 들어가도록 인도하실 수 있었다. 그러나 하나님은 이스라엘 공동체를 광야에서 사십 년 동안 훈련시킨 것이다.

모세의 권위를 하나님의 권위로 훈련하셨다. 민수기 12:1-8에 "어찌하여 내 종 모세를 비방하기를 두려워 아니하느냐?"고 하셨다. 모세가 구스 여인을 취한 것을 모세의 누이 미리암과 아론이 비방함으로 하나님은 모세를 비방하는 것을 허락지 않으셨다. 미리암은 이로 인하여 문둥병이 그 몸에 발하게 되었다. 이처럼 모세의 영적 권위를 하나님의 권위로 세워주신 것이다. 또한 민수기 16:1, 3, 19에 모세의 권위에 도전하는 고라의 일당을 하나님은 멸하심으로 모세의 권위를 세우셨다. 이것은 광야 교회를 통하여 하나님의 절대 권위를 나타내신 광야 교회의 훈련이었던 것이다. 이 하나님의 권위는 하나님의 절대 주권을 나타내는 것이다. 광야 공동체는 하나님의 절대 주권을 통하여 구원을 입었고 택함을 입은 것이다. 하나님의 주권 사상은 성경에 매우 중요한 말씀으로 기록하였다. 하나님의 주권 사상은 신약의 교회사에서 강조된 말씀이다. 로마서 11:36에 "만물이 주에게서 나오고 주로 말미암고 주에게로 돌아감이라"고 했다. 이 말씀은 하나님의 주권 사상을 잘 말해 주고 있다.

그리고 만나를 주신 것도 광야 교회를 훈련시키기 위함이었다. 신명기 8:16에 "만나를 광야에서 네게 먹이셨나니 이는 다 너를 낮추며 너를 시험하사 마침내 네게 복을 주려 하심이었느니라"는 말씀은 만나를 통하여 이스라엘이 가나안에 들어가서 재물을 모으고 하나님을 배반하지 않게 하기 위한 하나님의 훈련이었다.

교회 공동체가 하나님의 은혜로 광야에서 하나님의 주신 만나로 산 것처럼 가나안에서도 하나님의 은혜로 살 것을 훈련한 것이다. 그러나 광야 공동체가 감사하지 못하고 만나 외에는 보이는 것이 없다고 불평하였다. 성경은 이렇게 불평하게 된 것은 "섞여 사는 무리" 때문이라고 했다. 하나님은 만나를 먹고 감사하지 않고 불평하고 원망하는 사람들을 광야에서 심판하심으로 훈련했다.

교회는 교회 공동체가 세상에서 그리스도의 일꾼으로 사망을 감당하기 위해서 훈련을 받는 곳이어야 한다.

⑦ 광야 교회는 정탐 공동체였다.

교회는 정탐 공동체이다. 민수기 13:1-2에 "여호와께서 모세에게 일러 가라사대 내가 이스라엘 백성에게 줄 가나안 땅을 정탐하게 사람들을 보내어라 각 지파에서 한 사람씩 수령들을 보내어라"고 여호와께서 말씀하셨다. 이스라엘은 여호와 하나님의 가나안을 탐지하라는 명령을 받고 있다. 모세는 이러한 하나님의 명령을 따라서 십이 지파에 한 사람을 선택하여 가나안을 탐지하는 정탐꾼을 파송한다. 이러한 정탐은 하나님께서 아브라함에게 약속하신 젖과 꿀이 흐르는 가나안 복지를 아직 가나안에 들어가지는 못하였으나 대표자들을 통하여 오랜 광야 생활에 지친 이스라엘을 향한 하나님의 배려였다. 그리고 다시금 용기를 주며, 이스라엘이 사모하고 바라는 가나안을 공동체로 하여금 맛보도록 하신 하나님의 은혜였다.

이것은 교회로 하여금 장차 들어갈 하나님의 나라에 대한 소망을 교회로 하여금 구체적으로 믿고 바라도록 하시는 하나님의 뜻이 있다고 말할 수 있다. 그러므로 이 가나안 탐지는 교회론적으로 매우 중요한 사건이라고 볼 수 있다.

이스라엘은 광야 생활 중에서 매우 지치고 또한 가나안에 대한 희망도 희미해지고 있었다. 하나님께서는 이러한 이스라엘 공동체에게 희망과 새로운 힘을 줄 필요가 있었다. 그래서 가나안을 경험하도록 하신 것이다. 그러나 열 명의 정탐꾼들은 매우 비관적이고 절망적인 보고를 하게 된다. 가나안의 거민은 크고 장대하며 거기에 비하면 이스라엘은 작고 훈련되지 않은 지친 무리라고 생각되었다. 이러한 보고는 매우 합리적이고 가나안을 보고 직접 체험한 자기들의 최선의 보고였을 것이다. 그러나 두 사람의 보고는 달랐다. 갈렙과 여호수아는 가나안을 경험하고 이스라엘에게 보고하면서 물론 열 명의 보고가 사실적이기는 하지만 신앙적이 아님을 지적하였다. 하나님의 공동체에게 경험과 사실보다 더 중요한 것은 신앙적인 것이다. 조상 아브라함에게 가나안을 주시기로 약속하신 하나님의 약속이 역사 가운데서 오늘날 이스라엘 공동체에게 이루어지고 있음을 증거한 것이다. 여호수아와 갈렙은 하나님께서 약속하신 가나안이 믿음으로 들어가는 나라임을 믿었다. 가나안은 믿음으로 들어가는 나라이다. 오늘날 광야 공동체인 교회도 하나님의 나라를 소망해야 한다. 이 하나님의 나라는 자기의 경험이나 인간적인 노력이나 합리적이고 과학적인 수단이 아닌 믿음의 방법을 통하여 하나님의 구원을 이루심을 나타내고 있는 것이다.

3. 목적지가 분명해야 한다.

세계적인 체인망을 거느린 맥도널드사의 경영철학은 한 마디로 말해 열정과 경험이라 할 수 있다. 창업자 데이 크록은 원래 종이컵 행상이었다. 그는 종이컵을 팔아 모은 돈으로 시카고에서 햄버거와 감자튀김 장사를 시작했다. 그는 빵이 가장 맛있게 익는 온도와 고기를 가장 부드럽게 익히는 법 등을 꼼꼼하게 메모했다. 이 연구결과를 토대로 1955년 맥도널드사를 설립해 세계적인 기업으로 성장시켰다. 당시 그의 나이 52세. 데이 크록은 직원들에게 일에 대한 의욕과 현장정신을 강조했다. "사업가에게 가장 필요한 것은 박사학위가 아니라 열정이다. 음식을 직접 만들고 배달한 사람만이 회사의 중역이 될 수 있다." 창업자의 정신은 지금도 면면히 흐르고 있다. 프레드 터너 회장은 창업주 밑에서 빵을 굽던 사람이었고, 에드 렌시 사장은 음식을 나르던 점원이었다. 지금도 중역의 50% 이상이 "밑바닥" 출신들이라고 한다. 사업에 성공한 사람들은 일을 즐기며 처음부터 자신이 어디로 가야할지 한 곳의 목표점을 정하고 딴 곳을 돌아보지 않는다는 공통점이 있다. 그런데 우리 주위에 보면 꿈이 여러 가지이거나 열정이 적은 사람들을 많이 본다. 하나님의 교회는 하나님의 나라를 꿈꾸어야 한다. 이 목표가 흐려지면 열정도 식어진다.

교회 공동체가 교회를 통하여 하나님의 나라를 맛볼 수 있다고 하는 것은 여전히 하나님의 은혜요, 하나님의 능력이다. 이 세상에 지친 우리의 마음에 임하셔서 오늘날도 하나님의 나라를 체험케 하시는 것이다. 그러면 하나님 나라의 뜻과 특징을 살펴보자.

(1) "하나님 나라"의 어원

하나님 나라의 용어는 하나님의 권위의 역사적 표현과 그의 우주의 마지막 구속을 효과 있게 하는 능력을 지칭하는 신약 성경의 요약으로 볼 수 있다.

"하나님 나라", "헤 바실레이야 투 데우"(ἡ βασιλεια Τοὐ θεοὐ) 또는 "하늘 나라", "헤 바실레이아 톤 우라논"(ἡ Βασιλεια Τωv υρανὠν)은 모두 같은 개념을 나타내는 표현으로서 구약에서 유래되었으며 이 개념은 공관복음에 기록된 예수의 가르침의 핵심을 이룬다.

성경에서 사용된 나라, 혹은 왕국이라는 용어는 헬라어 "바실레이아"(Βασιλεια)와 히브리어 "말쿠트"(מלכות)가 사용되었는데 구약 성경에 나오는 "말쿠트"(Malkuth: מלכות, 시 103:19, 145:11-13, 단 3:33, 4:31)라는 히브리어와 신약 성경에 나오는 "바실레이아"(Βασιλεια)의 기본적 의미는 왕의 지위, 왕의 권위, 왕이 행사하는 통치권을 의미한다.

물론 "바실레이아"(Βασιλεια)의 기본적 의미는 왕의 신분, 특성, 상태를 나타내는 것으로 왕의 위엄과 능력을 가리키지만, "하나님 나라"라고 할 때는 지배, 통치, 군림이나 억압이 아닌 사랑, 용서, 다스림의 영역이나 백성을 전적으로 배제해서는 안 될 것이다.

이 용어는 종종 추상적인 의미를 넘어 구체적인 의미로 나아가기도 하는데, 통상적으로 왕적 권세는 그 백성을 포함해 어떤 영역이나 영토로 표현된다. 그러므로 "하나님 나라"란 피지배자와 그들의 거주처인 영역을 포함한 하나님의 주권적인 역사를 뜻한다. 이 "하나님 나라"는 "하나님의 주권" 혹은 "하나님의 다스림" 등으로 번역될 수 있는 히브리어 "말쿠트 샤마임"(שמים מלכות)에서 온 말이라는 점을 알아야 한다. 다음으로 이 "말쿠트 샤마임"(מלכות שמים)은 예수님께서 독창적으로 사용하신 용어라기 보다는 구약에 깊이 뿌리를 두고 있으며 또 한편으로는 예수님 당대의 유대 사회에서 하나의 중요한 신학적 용어가 되어 있었다는 점을 기억해야 한다. "바실레이아 투 데우"(Βασιλεια τοῦ θεοῦ)는 왕권을 나타내며 장소성을 가진 영역이다. 이 "하나님 나라" 개념에 있어서 웨이스(B. Weiss)는 예수님과 당시 유대인들의 차이를 예수님은 "하나님"을 강조하시고 유대인들은 "나라"를 강조하였다고 지적하였다.

공관 복음서에 "하나님 나라"와 "하늘나라"라는 표현들이 자주 나타난다. "하나님 나라"에 대한 "바실레이아"(Βασιλεια)는 왕권 혹은 지배이며 더욱 확대되어 왕에 의해 다스려지는 영토라는 의미도 내포한다. 이상의 "하나님 나라"에서 "나라"의 의미는 일차적으로 하나님의 통치권 내에 있는 백성의 영역을 포함하며 그리스도의 재림 후에 들어갈 영역인 내세도 포함된다. 구약의 예언이 그치고 약 400년 동안 천국을 기다리며 오는 가운데 대체로 두 갈래의 생각을 하였다. 장차 메시야의 나라가 올 것인데 그때에 전 우주가 새롭게 될 것이며, 죽은 자가 살아나고 온 세상이 심판을 받을 것이요, 하나님의 백성은 낙원에서 영원히 살 것이라는 초자연적인 구원의 시대를 기다리기도 하고, 다윗의 자손이 나타나서 이스라엘을 그 모든 원수의 손에서 해방시켜 나라를 회복하고 모든 나라를 복종하게 하리라는 소망을 가지기도 하였다. 대체로 바리새인들도 이와 같은 생각을 가지고 있었다. 그들은 거기다가 하나님의 율법을 철저히 지켜야만 그 나라에 들어가는 것으로 알았다. 그런데 때때로 사람들은 특히 도움이 필요할 때, 주께 "다윗의 자손이여!" 하면서 부르짖었으며 주께서는 그것을 받아 주셨다!(막 1장, 눅 3장).

구약에서는 "바실레이아"(Βασιλεια)라고 하는 직접 표현이 발견되지 않는다 다만 이에 유사한 "말쿠트 샤마임"(מלכות שמים)의 단어가 있을 뿐이다. 그러나 신약에서의 "하나님 나라" 개념과 유사한 의미 속에서 이해되고 사용되었던 개념을 찾아볼 수 있는데 그 개념이 바로 "말쿠트"(מלכות)이다. 여호와는 개인적으로 왕이시며 특히 시편들과 선지서들 가운데서는 주 여호와는 왕이라고 지칭하는 구절들이 있다(시 10:16,24:23, 24:7-10, 44:5, 47:3, 93:1, 96:10, 97:1, 사 6:5, 33:22, 렘 1:7, 삼상 8:7).

왕국을 의미하는 히브리어 "말쿠트"(מלכות)는 통치, 다스림, 지배를 가리키며 이차적인 의미로만 통치가 행사되는 영역을 가리킨다. 그런데 "말쿠트"(סלכות)가 인간의 왕국에 사용될 때도 주로 왕의 통치나 지배를 가리켰으며 하나님께 사용될 때는 항상 하늘의 왕으로서의 권위나 통치를 가리켰다(시 145:11, 13). 이렇게 구약에서 하나님은 왕으로 나타날 뿐 아니라 또한 왕으로 통치하시는 분으로 나타난다(사 6:1, 24:23, 슥 14:9). 즉 하나님은 구약에서 왕권을 가진 분으로서 모든 세상과 모든 민족들 위에 우주적인 통치를 하시는 분으로 하늘과 땅을 지으신 것으로 그리고 하나님은 이스라엘 백성들과 계약하시고 다스리시는 신국(Theocracy)왕으로 언급되었다. 이에 레드(Von Rad)는 하나님의 왕권은 시간에 제한을 받지 않는다고 했다. 구약에 나타난 하나님의 왕권은 크게 두 가지로 나누어 생각할 수 있다.

(2) 하나님의 왕권

① 우주적 왕권이다.

이것은 하나님이 창조주이심을 전제로 하여 그가 지으신 우주를 모두 통치하신다는 개념이다. 하나님은 하늘과 땅을 창조하셨다(창 1:1, 시 95:3-5). 그는 자연 위에 계신 왕이시며(시 95:5, 148:8), 만국의 왕이 되신다(단 4:32). 또 보좌에 앉으셔서 온 우주를 통치하시며(겔 1:26-28), 세상의 모든 거민을 다스리신다(시 33:13-14). 그의 왕권은 온 세상에 미치며(시 22:28, 렘 46:18, 48:15, 51:57), 세상의 모든 민족들을 다스리시되 권능과 영광으로 다스리시고(시 145:11-12), 의로 통치하신다(시 96:13, 99:4). 하나님의 의는 그의 역동적인 구원의 활동이다. 시편 71:15, 98:2과 이사야 45:21, 46:13, 51:1, 65:21, 66:13에서 하나님의 의와 하나님의 구원이 같은 의미로 사용되었다. 의와 구원은 하나님의 품성에서 불가분의 요소이다.

② "말쿠트"(מלכות)는 특별한 왕권이다.

하나님은 온 세상을 다스리시는 왕이신 반면에 또 특별한 방법으로 자기 백성 이스라엘의 왕이 되신다. 구약에서 하나님의 왕국 도래에 대한 확고한 신념은 이스라엘 민족을 그의 백성으로 선택했을 때부터 싹트기 시작하였다.

이스라엘은 하나님이 창조하시고(사 41:20, 43:15), 선택한 하나님의 특별한 소유이다(출 19:5). 하나님은 이스라엘 즉 특별한 백성과 특별한 언약을 행하셨다. 이 언약으로써 그는 그들의 하나님이 되겠다고 약속하셨다. 참으로 하나님은 이스라엘의 왕이요(신 33:5, 삼상 12:12, 삿 8:23), 또 이스라엘은 여호와의 왕국이다(대상 17:14, 28:5, 대하 13:8).

하나님은 이처럼 온 세상을 다스리시고 또 특별히 왕국으로서 이스라엘을 다스리시는데 이러한 사상은 구약의 한 중심 사상이다. 하나님께서 온 세상을 다스리시는 우주적 왕권은 하나님의 통치와 우주적 힘에 관계되는 것으로 창조에 근거를 둔 것이라면 하나님께서 이스라엘에 대한 특별한 왕권은 하나님과 이스라엘과의 특별한 관계를 나타내는 것으로 언약에 근거를 둔 것이라 할 수 있다. 하나님이 시내산에서 이스라엘과 맺은 언약은 하나님이 바로 이스라엘과 특별한 관계에 있음을 대표적으로 설명해 주는 것이다(출 19:4-6). 이것은 또한 특별한 의미에서 신정(Theocracy)으로 불러지며 구약 성경에 나타나는 하나님의 언약과 여러 가지 점에서 일치된다.

이처럼 하나님의 왕국은 이스라엘 민족을 지배하는 신정사상에 내포되어 있으며 특히 세상 종말에 가서 하나님께서 직접 그 백성을 통치하게 될 때 그 모습이 뚜렷이 드러나게 되리라 생각되는데 바로 이것이 이스라엘 백성들이 대망하는 왕국이었다.

(3) 메시야 왕국과 하나님의 나라

메시야의 왕국 도래에 대한 대망의 개념은 특별히 선지서에서 발견된다. 그 내용은 하나님의 왕국이 메시야를 통하여 이스라엘의 국가 형태로 크게 도래하는 제국적 왕국인 것이다. 그러나 국가로서 이스라엘은 계속 쇠퇴하고 이방 나라의 권력에 점령당하므로 이스라엘에게 계시된 하나님의 왕권과 실제로 발생하고 있는 역사의 흐름 사이에 긴장이 생기게 되었다. 이런 긴장된 형편에 대해 선지자들(혹은 묵시론자들)을 통해 계시해 주신 하나님의 미래 왕권에 대한 대망은 하나님께서 그리스도를 통하여 그의 백성을 미래에 구해 주시겠다는 전체 구약의 구원이며 약속의 중심이 되는 중요한 사상이다. 미래 구원의 약속 사상이 구약에 자주 나타나는 것은 아니지만 이 약속은 구약 예언의 총화라고 할 수 있다(사 24-27, 40-55장, 슥 9-14장 욥 21장, 미 4:3, 습 3:15).

선지자들이 묘사한 "하나님 나라"의 모습에는 세 가지 특징이 있다.

① 하나님의 통치는 우주적이다.

하나님의 통치는 우주적이며 그분의 통치를 온 세상이 인정하게 될 것이라는 점이다. 이사야 51:4 이하의 말씀이 이것을 가르치는 분명한 예이다.

② 통치의 수단은 의(義)이다.

특징은 '의(義)'이다. 인간의 죄와 반역이 이 세상 삶의 특징이므로 이 의는 매우 중요한 것이다. 하나님만 변화를 가져오게 하시는 분이시다. 이러한 변화를 주시는 것이 예레미야에 나오는 새 언약의 핵심이다. 옛 언약은 하나님의 백성들의 죄로 말미암아 깨졌다. 따라서 새 언약은 인간이 그 언약에 있어서 그가 해야 할 몫을 할 수 있도록 그를 변화시키는 것을 그 특징으로 한다(렘 31:31-34).

③ 특징은 평강이다.

구약 성경에 나오는 평강이라는 말은 우리 현대에서 사용되는 의미보다 더욱 포괄적인 의미를 담고 있는 단어이다. '샬롬'은 구약에 나오는 "하나님 나라"의 구원을 가리키는 가장 광범위한 용어이다. 그 말은 전쟁이 끝났다는 개념을 담고 있을 뿐만 아니라 인간이 하나님의 은혜로우신 통치를 받으며 하늘과 땅과 조화하여 살며 완전한 행복과 기쁨도 행복에 있어서도 그러하다는 개념을 포함한다.

우리가 이사야 2장을 보면 거기서 사람들이 칼을 쳐서 보습을 만들고 창을 쳐서 낫을 만드는 것을 보게 되는데, 이 유명한 말씀은 제쳐 두고라도 구약 성경에 나오는 "하나님 나라"에 관한 묘사 가운데 가장 의미 있는 묘사를 찾는다면 그것은 이사야 25:6 이하의 말씀일 것이다. 이와 같이 메시야는 본질상 하나님 나라에 속해 있다. 이 점에서 하나님이 구약 성경에서는 전형적으로 그 백성의 구원자로 묘사되고 있다는 점과 그 분이 심판과 구원을 가져오며 그 나라와 함께 그 분을 대신해서 다스리실 자 곧 메시야를 보내신다는 내용을 파악하는 일은 그리스도인들에게 있어서 매우 중요한 일이다. 이스라엘을 구원하기 위해 오시는 하나님, 바로 그 오시는 하나님(God who comes)의 개념은 구약이 하나님에 대해 가르치는 가장 중심적인 특성 가운데 하나이며 이것은 역사와 종말론을 다 함께 연결한다.

"보라 주 여호와께서 장차 강한 자로 임하실 것이요 친히 그 팔로 다스리실 것이라 보라 상급이 그에게 있고 보응이 그 앞에 있으며." 이스라엘의 선지자들은 심판과 구속을 위해 하나님께서 찾아오심에 대해 하나님께서 무한한 힘으로 폭풍, 천둥, 지진 중에 오시며 또한 피조물은 그의 능력과 영과 앞에서 떤다고 묘사하였다(삿 5:4-5, 시 68:7-8, 99:1).

선지자들은 이러한 하나님의 나타나심(Theo-phany Tradition)에 근거하여 "주의 날"을 선포한다. 하나님의 특별한 미래 왕국은 주의 위대한 날에 시작될 것이다. 그 왕국은 인간의 노력이나 진화적 성격으로 설립되지 않고 초자연적 성격으로 설립될 것이다. 그 날에는 한편으로 배도자에게 심판이 있을 것이요(사 2:10 이하, 호 4:1 이하), 다른 한편으로는 압제받은 하나님의 백성을 구출하며 구원하는 해방이 있을 것이다(미 4:1 이하, 사 9:1-6, 11:1-5). 그 날에 이루어질 성도의 구원은 초자연적이며(사 60:1 이하), 영원한 구원이 될 것이다.

도래하는 구원은 자연적인 힘에 의해서가 아니요, 하나님의 재 창조적인 사역이 될 것이다. 즉 신천신지(新天新地)가 될 것이다. 이 위대한 날에는 하나님께서 성도들을 위해 사망을 영원히 멸하시며, 죽은 자들을 살리실 것이다(사 26:19). 그 날에는 악한 자에게 영원한 심판이 임하며 구원받은 의로운 자에게 영원한 기쁨이 넘치게 될 것이다. 이 선지자적 비전은 구약에서 점차 종말론적 의미를 띠게 되었는데 유대 묵시 문학에서는 이원론적 사고방식의 지배 아래 두 세대의 사상으로 발전하였다. 즉 다니엘서를 중심으로 유대 묵시문학에서는 이 세대(또는 세상)를 사단이 창조 하나님의 왕권을 찬탈하여 악과 고난으로 다스리는 세대로 본다. 사단의 앞잡이들이며, 우상 숭배하는 이방 민족들이 하나님의 백성을 짓밟는 세대로 보고 이 세대의 끝에 하나님이 나타나 대심판을 통하여 사단의 세력들과 이방 민족들을 쳐부수고 그의 백성 이스라엘을 구원하실 것으로 보았다. 특히 다니엘서에서는 하나님으로부터 진정한 인간 대속주(Human Meditator)가 나타나 영존하며 멸망될 수 없는 왕국을 다스리실 것이라고 하였다(단 7:13-28). 하나님이 예언자들의 입을 빌어 하나님의 왕국을 선포하는 데는 두 가지 중요한 의미를 포함하고 있다.

첫째, 하나님의 예언자들과 이스라엘 역사를 통해서 자기 왕국의 도래를 계시한다는 것이다.

둘째, 이러한 왕국의 건설이 단순히 미래 지향적이라고 해서 이스라엘 역사 안에 임한 하나님의 왕국을 간과할 수 없다. 이스라엘 역사는 하나님의 '왕국을 배출시킨 요람에 불과한 것이 아니라, 그 역사 속에서 하나님의 왕국을 체험, 경험한 역사이다(현재적 왕권).

하나님께서 인간에 대한 구원 사역의 언약적 계시는 아담에서 시작되어 아브라함과 이삭과 야곱에게 계승되고 특히 모세의 시내산 언약을 맺으면서 이제는 국가적 차원의 언약으로 하나님의 신정정치가 이루어지고, 이것이 다윗 언약으로 연결되어 메시야에 대한 소망으로 이루어지게 된 것이다(미래적 왕권). 이 메시야적 예언은 장차 올 하나님의 왕국을 대망 하는 것과 이스라엘이 메시야를 바라는 것이 같은 것이라 말할 수 있다.

이상에서 구약에서의 하나님의 왕국은 창조 사상, 언약 사상, 종말론을 기본으로 형성되었음을 알 수 있다. 하나님은 왕이시다(현재적 왕권)라는 고백에 근거하여 그가 종말론적 의미에서 왕이 될 것이라는 대망(미래적 왕권)이 일어났고 이러한 하나님의 통치 개념과 대망 사상이 예수께서 선포하신 왕국 개념에 대한 근거를 형성해 주었다. 그러므로 예수께서는 어떤 다른 설명이나 도래하는 사건을 묘사하지 않고 "회개(悔改)하라 천국(天國)이 가까웠느니라"고 이스라엘에게 선포하셨던 것이다.

"하나님 나라"는 구약 전체를 걸쳐 흐르는 개념이고 구약은 그 전반에 걸쳐 하나님의 백성에 대한 다스림으로 충만해 있다. 그러나 언제나 갈등과 배반과 거역과 채찍 투성이었다. 또 구약 성경에는 세계를 향한 우주적인 하나님의 왕직, 그의 백성에게 향한 선과 그의 통치를 거부하는 어떤 세력도 파괴한다. 앞으로 올 하나님 나라의 사상은 고래로부터 이스라엘이 구원을 대망하는 핵심적인 주제들 가운데 하나로 계시되어 왔다. 하나님께서 왕이시라는 고백에 근거하여(현재적 왕직) 그는 좀 더 강하고 종말론적인 의미에서 왕이 될 것이라는 대망(미래적 왕직) 사상이 일어난다.

메시야는 "하나님 나라"와 뗄 수 없는 관계의 존재다. "하나님 나라"는 메시야가 왕임을 선포하는 나라요, 그로 말미암아 이스라엘의 참된 회복을 말하였다. 이는 지극히 높은 데 계시는 하나님께 영광(Doxa)이었다. 그것은 종말론적(Eschatological)으로 땅에는 평화였다. 이러한 일은 메시야(Messiah)의 왕권과 그의 통치를 말하였다. 이를 세례 요한은 증거하였다. 마가도 그리스도의 사역을 선포하면서 "때가 찾다 하나님 나라가 가까이 왔다 그러니 회개하고 복음을 믿으라"고 주장하였다. 따라서 신구약 성경 전체가 이구동성으로 선포하고 있는 좋은 소식은 예수는 약속된 메시야이며, 이스라엘의 모든 희망의 실현이며, 사람들 가운데 "하나님 나라"를 세우러 오신 분으로 우리들에게 교훈하는 것이다. 역사적인 하나님의 구원 사역은 그리스도가 오시지 않는다면 그 구원의 언약들은 아무런 의미가 없다. 왜냐하면 예수 그리스도는 모든 죄인의 구주이시며, 인류의 속죄자이시며, 이스라엘과 이방 족속들이 의식 혹은 무의식간에 갈망하던 분이신 것이다. 사도 바울도 갈라디아서 4:4에서 "때가 차매 하나님이 그의 아들을 보내사 여자에게 나게 하시고 율법 아래 나게 하신 것은 율법 아래 있는 자들을 속량(贖良)하시고 우리로 아들의 명분(名分)을 얻게 하려 하심이라"고 했다. 이 역사의 때가 찬 바로 그 시각 곧 하나님이 육신을 입어 이 역사의 시간 속에 뛰어 들어오신 것이다. 뿐만 아니라 주님의 설교는 곧 메시야와

직결되었다. 이는 주님이 직접 또는 간접으로 비춰 주시고 내적
으로, 외적으로 증거가 되었다.

주님은 마태복음 24:5에서 "많은 사람이 내 이름으로 와서 자
기가 그리스도라고 하며 많은 사람들을 미혹할 것이다"라고 하
였다. 주님이 직접 내가 그리스도라고 하신 적은 없다. 그러나
그는 스스로 "인자"라고 하였다. 이에 대한 많은 이론들이 있다.
바로 메시야라 하였을 때 이스라엘 사람들로부터 오는 직견탄을
당분간 피하기 위해 보다 묵시적인 "인자(Son of Man)"를 말씀
하신 것으로 본다.

주님의 말씀을 비추어 보면 "하나님 나라", "인자", "그리스도"
는 동일한 것으로 보인다. 그런데 주님이 "인자"를 즐겨 쓰신 데
는 또 다른 이유가 있다. 메시야는 다분히 유대 민족적이었으나
"인자"는 보다 세계적이었다. 그리고 그리스도는 지상적이었으나
"인자"는 하늘까지를 의미하였다. 보다 초자연성을 띠고 있었다.
그러므로 "인자"는 곧 "메시야"였다.

(4) 하나님 나라의 현재성

현재적 의미로써 하나님의 나라는 중요하다. 이스라엘 공동체
에게 가나안을 맛보게 하셨던 하나님은 오늘도 우리를 이 세상
과 현실에서 교회를 통하여 하나님의 나라를 맛볼 수 있게 하신
다.

"하나님 나라"의 현재성이라는 것은 "하나님 나라"가 이미 와
서 지금 이 세상에 존재하고 있다는 것을 말한다. 예수께서 가
르치시고 선포하신 "하나님 나라"에 대한 교훈 가운데는 이러한
현재적 특성이 내포되어 있다.

① 예수께서 "하나님 나라"가 자신을 통해서 성취되었다고 말씀하셨
다.

"때가 찼고 하나님 나라가 가까웠으니 회개하고 복음을 믿으
라"(막 1:15). 여기에서 "때가 찼고 하나님 나라가 가까웠다"(πεπ
λήρωται ὁκάιροϛ καί ἤννικεν ἠβασιλέια τοῦ θεοῦ)라는 말은 예
수님 당대의 그 어떤 유대 문헌이나 구약에서도 찾아볼 수 없는
독특한 선언이다. 왜냐하면 "하나님 나라"의 도래가 이미 시작되
었거나 혹은 바로 눈앞에 도착했다는 것을 강조하고 있기 때문
이다. "때가 찼다"는 표현은 거대한 미래의 시작이 도달하였으
며, 그 문은 열려졌고 하나님의 극치에 달한 사역이 실현되기
위한 전제 조건이 현존한다는 것을 지시하는 것으로 이해되어져
야 한다. 나아가, "하나님 나라"의 현재성은 누가복음 17:21에서
"하나님 나라"가 어느 때에 임하느냐는 바리새인의 질문에 대하
여 예수님께서 "보라, 하나님 나라는 너희 안에 있느니라"고 대
답하신 것에서도 찾아볼 수 있다. 우리 주님은 이 말씀을 통하
여 묵시적 사색으로 인한 미래의 나라가 아니라 그 나라의 임하
심이 현재의 사건이라는 것, 즉 그 나라가 나타날 날과 시간에
대하여 호기심을 가지고 있는 바로 그 사람들 가운데 현재 임하
여 있다는 것을 가르치고 있다.

② 하나님 나라의 현재성은 병자를 고치신 이적에도 나타난다.

예수께서 오심으로 하나님 나라가 지상에 임하는데, 그 증거
로서 자연법칙을 초월해서 병자가 완치되는 이적으로 나타났다.
요한의 질문에 대하여 예수께서 요한의 제자들에게 "소경이 보
며 앉은뱅이가 걸으며 문둥이가 깨끗함을 받으며 귀머거리가 들
으며 죽은 자가 살아난다"(눅 7:22)고 전하도록 말씀하셨다. 요
한의 질문에 대한 예수님의 응답은 예수님 자신의 인격의 의미
성을 직접적으로 다루지 아니하고, 그의 행위의 절정에 달한 특

성과 그것으로 말미암아 그 나라의 도래가 이루어진다는 것의 정당성을 매우 명쾌하게 입증해주고 있다. 그의 말씀 속에 담겨 있는 위치는 바로 예언의 성취이다. 그럼으로써 "하나님 나라"가 현존한다는 것을 지적하는 것이다.

③ 예수님께서 귀신을 쫓아내는 것은 "하나님 나라"의 임재를 나타낸다.

예수님께서 귀신을 내어쫓으신 다음에 바리새인들이 예수님을 가리켜서 귀신의 왕, 바알세블을 힘입었다고 했을 때에 예수님께서는 "내가 하나님의 성령을 힘입어 쫓아내는 것이며 하나님 나라가 이미 너희에게 임하였느니라"고 하셨다. 귀신은 인간의 힘으로 쫓겨가는 것이 아니라 하나님의 명으로 물러가는 것이다. 바리새인들에 대한 예수님의 이러한 논증의 근본적인 가정은 사탄의 나라가 파괴되는 곳에는 필연적으로 "하나님 나라"가 시작되는 것이다.

④ 복음 전파에서도 "하나님 나라"의 현재성이 드러난다.

예수님께서는 땅위에 복음이 전파되는 것이 "하나님 나라"가 이미 이르러 활동하고 있는 증거라고 하셨다. "율법과 선지자는 요한의 때까지요, 그 후부터는 "하나님 나라"의 복음이 전파되어 사람마다 그리로 침입하느니라." 이 누가복음 16:16에서 예수님은 선지사 및 세례 요한의 시대와 자신의 시대를 엄격하게 구분하고 있다. 전자는 옛 시대요, 율법의 시대이며 자신의 시대는 천국 복음이 증거되는 새 시대, 즉 메시야적 복음 시대라는 것이다. 그러므로 "하나님 나라"가 예수님의 인격과 사역 안에서 이미 강력하게 나타나고 있기 때문에 그것을 간절히 사모하는 자는 누구든지 지금 현재 "하나님 나라"를 소유하게 된다는 점을 강조하고 있다.

⑤ 사죄는 "하나님 나라"의 현존을 뜻한다.

예수님께서 마가복음 2:3 이하에 네 사람에 의해 메여 온 중풍병자를 보시고 "인자가 땅에서 죄를 사하는 권세가 있는 줄을 너희로 알게 하려 하노라"하시고 중풍병자(中風病者)에게 이르시되 "내가 네게 이르노니 일어나 네 상을 들고 집으로 가라"고 하시니 "그가 일어나 곧 상을 가지고 모든 사람 앞에서 나갔다"고 하였다.

이 사건은 예수님의 사죄와 질병 치료의 양면을 보여준다. "소자(小子)야 네 죄 사함을 받았느니라"라고 앞서 말씀하신 것은 앞으로 죄사함을 받을 것이라는 희망 사항이 아니라 현재 사함을 받은 사실을 말씀하신 것이다. 그리고 예수님께서 바리새인의 집에 계실 때 죄악된 여인이 고급 향유를 가지고 와서 예수님의 발에 부을 때 예수님께서는 그 여인에게도 사죄를 선포하셨다. 이것을 바리새인을 위시한 사람들이 기이하게 생각했어도 예수님께서는 "하나님 나라"가 이 지상에 도래한 외부적 표현으로서의 사죄를 선언하신 것이다.

(5) "하나님 나라"의 미래성

미래적이며, 종말적인 하나님의 나라는 물론 예수께서 선포하신 "하나님 나라"는 미래적인 것으로만 말씀하시지는 않았다. 지금부터 마지막 날까지의 종말론적으로 있어야 할 "하나님 나라"를 말씀하셨다. "주님의 기도"에서 "나라가 임하옵시며", "주여 주여 하는 자마다 하늘 나라에 들어가는 것이 아니며", "아브라함과 이삭과 야곱이 함께 앉은", "의인들은 그들의 아버지의 나라에서 해와 같이 빛날 것이며", "여기 있는 사람들 중에 죽음을 맛보지 않고 살아서 인자가 그의 나라와 함께 군림하는 것을 볼 것이다", "영광 중에 임할 나라", "창세 때부터 준비한 이 나라를 차지하라”, “내가 아버지의 나라에서 너희와 함께 새로 마실 그 날까지” 등을 보면 이는 미래적이며 종말론적이다. “세상 끝날에도”, “영원한 생명” 등도 모두 미래적이다. 겨자씨 비유를 보면, “하나님 나라”는 점차적인 완성을 가르쳐 주고 있다. 이 비유는 교회의 성장이라기 보다 “하나님 나라”의 공동체를 말한다. 또한 “내 아버지께서 나라를 내게 맡기신 것 같이 나도 너희에게 나라를 맡겨 너희로 내 나라 안에 있어 내 상에서 먹고 마시며 또는 보좌에 앉아 이스라엘 열두 지파를 다스리게 하려 하노라”고 하셨다. 여기서 우리는 연속적이고 계속적이며, 미래적이고 종국적인 “하나님 나라”를 충분히 이해할 수 있게 된다.

첫째, “하나님 나라”의 미래성은 예수님의 말씀 중에 잘 나타나 있다. “너는 밖에 쫓겨난 것을 볼 때에 거기서 슬피 울며 이를 갊이 있으리라. 사람들이 동서남북으로부터 와서 하나님 나라 잔치에 참여하리라”(마 8:11, 눅 13:28-29 비교)고 하셨다. “하나님 나라”의 잔치는 아직 미래에 속한 것인데, 성도들이 동서로부터 와서 그 “하나님 나라”에 들어가 잔치에 참여할 것을 말씀하신 것은 미래적이다.

둘째, 예수님께서 부자가 천국에 들어가기 힘들다는 것을 말씀하시면서 “부자는 천국에 들어가기가 어려우니라. 다시 너희에게 말하노니 약대가 바늘귀로 들어가는 것이 부자가 하나님 나라에 들어가는 것보다 쉬우니라”(마 19:23-25)고 하셨다. 여기의 “천국”이나 “하나님 나라”는 상호 교체될 수 있는 말이며 구원과 영생은 같은 뜻의 말씀이다. 또한 “하나님 나라”에 들어가는 상태를 의미한다.

셋째, 세상 끝 날에 주님의 재림과 함께 임할 “하나님 나라”에 관한 말씀으로 볼 수 있다. “나더러 주여 주여 하는 자마다 천국에 다 들어갈 것이 아니오, 다만 하늘에 계신 내 아버지의 뜻대로 행하는 자라야 들어가리라”(마 7:21). 문맥상으로 볼 때 이 구절은 마지막 심판 문제와 관련하여 나타나고 있다. 그 다음 절에 나타나는 "그 날에 많은 사람...."에서 그 날은 분명히 마지막 심판의 날을 가리키고 있기 때문에 이 구절이 마지막 심판과 관련되어 있다는 것은 부인할 수 없다. 이 구절에서 "천국에 들어갈 것이 아니요"(οὐ εἰσελεύσεται εἰζ τὴν Βασιλείαν τῶν ουρανῶν)는 미래 시제이다.

여기에서 천국에 들어가는 문제는 마지막 심판 때의 문제로 나타나고 있다. 따라서 여기에 미래 시제의 목적어로 나타나고 있는 천국은 미래적인 상태를 가리키고 있음이 분명하다. 예수님은 그 밖의 여러 다른 곳에서도 미래적인 천국과 관련하여 자주 "천국에 들어간다"라는 표현을 사용하고 있다.

양과 염소의 비유(마 25:31-34) 중에서 예수님은 서두에 자신의 독특한 호칭인 "인자"라는 말을 씀으로써 이것이 단순한 비유가 아님을 암시하고 있다. 따라서 이 말씀을 예수님 자신이 인자의 영광으로 오게 될 그 마지막 날과 그리고 그 때에 있게 될 마지막 심판과 관련하여 사용하고 있다고 볼 수 있다. 이런 점에서 볼 때, "너희를 위하여 예비된 나라"는 세상 끝날에 주어질 영원한 "하나님 나라"까지를 가리키고 있다.

6장 · 성장 교회 모델로서의 예루살렘 교회

예루살렘 교회는 모든 교회의 원(原)세포이다. 우리 모든 교회는 그 교회로부터 세포 분열된 교회이다. 그런 면에서 우리의 모체요, 모델이다. 또한 성장한 교회의 모델이다. 예루살렘 교회는 120명에서 3,000명에서 5,000명으로 성장한 교회였다. 이 예루살렘 교회의 성장의 원리는 "주께서 구원받는 자의 수를 날마다 더하게 하시니라"고 한 것처럼 단순한 증가뿐 아니라 질적인 성장을 아울러 말하고 있는 것이다.

그런데 그 교회로부터 세포분열한 오늘날의 우리교회는 왜 지리멸렬(支離滅裂)한가? 그것은 바이러스에 걸렸기 때문이다.

"에누 바이러스"라는 것이 있다. 바이러스라 하면 흔히들 감기나 기타 질병을 떠올릴 것이다. 하지만 에누 바이러스는 육체가 아닌 정신에 대한 바이러스이다. 가정, 교회, 기업 넓게는 나라 공동체에서 모두가 "망한다, 안 된다"라는 것이 우리 머리 속에 심어져 있다면 그 집단은 부정적 에누 바이러스에 걸린 집단이라는 것이다. 그러나 이곳에 "된다, 할 수 있다"라는 운동이 일어나면 우리는 성공이 실제로 일어난다. 희망이 없는 곳에 한 사람이 나타나 "희망이 있다. 절호의 찬스다."라고 말하면 그 사고방식이 전염되어 "망한다"라고 말하는 사람이 "희망이 있다"라고 바뀌게 된다. 이러한 언어를 퍼뜨리는 사람을 에누 바이러스를 가진 사람이라고 말한다. 성경에서는 그것을 "누룩"이라 말한다. "또 비유로 말씀하시되 천국은 마치 여자가 가루 서말 속에 갖다 넣은 전부 부풀게 한 누룩과 같으니라"(마 13:33). 예수님께서는 긍정적, 개혁적 사고방식을 가리켜 반죽 전체를 부풀게 하는 누룩이라 말씀하신다. 당신이 하나님의 사람이라면 긍정적이고 창조적인 에누 바이러스를 가진 사람이 되어야 한다. 이것을 퍼트리는 것은 우리의 몫이다. 당신이 가는 곳에는 이런 현상이 나타나야만 한다. 오늘날 만연한 패배주의가 교회 성장의 더 큰 적이라는 말이다. 초대교회와 같이 건강한 영력으로 믿음의 누룩을 퍼트려야 한다.

예루살렘 교회의 성장은 하나님께서 구원받는 사람의 수를 날마다 더하게 하심으로 성장한 하나님의 성장이었다. 인간적인 요소보다 환경적인 요소보다도 하나님의 능력으로 성장이 이루어진 것이다.

예수님은 승천하시기 전 사도행전 1:8에 "성령이 너희에게 임하시면 너희가 권능을 받고 예루살렘과 온 유대와 사마리아와 땅 끝까지 내 증인이 되라"고 하셨다. 여기서 복음의 전파는 성령의 사역으로 말씀하셨다. 성령이 임하면 전도의 능력을 받아 복음을 전하는 증인으로서의 사명을 감당하게 되는 것이다. 이러한 성령의 강림은 초대 교회의 "하나님께서 믿는 자의 수를 날마다 더하게 하심"(행 2 :47)이었다.

예루살렘 교회의 계속적인 성장의 원리는 예루살렘의 교회가 어떤 공동체였는가 하는 것이 가장 중요하다. 예루살렘 교회 공동체는 일곱 가지의 특징이 있는 공동체였다. 그것을 이제 구체적으로 살펴보자.

1. 기도하는 공동체

"기도하기를 전혀 힘쓰니라"

1930년대 미국의 경제 불황이 온 나라를 뒤덮고 있을 때 한 젊은이가 직장을 구하려고 뛰어 다녔다. 어느 날 구인광고를 보고 자신이 그 직종에 꼭 맞는 조건이라고 판단하고 회사로 달려갔다. 그러나 벌써 서른 일곱 명의 지원자가 줄을 서서 면접을 하고 있는데 자기는 면접도 못해 볼 것 같았다. 청년은 메모지에 이렇게 적었다. "부탁합니다. 응시 번호 38번 헨리 제임스입니다 저를 면접하기 전에는 누구든지 채용을 보류해 주십시오"라고 써서 비서를 통해 사장님께 전했다. 잠시후 사장님이 밖으로 나오더니 "38번 헨리 제임스가 누구요"하고 찾았다. 그리고 이렇게 말했다. "내가 지금 찾고 있는 사람이 당신같이 창조적인 생각과 독창성을 가진 사람이요, 당신을 채용하겠소"

지금 나라 안팎이 경제불황으로 사면초가의 어려움에 처해있다. 올해도 대졸 취업 재수생들이 30만 명에 이른다고 한다. 하지만 이럴 때일수록 창조적인 사람이 필요하다. 여호수아와 같은 도전의식이 있는 사람이 여리고성을 무너뜨릴 수 있는 것이다. 벤처 믿음을 가진 사람은 무엇을 하든지 성공할 수 있는 것이다. 이 도전정신은 기도하는 사람에게서 나온다.

초대 교회는 기도하는 공동체였다. 기도는 초대 교회의 일상생활에 있어 가장 중요한 요소 가운데 하나였다. 초대교회는 기도하기를 전혀 힘쓴 공동체였다. 예수님이 승천 후 마가의 다락방에서 120문도가 기도하면서 주님의 약속을 기다렸다. 이와 같은 기도는 교회 성장의 원동력이 되었던 것이다. 여기 '기도'란 말은 단수가 아니고 복수형으로 사용되고 있다. 이것은 개인적인 기도가 아니라 교회적으로 함께 모여서 기도하는 것을 말한다. 초대 교회는 기도하는 공동체이었다. 이러한 공동체의 기도는 교회 성장을 가져오게 된 것이다.

(1) 기도의 용어

기도한다는 용어는 "아타르"(עתר)와 "파랄"(פלל)이 있다. "아타르"는 아랍어로 일반적으로 제물로 바치다의 뜻이며 논란이 많은 구절인 에스겔 8:11에서는 연기를 의미한다. 이와 비슷한 시리아어에서도 연기를 의미한다. "아타르"는 단순 능동태와 능동태 사역형에서 기도하다란 뜻을 가지고 있다. 기도자의 청원은 항상 하나님께 있고 그분은 이스라엘 전체와 개개인의 기도를 들으시는 분이다.

"파랄" 동사는 우선 하나님께 기도하는 행위로서의 제의적 양상을 띤다. 이 "파랄"은 솔로몬 성전에서 기도하는 행위에서도 쓰여졌다. 다른 한편 "파랄"은 중재 행위에서도 사용되었는데 그것은 대부분 권위 있는 사람의 활동에 해당된다. 파랄 동사는 중재를 항상 하나님과의 사이에서 발생시키고 있다.

신약에서 기도에 해당하는 용어는 "바라다, 기도하다"의 뜻인 동사 "유코마이"(εὔχομαι)이다. 그 명사형은 기도 성원이란 뜻을 지닌 "유케"(εὐχή)이고, 같은 어원에서 나온 동사형이고 신약에서 가장 많이 나타나는 "프로슈코마이"(προσεύχομαι)는 기도하는 사람 또는 기도 장소를 의미한다.

성경 외의 희랍에서는 "유코마이"와 "유케"가 신의 임재를 기원하는 가장 포괄적인 용어들이다. 이 용어들에는 "구하다, 기도

하다”라는 의미뿐만 아니라 “서약하다”라는 의미도 있다. 칠십인
역에서도 이 용어가 나온다. 신약에서는 “퓨로슈코마이”가 주된
용어로 사용되었다.

(2) 구약에서의 기도

구약에서의 기도의 용어는 “요구하다, 하나님의 계시를 묻다”
의 의미가 있으며 여호와의 신실하심(출 34:6)이 모든 형태에서
기도의 배경을 이룬다. 그 배경은 세 가지 모습으로 나타난다.

① 과거에 대한 회상이다.

“그가 그의 백성을 애굽의 속박에서 해방시켜 주셨다”는 과거
의 하나님의 구원을 회상하는 것이다. 이스라엘의 기도의 상당
한 부분은 과거에 있었던 하나님의 위대한 행위들에 대한 기억
에 의하여 고무되어 현재의 곤혹에서 그의 도움을 요청한다. 또
한 예언자들은 회개하라는 그들의 끊임없는 권면들 가운데 과거
를 회상하듯이 지혜서들도 찬양과 감사의 찬미들에서 과거를 회
상한다.

② 현재적인 확신이다.

“여호와께서 언약을 잊지 않으실 것이다”(신 4:31)는 하나님의
현재 구원을 확신하는 기도이다.

③ 최종적인 구원에 대한 기대하는 기도이다.

“보라 네 왕이 네게 임하나니”(슥 9:9)는 미래에 대한 하나님
의 구원을 기대하면서 구하고 있다.

(3) 신약에서의 기도

예수님의 제자들은 어떻게 기도해야 할지를 몰랐다. 그래서 예수님께 기도를 가르쳐 줄 것을 요구했던 것이다. 초대교회는 예수님과의 실제적인 만남인 예수님을 통하여 기도를 배웠다. 그의 삶을 삼 년이나 배웠던 제자들은 예수님의 기도의 생활을 배운 것이다. 그러나 구체적인 기도의 모델은 주기도문이라 하겠다.

예루살렘 교회의 기도는 두 가지의 기초가 있었다. 하나는 하나님의 선하심과 전능하심을 절대 신뢰하는 것이며 또한 주님의 재림에 대한 기대와 소망이었다. 모든 기도의 응답되어졌다는 확실성은 마라나타 즉 "주여 어서오시옵소서!"라는 기대를 기초로 하고 있었다. 이러한 기대는 하나님의 나라에 대한 주님의 설교에 의한 것이다. 그러나 신약은 또한 제자들과 예수님의 교류, 제자들의 부활의 주님 그리고 성령과의 임재가 기도의 원동력이 되었다.

기도는 곧 다시 재림하여 세상을 심판하실 임박한 재림에 대한 기대 또는 죽음을 당하신 역사적인 예수로부터 초역사적인 축복의 예수를 향한 초대 교회의 기대가 기도로 변모되었다고 말할 수 있다. 또한 초대 교회는 성령의 임재를 통하여 더욱 기도하게 된 것이다.

(4) 기도의 요소

기도에는 찬미, 감사, 고백과 결심, 간구 등의 요소가 있다.

① 하나님을 찬미하는 것이다.
이러한 찬미는 하나님의 전능하심, 세계를 창조하심, 우주를 다스리심, 섭리하심, 역사하심을 찬미하는 것이다. 이것은 하나님의 주권과 영광을 하나님께 돌리는 것이다.

② 감사를 드리는 것이다.

감사는 하나님의 은혜로 우리의 삶을 영위하고 있음을 인정하는 것이다. 또한 성별하여 하나님의 자녀가 되게 하셨고 또한 때를 따라서 돕는 은혜를 주시며 보호, 인도, 구원을 하나님께 감사하는 것이다. 또한 이 감사의 요소는 "범사에 대한 감사"이다. 하나님의 은혜를 깨닫는 사람은 하나님의 은혜가 범사의 은혜임을 깨닫게 된다. 성도의 최고의 신앙의 덕목은 감사인 것이다.

③ 고백이다.

이 고백은 하나님 앞에서 우리는 죄인임을 고백하는 것이다. 우리는 하나님의 긍휼을 입어야 하며 언제나 하나님의 은혜에 보은하지 못하고 죄 가운데서 살고 있음을 고백해야 한다. 다시는 같은 죄를 반복하지 않기 위해서도 우리는 우리의 죄를 하나님께 자복해야 한다. 예수님의 주기도문에도 "우리가 우리에게 죄지은 자를 사하여 준 것같이 우리 죄를 사하여 주옵시고"라고 가르치셨다.

④ 간구이다.

우리는 보통 기도의 의미를 간구에서 많이 찾고 있다. 이 간구는 자신, 가족, 교회, 국가, 이웃을 위한 도고의 기도를 드리는 것을 말한다. 우리는 기도를 통하여 하나님의 복음에 참여한 바 되고 기도를 통하여 하나님의 뜻을 이루어 갈 수 있다.

(5) 존 칼빈의 기도

칼빈은 다음의 네 가지 기도의 원칙을 제시하고 있다.

① 경외심을 가진 기도

경외란 하나님을 두려워하는 마음인데 이 두려움은 노예적 공포와는 근본적으로 차이가 있다. 노예적 공포는 존경이 없는 공포이다. 그러나 하나님을 두려워하는 마음은 하나님을 사랑하는 데서 나오는 마음이다. 그러므로 기도하는 사람은 모든 염려를 버리고 초월하여 하나님 앞에 적합하고 순결한 마음으로 나아가야 한다.

② 회개하는 기도

자신의 죄를 용서해달라고 기도하면서 자신은 죄인이 아니라고 생각하는 사람은 가증스러우며 하나님의 저주를 받아야 마땅하다. 이어서 칼빈은 자기 부족과 쉬지 말고 기도하는 것을 연관시킨다. 쉬지 않고 기도하는 자는 계속적인 죄를 짓지 않는다. 기도의 요소 가운데 가장 중요한 것은 죄의 용서를 받는 것이다. 죄가 해결되어야 기도의 응답도 있고 축복도 있다.

③ 용서를 구하는 기도

기도하기 위하여 하나님 앞에서 사람은 자신의 죄를 회개하지 않고는 하나님 앞에 설 수 없다. 죄 용서 받은 사람만이 하나님 앞에 나아갈 수 있다. 성경에서 회개의 기도를 드린 모델은 다니엘, 다윗, 예레미야이다.

④ 확실한 소망을 가진 기도

칼빈은 우리의 기도가 반드시 응답된다는 확실한 소망을 가지고 기도해야 한다고 역설한다. 기도는 우연히 하는 것이 아니라 믿음의 인도를 받는 다는 것이 기도의 법칙이다. 이 법칙을 확립하는 것이 기도의 본질과 잘 조화된다.

(6) 기도의 힘

기도는 본질적으로 선교와 사명의 성격을 지니고 있는 동시에 기도하는 사람에게 변화를 가져오는 창조적인 힘이 있다. 또한 하나님의 은혜를 주시는 도구이며 사회적인 힘을 가지고 있다. 마틴 루터는 기도의 사람이었다. 그는 종교 개혁 당시의 여러 가지 어려움이 생길 때 신앙과 기도를 통해 어려움을 극복할 새 힘을 얻었다. 예수님은 "기도 외에는 이런 유가 나갈 수 없다"(막 9:29)고 하셨다.

초대교회는 기도의 공동체였다. 초대교회 교인들은 사람과 말하기 전에 항상 하나님께 말했고 세상으로 나가기에 앞서 하나님께 갔고, 하나님을 먼저 만나 뵈었으므로 세상 삶의 문제들을 가장 현명하게 대처할 수 있었다 오늘날 성도들도 기도를 생활화하여 세상에서 숱하게 다가오는 인생사의 문제들을 지혜롭게 해결해 나가는 삶을 살아야 한다. 기도하기를 전혀 힘쓴다는 것은 기도에 전심전력한다는 표현이다. 초대교회는 이러한 간곡한 기도에서 시작되고 부흥되어 갔다. 당시 초대교회 교인들은 자신의 힘으로는 세상 삶을 이길 수 없으므로 기도해야 함을 알고 있었다.

현대인들은 기도를 최후에 안식을 주는 것으로 생각하고 있다. 모든 것이 실패했거나 아니면 막다른 길에 다다랐을 때에 현대인들은 최후의 수단으로 하나님께 기도를 드린다. 하지만 초대

교회 교인들은 열심을 다해 하나님께 계속해서 기도했다는 사실이다. 그들은 쉬임없이 기도했다. 그들은 기도하는 것을 그들의 삶에서 우선적인 것 가운데 하나로 생각했다. 다른 일은 못해도 그들은 기도를 먼저 했다. 그들의 신앙자세는 데살로니가전서 5:17의 바울의 말을 상기시킨다. "쉬지 말고 기도하라." 우리가 교인으로서 가질 수 있는 가장 좋은 도구 가운데 하나가 바로 기도이다. 기도는 최후의 수단이 되어서는 안 된다. 기도가 삶 그 자체이어야 하며, 우리를 영적으로 풍요케 하는 원천이 되어야 한다.

현대교회의 치명적 결함의 하나는 이런 깊은 기도가 결여되어 있는 점이다. 현대는 첨단과학과 합리적 사고가 만연되어 있는데 성도들은 그러한 사고 방식에 젖어 버리면 기도함으로써 얻게 되는 영적 능력의 귀중함을 망각하게 되고 만다.

초대교회는 기도하는 공동체였다. 이 기도를 통하여 성령이 강하게 역사하셨고 교회는 날마다 부흥하였다. 초대교회 교인들의 삶이 기도와 연결되었기에 온 백성에게 칭송을 받으니 주께서 구원받는 사람을 날마다 더하게 하셨다는 사실이다.

2. 찬송하는 공동체

"하나님을 찬미하며"

캐롤 버리스라는 주부는 근육무력증에 걸렸다. 이 병은 온 몸에서 점점 근육이 무력해져서 죽게 되는 것이다. 그는 40대 초반에 6명의 자녀를 두고 변호사 사무실의 비서요 무용학교 원장이었다. 그녀의 삶은 충만하고 풍요했지만, 이제 그녀의 모습은 끔찍하게 변했다. 머리카락은 모두 빠지고 스테로이드 과다투여로 얼굴과 몸 전체가 부어 있었다. 사람들은 모두 그녀가 오래 살지 못하리라는 것을 알고 있었다. 모두들 기도를 하면서도 말이다. 부활절에 성가대원들이 그녀의 집을 방문하였다. 그들은 "나 같은 죄인 살리신"이란 찬송을 불렀다. 그리고 간절히 통성으로 기도하였다. 그때 그녀는 잠시 하나님을 느낀다. 하지만 그들이 간 후 다시 무력해지면서 비참해진다. 그때 마음 속에 한 생각이 들었다. '그들이 그렇게 열심히 기도하고 나도 그렇게 기도했는데 그것은 다 무엇인가? 그냥 헛것인가? 내가 신자로 그렇게 믿어야 하는데 왜 백부장처럼 움직이지 않을까?' 그런 자각이 오자 우선 자리에 누워있지 말아야 하겠다고 결심한다. 일어나 움직이기엔 힘이 들었지만, 거기서 물러 설 수는 없었다. 처절한 싸움이 내면으로부터 시작되었다. 자멸감의 어두운 그림자를 물리치면서 하나님이 주신 좋은 것들을 생각하고, 조금씩 몸이 불편하고 움직이지 못할 지경이라고 해서 남들에게 사랑과 친절을 베풀지 못할 것은 없다고 마음을 새롭게 하였다. 이윽고 그녀는 병 때문에 어둠에 빠진 다른 이들을 방문한다. 휠체어에 앉은 채 집이나 요양원이나 병원의 환자를 찾아 용기를 주려고 하였다. 그러한 노력 속에서 전에 모르던 새로운 영역이 열린다. "내 생명이 꺼질 때까지 사랑하고 생명을 나누리라"고 결심한 대로 움직였던 것이다. 그리고 마음껏 찬송했다. 그러다 병이 완전히 다 나아 버렸다. 마음의 즐거움이 병을 이긴 것이다. 마음을 정복하면 세상을 정복할 수 있음을 보여준 것이다. 인간의 마음은 기도와 찬송의 열쇠로 열려지고 많은 회개의 역사가 나타나는 것이다.

　예루살렘 교회는 찬송하는 공동체였다. 그들은 핍박과 죽음의 두려움을 항상 찬송으로 극복했다. 그러므로 찬송은 초대 교회의 부흥의 운동력이라고 할 수 있을 것이다. 에베소서 5:18에 "성령의 충만을 받으라"고 하시고 성령의 충만을 받은 사람이 찬송을 드릴 수 있다고 했다. 초대교회는 성령의 충만함으로 인한 찬송의 공동체이다. 그러므로 예루살렘 교회는 찬송으로 인한 하나님과의 관계와 성도들과의 관계가 아름다웠다. 찬송은 하나님께는 영광이 되지만 사람의 마음을 움직이고 서로간의 신뢰를 주며 하나 되게 한다. 진정한 예배는 하나님과 사람을 대하는 양면에서 아름다워야 한다 예배가 자아 만족만을 추구하여 사람들에게 혐오감을 주고 비난을 받게 된다면 그것은 문제가 있는 예배일 것이다 하나님을 온전히 찬미하여 신령한 예배를 드린 초대교회가 칭송의 대상이 된 것은 좋은 본보기이다 이처럼 예루살렘 교회는 찬송의 공동체이며 이 찬송은 교회의 성장에 중요한 역할을 했다고 보아야 한다.

(1) 찬송의 어원

히브리어에서 "할랄"(הָלַל), "야다"(יָדָה), "짜미르"(זָמַר) 동사는 하나님의 찬양과 관계 있는 용어들이다. 할랄(הָלַל) 동사의 능동태 "힐렐"(הִלֵּל)은 "찬양하다, 찬송하다"는 의미인데 본래 이 말은 "자랑하다"는 말에서 유래되었다.

아람어에는 "즐겁게 혹은 두려움으로 외치다"라는 의미를 가진다. 여기서 아람어 "힐룰라"(חִילוּלָא) 축흥가가 형성되었다. 히브리어에서도 '힐렐' 동사에서 파생된 "테힐라"(תְּהִלָּה)가 여성 명사로 찬양 찬송을 가리킨다. 이는 여호와께 드리는 찬송, 영광, 감사를 모두 총칭하는 개념에 속한다. "테힐라"는 특별히 신성한 예배양식의 외침이다. 테힐라는 여호와께 드리는 감사, 찬송, 영광의 고백이며 찬송의 구체적인 행위로서 누가 어떻게 찬송해야 하는가를 말한다. 또한 생활 속에서 흘러나오는 자연스러운 기쁨과 감사의 찬송이며 하나님의 성품과 그의 역사하심을 요구하는 찬양의 형태를 지니고 있다.

"הָדָה"(야다) 동사는 본래 "던지다"라는 의미인데 사역 능동태 (허필형)에서 "감사드리다, 고백하다"는 의미를 갖는다. "짜미르"(זָמַר) 동사는 기본적으로 "하나님 찬양 음악을 만들다"는 뜻이다.

희랍어에서 찬송을 의미하는 주된 용어는 "휨노스"(ὕμνος)이다. 이 용어는 원래 희랍 문화권에서 종교적인 노래의 의미로 사용되던 것이 칠십인 역을 거처서 헬레니즘 시대의 신약에 사용되었다. 이 용어가 신약에서는 골로새서 3:16과 에베소서 5:19에만 나타난다.

(2) 찬송의 기능

에베소서 5:19에 찬송의 기능이 수평적 기능과 수직적인 기능으로 나타나고 있다.

① 수직적 기능

수직적 기능은 에베소서 5:19에 "주께 노래하며"라고 하여 찬송이 주께 노래하는 기능을 말하고 있다. 찬송은 구원받은 성도들이 하나님을 찬송하는 영혼의 신앙고백인 것이다. 하나님을 향한 찬송은 성도의 신앙고백이 없이는 찬송이 될 수 없는 것이다. 그러므로 하나님을 향한 수직적인 기능으로의 찬송은 구원의 확신이 있어야 한다. 흔히 찬양대 대원을 선발할 때에 구원에 대한 확신도 없는 단순히 목소리가 아름다운 사람을 선발하는 경우가 있는데 교회에서는 신중을 기해야 한다. 찬송은 구원받은 성도가 영혼으로 자기의 신앙의 고백을 찬송을 통하여 하나님께 드림으로 영광을 돌리는 것이다.

② 수평적인 기능

수평적인 기능은 에베소서 5:19에 "서로 화답하며"라고 하는 말씀 가운데서 잘 나타나고 있다. 찬송을 부르는 사람과 듣는 사람들 사이에 서로 화답하는 기능이다. 수평적인 찬송은 찬송이 듣는 사람의 마음에 감동을 주어 듣는 사람에게도 부르는 사람에게도 동시에 감동을 줄 수 있는 것이다. 또한 찬송은 사람의 마음을 하나로 묶어 준다. 찬송 가운데 서로 서로 신뢰하게 하고 한 마음으로 사랑하게 한다. 찬송보다 사람을 가깝게 만들어 주는 것은 없다.

(3) 찬송의 종류

찬송의 종류는 에베소서 5:19에 "시와 찬미와 신령한 노래"로 세 가지 형태로 말씀하고 있다.

① 시(詩)
시는 성경의 시편이나 시가서를 노래한 것을 말한다.

② 찬미
찬미는 예배를 위한 찬송가로서 작곡자나 작사자가 하나님을 예배하기 위해서 말씀이나 자기의 신앙의 고백으로 만든 창작 찬송가를 말하고 있다. 오늘날 우리가 교회에서 공적으로 사용하고 있는 찬송가이다.

③ 신령한 노래
신령한 노래는 복음의 내용이 담겨져 전도용으로 불리어지는 노래로 신앙 간증이다. 이것은 복음송(Gospel Song)을 의미한다.

(4) 찬송드리는 장소

시편 150:1에는 찬양을 드리는 장소를 가르쳐 주고 있다. 찬송 드리는 장소는 두 가지이다.

① "성소에서 하나님을 찬양하며"라고 했다.

찬송의 장소는 성소인 것이다. 우리가 예배당에서 하나님을 찬송하는 것은 하나님의 기뻐하시는 일이다. 우리가 특별히 하나님께 마음껏 찬송할 예배당이 있다고 하는 것은 큰 영광이며 기쁨인 것이다. 또한 혼자서도 찬송할 수 있지만 성도들과 함께 성전에서 하나님을 찬송하는 것은 성별 받은 성도의 특권인 것이다.

② "궁창에서 그를 찬양할지어다"라고 했다.

궁창이라는 말은 우주적인 것을 뜻한다. 그러므로 찬송의 장소는 우주적이다. 어디서든지 하나님을 찬송할 수 있는 것이다.

(5) 찬양할 이유

첫째, 우리가 찬양할 이유는 "그의 능하신 행동을 인하여 찬양하며"(시 150:2)라고 했다. 이는 우리를 구원하신 하나님의 구속사역을 인하여 찬송하라는 것이다.

둘째, 찬양할 이유는 "그의 지극히 광대하심을 좇아 찬양하며"(시 150:2)라고 했다. 이는 하나님의 광대하신 창조사역을 찬양하라는 것이다.

(6) 찬양의 방법

시편 150:3-5은 찬양의 방법을 잘 나타내고 있다. "나팔 소리로 찬양하며, 비파와 수금으로 찬양할지어다 소고(小鼓)치며, 춤추어 찬양하며, 현악과 퉁소로 찬양할지어다 큰 소리 나는 제금으로 찬양하며, 높은 소리 나는 제금으로 찬양(讚揚)할지어다"라고 했다.

① 찬양의 도구(악기)

찬양의 도구는 관악기(나팔과 퉁소), 타악기(소고), 현악기(비파와 수금)로 찬양하라고 했다.

② 성경에 나오는 다섯 가지 방법

성경에는 찬양의 방법 다섯 가지가 있는데 그것은 감사와 기쁨으로 찬양하고, 박수치며 찬양하고, 두 손들고 찬양하며, 춤추며 찬양하라고 했다.

(7) 찬양해야 할 사람

"호흡이 있는 자마다 여호와를 찬양할지어다"(시 150:6)라고 했다. 이는 누구든지 하나님을 찬양하라는 말이다. 그러나 이 말은 아무나 하나님을 찬양하는 자격을 말하기보다는 하나님께서는 찬양 받으실 자격이 있는 분이심을 말하고 있는 것이다. 그러므로 인간의 본분은 하나님을 찬양하는 것이다. 초대교회는 성령의 강림으로 새로운 전기를 마련하였다. 초대교회 공동체는 찬양의 공동체로서 하나님의 구원을 찬양하고 하나님께 영광을 돌리는 찬양의 공동체이다. 초대교회 성도들은 성령 충만을 받아 환희에 넘쳐 하나님을 찬미하고 지극히 상승된 사랑으로 평화로운 공동체 생활을 영위했으므로 그들의 이러한 삶은 많은 사람들에게도 덕을 끼쳐 주위에 있는 모든 사람들로부터도 칭송을 받았다. 이런 찬양 공동체 위에 주께서 구원받는 자의 수를 날마다 더하게 하셨다.

3. 말씀으로 교육하는 공동체

30년이란 긴 세월을 무사고로 운전하여 표창장을 받는 모범 운전기사에게 신문기자가 그 비결을 물었다. 그러자 모범기사는 "나는 항상 마음의 브레이크를 밟았다"는 한 마디로 30년 무사고의 비결을 말하더라는 것이다. "마음의 브레이크를 밟았다!" 이 얼마나 적절한 표현인가? 그 운전기사도 사람인 이상 때로 액셀레이터를 강하게 밟고 싶은 충동을 느꼈을 것이다. 급한 일로 채근하는 승객들 때문에 아니면 수입을 올리기 위해서 남보다 더 빨리 달려야만 할 때도 있었을 것이다. 그런데도 그 모범기사는 그런 충동을 이겨내고 자기를 절제하는 데 성공했던 것이었다. 무리한 과욕은 항상 화를 불러온다. 좋은 음식도 지나치면 탈이 나는 욕심과 유혹도 마찬가지이다. 더 빨리, 더 강하게, 더 높게만을 강요하는 우리 사회에서 '마음의 브레이크'를 밟을 수 있는 자기 절제란 사실 쉬운 일은 아니다. 빠르게 달리는 차를 타고 있으면 빠른 속도가 주는 쾌감 때문에 남을 앞지른다는 우월감 때문에 쉽게 속도를 떨어뜨리지 못한다. 경우에 따라 속도 감각을 잃어버릴 때도 있다. 마음의 브레이크를 밟을 수 있는 절제와 여유가 필요하다. 브레이크를 한번 밟을 때마다 한번쯤 자신의 위치를 살피는 그런 차분함을 가져야 한다. 시편의 기자는 시편 119:9에서 "청년이 주의 말씀을 좇아 삼갈 것이니 이다"고 노래했다. 말씀이 우리 마음의 브레이크인 것이다. 말씀을 듣고 청종하는 교회와 개인이 부흥할 수 있다는 말이다.

(1) 사도의 가르침을 받는 교회

초대교회는 사도의 가르침, 즉 말씀을 청종하는 공동체였다. "저희가 사도의 가르침을 받아"(행 2:42)라는 말은 예수와 사도들을 통한 하나님의 가르침을 지칭한다. 그리고 초대 교회는 사도들을 통하여 교육하는 교회 공동체이었음을 말해준다. 사이비 종교에서는 신도들에게 일반 교육을 받지 못하도록 하는 예가 있다. 이것은 신도들을 무식하게 만들어 맹종하게 하기 위함이다. 그러나 기독교는 처음부터 그렇지 않았다. 가르치고 깨우쳤다. 인간은 교육을 통하여 참된 인간이 된다. 교육은 인간 형성의 길이다. 인간은 일정한 사회의 일원으로 태어나 살아가게 된다. 사회는 지극히 자연스럽게 이루어지는 비형식적인 교육의 기관이고 마당이다. 어른들은 아이들을 가르쳐 왔다. 어른들은 언제나 경험자요 아는 자로 이해하였으며 어린이는 아직 경험이 없는 따라서 배워야 할 자로 인식되어졌다. 그러므로 교육은 어른들에 의한 어린이들을 위한 일이었다. 이것은 인간은 공동체 안에서 살아갈 수밖에 없다는 것을 의미해 주고 있는 말이다. 즉 공동체의 교육은 대단히 중요한 위치에 있는 것이다. 교회는 신앙 공동체(The Faith Community)로서 교회 교육은 필연적이다. 초대 교회는 이러한 말씀의 교육을 받은 교회 공동체였다.

(2) 교육과 훈련이 있는 교회

학생 하나가 최전방에 근무하다가 제대해서 복학했다. 그가 근무하는 동안에 북한 군인이 한 사람 귀순해 왔다고 한다. 며칠씩 굶고 부상을 입어서 구사일생으로 넘어왔다는 것이다. 그런데 우스운 일이 하나 있었다고 한다. 그 어려운 상황에서 제 몸 하나 나오기도 어려운데 수류탄을 30여 발이나 짊어지고 왔던 것이다. 무기를 많이 가지고 가면 상도 받고 더 좋은 대우를 받을 줄 알았다는 것이었다. 그런데 그것은 그가 잘못 알고 있었던 것이었다. 결과적으로 그 무거운 것들을 죽을 고생하며 끌고 넘어왔지만 아무 쓸모가 없음을 알게 되었다. 그래서 대단히 실망해 하더라는 것이다. 그러면서 이 학생이 하는 말이 재미있었다. "우리도 죽을 힘을 다해 하나님 앞에 가는데 아무 쓸데없는 것에 목숨 걸고 짊어지고 가는 게 아닌지 모르겠어요!" 이 말에 정신이 번쩍 들었다. 과연 내가 지금 하고 있는 일이 천국에서 소용이 있는 일일까? 하는 것을 생각해 본 것이다. 정말 내가 목사로서 진정 필요한 것을 짊어지고 가고 있느냐 아니면 진정 아무런 쓸모 없는 것들만을 짊어지고 끙끙대고 가고 있는지는 아닌지 되돌아보게 되었던 것이다.

만약 성경이라는 텍스트(text)가 없었다면 우리도 그렇게 되었을지 모른다. 하나님이 원하시는 것은 하지 않고 오히려 엉뚱한 일만 하나님의 일인 줄 알고 잔뜩 하다가 천국 갈 수 있다는 말이다. 성경을 아침마다 묵상하면서 하나님의 사랑을 실천하면서 주님과의 관계 속에 필요한 것만 지고 가는 하루가 되어야 한다.

예수 그리스도께서는 분주한 복음 사역 중에도 "제자를 가르치고 훈련시키는 일"(마 28:19-20)을 하였고, 이것은 또한 교회 공동체를 향한 예수님의 분부요 명령이다. 이 예수님의 명령을 받은 사도들은 예수님의 명령을 따라서 교회의 교육을 중요하게 생각을 하고 교육에 최우선적 목표를 설정하였음은 당연한 것이다. 사도들의 교육의 중요성은 "우리가 하나님의 말씀을 제쳐놓고 공궤를 일삼는 것은 마땅치 않다"고 한 말에서 사도들이 교회에서 하나님의 말씀의 교육을 얼마나 중요하게 생각을 하고 있었음을 알 수 있다.

목회자는 이러한 사도들의 전통을 이어 교회 공동체의 교육의 촉발자(Initiator)로서의 위치에 서야 한다. 교회는 기독교적 삶을 배우는 배움의 교실이요, 산 실험실이다. 또한 교회학교는 주일의 일정한 시간에 국한된 교육기관으로서 교회 학교로 보지 말고 "교회학교는 곧 교회이다"라는 인식을 가져야 한다. 목회자는 교육 촉발자로서 자각과 함께 교회의 교육적 사명을 새롭고 대담하게 보다 성서적으로 생각할 필요가 있다.

오늘날 한국 교회는 목회와 교육을 이원론적으로 분리시키고 있다. 목회자는 설교, 심방, 교육을 동일시 생각하는 것을 중요시하여 교회에서 비중을 차지해야 한다. 넬슨(C. E. Nelson)은 "교육기관으로서 주일 학교 중심 교육만으로는 기술 사회와 세속화의 도전에 대응해서 교회가 교회의 사명을 감당하기는 이미 한계에 이르렀다. 이제는 회중 중심이요 신앙 공동체 중심의 교육하는 교회가 되어야 한다"고 했다.

목회자가 목회와 교육을 분리하는 이유는 전통적 목회자의 기능에 대한 이해 때문이다. 전통적으로 세 가지 기능 즉 예언자적 기능(설교), 제사장적 기능(성례와 예배), 그리고 왕적 기능(행정과 치리)이 목회의 기능으로 이해되어져 왔기 때문이다. 그러나 리챠드 리버에 의하면 "최근 평신도 운동의 인식과 함께 목회적 차원에서 목사의 역할에 대한 새로운 기능 즉 목회자의 지도자적(leadship) 역할과 연결해서 목회자는 의식 개발에 초점을 둔 교육 전문가가 되어야 한다"고 했다. 현대 사회는 끊임없이 변천하고 발전하는 사회이다. 그래서 현대를 교육의 시대 또는 학습의 시대라고 한다. 목회자는 현대 사회를 살면서 현대 자체를 목회의 장(場)이요 대상으로 삼아야 한다. 교육 목회는 교회 부흥의 필수적인 과제이다.

예루살렘 교회는 사도들의 교육으로 인한 체계적이며 순교자적 교회로서 자라게 되었다. 만일 사도들의 교육으로 교회가 성장하지 않았다면 사도들의 순교와 교회의 박해 시대에 교육과 훈련되지 않은 교회가 선교의 사명을 감당하지 못했을 것이다. 그러나 예루살렘 교회는 박해로 인해서 세계로 흩어지면서 더욱 선교의 사명을 감당하였던 것이다. 이것은 예루살렘 교회가 교육하는 교회이었음을 말해 준다.

예루살렘교회의 배우는 자세는 현대교회 성도들도 배워야 한다. 사도들이 그리스도의 말씀으로 교인들을 가르쳤다는 것은 오늘날 우리에게 많은 교훈을 준다. 하나님의 말씀을 전하고 가르치기보다는 성경의 외적인 것을 가르치는 사람들이 상당히 많다. 그러나 사도들은 하나님의 말씀으로 가득 차서 그리스도의 말씀 외에는 전할 수가 없었다. 그들이 그리스도의 말씀만을 전하자 교회가 부흥되었다는 것은 중요한 교훈이 아닐 수 없다. 초대교회 사도들의 말씀 전하는 방법과 그들이 배운 바를 삶의 현장에 그대로 적용시키고 살아 백성들로부터 칭송을 받으니 주께서 구원받는 자들을 날마다 더하게 하셨다. 이처럼 초태교회 부흥의 비결을 초대교회의 세포 분열판으로서의 현대교회가 교인들의 삶의 현장에 그대로 적용해야 할 것이다.

4. 교제하는 공동체

"서로 교제하며"

경영 전부문의 수준향상이 필요한 시대이다. 파이프론의 이야기는 이러한 것을 잘 설명해준다. 파이프의 입구와 출구가 넓다 하여도 중간에 목이 좁은 부분이 있다면 병목현상이 일어나 전체적으로는 좁은 파이프의 역할 밖에 못하게 될 것이다. 이와 마찬가지로 경영에 있어서도 전 부문의 수준이 골고루 향상되지 못한 채 어느 특정부분만 잘된다고 해서 경영의 수준이 결코 높아질 수 없다. 따라서 업의 개념에 맞는 전략적 경영, 기회의 경영을 하고자 하는 경우에도 생산, 관리, 판매, 연구개발 등 전 부문의 경영수준이 고르게 향상되어야 할 것이다. 이를 위해서는 각 부문이 서로의 지식과 노하우, 정보 등을 긴밀하게 상호 공유함은 물론 조직 내에서 사용하는 용어나 개념에 대해서도 통일된 인식을 갖도록 하는 등 마음으로부터 하나가 되는 노력이 필요하다고 삼성에서 나온 사원교육 교재에는 기록되어 있다.

이러한 파이프 병목현상은 우리의 신앙에도 있다. 어떤 분은 기도만이 신앙의 전부인 양 생각하고 산기도에서부터 금식기도 등 기도만 주장하고, 성경공부만을 주장하는 사람은 오로지 성경공부만 한다. 그래서 이러한 교회는 다른 교회와 병목현상이 생기고 이러한 성도는 성도대로 삶의 부적응을 느낀다. 그러므로 우리는 신앙의 전 부분이 골고루 성장하도록 해야 한다. 그래야 주의 일꾼으로 쓰임을 받을 수 있기 때문이다. 이러한 원활한 성장이 교회에서 일어나려면 성도간의 교제가 잘 되어야 한다.

(1) 교제의 공동체

교제를 뜻하는 히브리어는 "카담"(קָדַם · 만나다, 대변하다, 앞서 가다)이다. 이 동사는 구약에 26회 나오며, "만나다"란 뜻의 히브리어 "카라"(קָרָא)와는 구별되어야 한다. "카담"의 어근은 두 가지 기본적인 개념을 지니고 있다. 전자는 선으로든, 악의를 품든간에 어떤 사람과 "대면하다"란 의미이며, 후자는 시간적이나 지리적으로 어떤 일 (사람)에 "앞서다"란 의미이다.

또 "샤타"(שָׁתָה·마시다, 축연을 베풀다)는 동사로서 거의 모든 셈족어에서 볼 수 있으며 성서 히브리어에는 전 시대에 걸쳐 215회 정도 나온다. 그러나 성서 아람어에서는 동사로는 나타나지 않고 명사형인 "미쉬테"(מִשְׁתֵּה)로 나오고 있다. 이 동사는 기본적 의미는 "마시다" 또는 "액체를 마셔버리다"인데 사람이나 동물 뿐 아니라 무생물 주어에 대해서도 사용된다. "샤타"와 의미상 밀접한 관련이 있는 동사 "샤카"(שָׁקָה)는 생물 및 무생물 주어와 함께 종종 나타난다. "샤타"의 첫 용례는 노아가 '포도주를 마시고 취하여 그 장막 안에서 벌거벗은지라'(창 9:21)에서 볼 수 있다. 또한 "마신다", "마시우기를 다하고 가로되 당신의 약대도 위하여 물을 길러 그것들로 배불리 마시게 하리이다 하고"(창 24:19)처럼 동물에도 나타난다. 하나님께서는 "내가 수소의 고기를 먹으며 염소의 피를 마시겠느냐"(시 50:13)라고 말씀하셨다.

이 단어가 공동 행동에 대해 사용될 수도 있다. "그들이 밭에 가서 포도를 거두어다가 밟아 짜서 연회를 배설하고 그 신당에 들어가서 먹고 마시며 아비멜렉을 저주하니"(삿 9:27). "먹고 마시다"라는 구절이 "식사하다"라는 의미가 될 수도 있다.

"이에 그들 곧 종과 종자들이 먹고 마시고 유숙하고…"(창 24:54). 이 동사는 때로 "연회를 베풀다"(여기에는 단순히 먹고 마시는 것 이외에도 많은 행동들이 포함된다)또는 "회에 참석하다"라는 의미를 나타내기도 한다. "…저희가 아도니야 앞에서 먹고 마시며 아도니야왕 만세를 불렀나이다"(왕 1:25). "샤타"만으로 "잔치에 참석하다"라는 의미를 갖는 경우가 한 번 있다. "…이에 왕이 하만과 함께 에스더의 베푼 잔치에 나아가니라"(에 5:5). "먹고 마시다"라는 말이 종교적인 식사 즉 하나님과 함께 하는 공동 식사를 의미할 수도 있다. 이스라엘 장로 칠십인이 시내산에서 "하나님을 보고 먹고 마셨다"(참조. 출 24:9—11). 이

러한 행동을 통하여 그들은 하나님과 성례전적으로 연합되었다
(참조. 고전 10:19). 이러한 참 하나님과의 교제와 대조적으로 산
아래에 있던 백성들은 거짓 신과 교제하였다. "…앉아서 먹고 마
시며 일어나서 뛰놀더라"(출 32:6).

그러나 모세가 하나님 앞에 서서 사십일 주야를 아무 것도 먹
지 않았다(출 34:28). 모세는 하나님의 교제는 공동식사를 통한
것이 아니라 직접적인 것이었다. 여호와께서는 제사장들에게 회
막에 들어갈 때 부분적인 금식을 하도록 명하셨다. 즉 제사장들
에게는 포도주나 독주를 마시는 것이 금지되었다(레 10:9). 그들
과 모든 이스라엘은 부정한 것을 절대로 먹지 말아야 했다. 이
러한 조건들은 나실인들에게 더욱 엄격하였는데 이들은 항상 하
나님 앞에 살았다.

그들은 포도나무의 소산은 어떤 것도 먹지 말라는 명을 받았
다(민 6:3; 참조. 삿 13:4; 삼상 1:15). 하나님께서는 인간의 삶의
꼭 필요한 과정들을 하나님의 것이라고 주장하셨다. 인간은 자
신이 행하는 모든 일들 중에서 자신의 존재를 하나님이 통제하
신다는 사실을 인식하여야 한다. 인간은 자신이 하나님의 지배
하에 살아감으로써만 먹고 마신다는 것을 깨달아야 한다. 신실
한 사람은 자신이 가는 모든 길에서 하나님을 인정할 수 있다.

"먹고 마시다"라는 구절은 일반적으로 삶을 의미할 수도 있다.
"유다와 이스라엘의 인구가 바닷가의 모래같이 많게 되매 마시
며 즐거워하였으며"(왕상 4:20; 참조. 전 2:24; 5:18; 렘 22:15).
"샤타"가 "취하다"라는 동사와 밀접히 관련되어 "맘껏 마시다" 또
는 "너무 많이 마셔 취하게 되다"라는 의미를 가진다. "요셉이
자기 식물로 그들에게 주되 베냐민에게는 다른 사람보다 다섯
배나 주매 그들이 마시며 요셉과 함께 즐거워하였더라"(창 43:34).

예루살렘 교회는 교제하는 공동체였다. "서로 교제하며"에서
교제를 의미하는 희랍어는 "코이노니아"(κοινωία)로서 이 뜻은

참여, 나눔, 친교를 의미한다. 그러나 이 교제라는 단어에 정관사가 붙은 것으로 보아 예루살렘 교회의 모임이나 교제에는 무엇인가 특별한 의미가 있었음을 알 수 있다. 그들이 친밀한 형제애 가운데 한 마음을 지니고서 모든 물건을 공유한 점에서도 그 독특성이 드러난다.

(2) 유무상종(有無相從)

교제의 열매는 사랑이다. 사랑 안에서는 모든 것이 가능하기 때문이다. 여객기가 7000피트 상공에서 엔진이 고장났다. 곧 추락 위기에 놓이고 안전을 보장받을 수 없는 죽음의 문턱에 승객들이 놓이게 되었다. 중간 즈음에 앉아있던 중년부부 중에 남편이 떨리는 목소리로 이렇게 말했다. "여보! 미안해 내 인생에 마지막으로 당신을 즐겁게 해 주려고 여행에 나섰는데 일이 이렇게 되었구려." 그러자 부인은 속삭이듯이 귀에 대고 말했다. "아니에요. 나는 당신과 같이 앉아 있고 같이 죽는 다는 것만으로 즐거워요. 인생 자체가 즐거운 여행이었어요 그래도 난 당신을 사랑해요!"

그렇다. 사랑에는 두려움이 없는 것이다. 하나님을 진정으로 사랑하게 되는 자는 하나님과 같이 있는 것만으로도 즐겁고 또 강하여지는 것이다. 그래서 시편 기자들은 주는 내 하나님이시라고(시 31:14)고 노래했다. 하나님은 에덴에서 우리를 그분의 형상으로 온전케 하도록 하기 위하여 창조하셨다. 씨앗 속에 줄기와 나뭇잎 그리고 찬란한 꽃의 모든 가능성이 내포되었던 것처럼 처음 태어난 아담과 하와는 영생과 부활의 화려한 가능성을 그 속에 내포하고 있었다. 범죄로 그것을 빼앗겼고 사망에게 그리고 죄에게 복종하게 되어 버렸다. 계속해서 하나님을 닮아가야 함에도 불구하고 잠시 그 기회를 잃어버린 것이다. 그러나 하나님의 사랑은 아담과 하와를 포기하지 않으시고 계속 교제하여 그들의 가문 속에서 예수님이 오게 하셨다. 성경을 읽으면서 우리가 기억해야 할 것 중의 가장 중요한 것 한 가지는 성경 속에 나타난 하나님의 사랑의 마음을 아는 것이다. 그러면 우리도 사랑의 사람이 된다. 초대교회는 사랑을 나누는 교회였다.

교제라는 용어는 단수 여격형으로 "공통적인" 이라는 "코이노스"(κοινως)에서 유래되었다. 이러한 어근을 가진 말들은 동무, 함께 나눔, 교제(Fellowship), 참여(Association), 헌금(Contribution)이라는 뜻으로 사용되었는데 이것은 교제가 단순히 친교만을 의미하는 것이 아니라 물질적, 정신적 참여와 협력과 나눔의 의미가 있다. 희랍어는 흔치 않는 말인데 신약 성경에는 상당히 일반적이다. 이 용어는 빌립보서 4:15와 갈라디아서 6:6에서도 발견되는데 바울은 예루살렘 교회를 위한 헌금과 관련하여 사용하고 있다. 이것은 기독교의 교제에 대한 명확한 형식을 부여하고 있다. 헌금은 교제의 중요성을 진지하게 나타낸다. 나눔을 통한 섬김의 모습으로 나타내는 것이 교제인 것이다. 사도행전 2:42의 "코이노니아"는 기독교 공동체나 그 재산 공동체를 의미하는 말이 아니라 교회 생활을 통하여 수립되고 표현된 가족적인 교제를 의미하는 것이다.

성도들의 교제를 주장하는 신앙의 조항은 서방 교회의 사도신조에서는 5세기말에 발견된다. 이 조항은 레메시아나의 니케타스에 의하여 마련된 것이다. 5세기 이후로 이 조항은 갈라디아 지방의 변형 사도들 신조 가운데 발견되며 보다 후에는 모든 서방신조 가운데서 발견된다. 니케타스는 교제를 "거룩한 것들의 나눔"이라는 뜻으로 이 용어를 사용하였다. 그러나 동방 교회에서는 사도신조의 일부는 아니지만 이보다 훨씬 전에 사용했는데 구원의 축복에 참여한다는 의미로 사용했다. 따라서 인격적인 공동체 관계에의 참여였다.

　　코이노니아는 단적으로 그리스도교 신앙의 핵심을 표시하는 말이다. 그리스도교 신앙은 종적으로는 예수 그리스도와의 교제를, 횡적으로는 성도와의 교제가 일치하는 것이다. 그래서 초대 교부들도 교회를 성도의 교제라고 정의했던 것이다. 초대교회 당시에 기독교인은 소수에 불과했다. 따라서 음과 양으로 박해가 뒤따르게 되어 있다. 이런 환경에서 승리하려면 내적으로는 물론 외적으로도 힘을 얻어야 한다.

　　더욱이 로마의 카타쿰에 가보면 왜 초대교회 성도들이 그 모진 박해 속에서도 함께 모여 교제를 나누었는지 알 수 있다. 그것은 성도들 간에 가지는 교제보다 더 큰 위로와 힘이 되는 것이 없었기 때문이다.

　　오늘날 교회가 이러한 성도의 교제를 깊이 나눌 수 없다면 교회의 본질을 잃어버린 것이 아닌가? 한 교회 안에서도 지체에 대한 무관심과 교회 공동체에 대한 무관심이 만연하고 있는 것이 현실이기도 하다. 한국 교회는 개인 신앙 생활에서 공동체적인 신앙으로 또는 개교회주의 신앙에서 교회 연합 공동체로 지향해 나가야 할 것이다. 개인적인 신앙의 담을 쌓고 개교회의 담을 높이고 교단의 담을 높이 쌓아 둔다면 진정한 그리스도의 교회 공동체에서 떨어져 있음을 깨달아야 할 것이다. 예루살렘 교회는 교제하는 공동체였다. 그리스도 안에서 성령의 능력으로 하나된 교제하는 공동체는 온 백성들에게 칭송받는 결과로 나타났고 그 결과로 주께서 구원받는 자의 수를 날마다 더하게 하여 초대교회의 성장이라는 모습으로 나타난 것이다.

5. 떡을 떼는 공동체

"떡을 떼며"

조셉 스크리븐이라는 청년은 어느 아름답고 상냥한 아가씨와 깊은 사랑에 빠졌다. 그는 말로 다 표현할 수 없는 행복을 누리며 결혼하여 가정을 이룰 것을 약속하고 꿈에 부푼 나날을 보내고 있었다. 그런데 불행하게도 그의 약혼녀가 물에 빠져 숨지고 말았다. 날벼락을 맞은 것 같은 심정이었다. 그는 슬픔에 잠기고 실망한 중에 여러 달을 보냈다. 모든 것이 귀찮았고 진정 마음에 위로를 주는 친구도 없었다. 그의 상실한 마음을 감출 길이 없었다. 그러나 시간이 흐르고 기도하면서 그는 한 가지 놀라운 경험을 하게 되었다. 슬픔과 실망, 좌절과 포기 상태에서부터 마음의 안식과 평안을 줄 수 있는 분이 다름 아닌 예수님이었다. 그래서 그는 이런 글을 썼다. "죄 짐 맡은 우리 구주 어찌 좋은 친군지 걱정 근심 무거운 짐 우리 주께 맡기세 주께 고함 없는 고로 복을 얻지 못하네 사람들이 어찌하여 아뢸 줄을 모를까." 그렇다. 예수님은 우리에게 무엇을 얻으시려는 분이 아니시고 우리에게 필요한 것을 주기를 원하시는 분이시다. 그래서 사람들은 예수님께 대하여 관심이 컸다. 뿐만 아니라 많은 사람들은 예수님의 말씀을 듣기 위하여 모였다. 예수님의 말씀은 너무너무 중요했기 때문이다. 그러나 그분의 말씀을 들었으면 이제 그분께 마음에 있는 깊은 이야기를 내어 놓아야 한다. 그분은 우리의 참 좋은 친구이시다.

(1) 왜 떡을 떼는가

"떡을 떼며"라는 원어는 "아르토스"($\alpha\rho\tau os$)의 단수 소유격으로 실제의 떡을 가르키는 경우가 있으며(행 27:35), 일반적인 주식으로써 음식을 가리키기도 한다. 그리스도는 자신을 가리켜 참떡이라 하셨고(요 6:32), 마지막 만찬때에도 떡을 나누며 자신의 몸이라 하셨고 또한 기념하라고 하셨다. 그리스도는 자신이 일용할 양식이요 광야의 만나와 같은 생명의 길이었음을 떡을 통하여 가르치셨고 기념하게 하시었다.

예루살렘 교회의 성도들은 서로 교제하며 떡을 떼었다. 이것은 단지 유대인의 친교적인 식사의 한 유형일 뿐 종교적인 의미를 내포하지는 않는다고 보는 견해도 있는데 교제와 기도의 두 가지 중요한 신앙 용어 사이에 "떡을 떼며"를 삽입한 것으로 보아 이 말은 단순한 친교적 식사 이상을 의미하고 있음이 분명하다. 따라서 이는 그리스도의 권한에 참여하는 동시에 장차 새 포도주로 그리스도와 더불어 마실 날을 예표하는 성찬식을 뜻하는 말로써 세 가지의 의미가 있다. 즉 그리스도와의 변함없는 관계유지를 말한다.

첫째, 과거와 연결시켜 준다. 우리를 마가의 다락방까지 인도하여 제자들과 떡을 떼셨던 그 예수님과 연결시켜 준다.

둘째, 현재적으로 주어지는 은혜의 상징이요 보증이 된다.

셋째, 예수님의 언약의 표시요 앞으로 천국 잔치에서 갖게 될 "코이노니아"의 징표이기도 한 것이다.

예수님은 최후의 만찬에서 "떡을 가지사 축복(祝福)하시고 떼어 제자들에게 주시며 가라사대 받아먹어라 이것은 내 몸이니라 하시고 또 잔을 가지사 사례(謝禮)하시고 저희에게 주시며 가라사대 너희가 다 이것을 마시라 이것은 죄 사함을 얻게 하려고 많은 사람을 위하여 흘리는 바 나의 피 곧 언약(言約)의 피니라"(마 26:26-28)고 하셨다. 이 성찬은 예수께서 "이를 행하여 나를 기념하라"고 하신 말씀에 따라 예루살렘 교회는 모일 때마다 성찬을 행하는 성찬 공동체이었던 것이다.

이스라엘 민족이 애굽에서 탈출하던 마지막 저녁에 피는 문설주에 바르고 고기는 다 불에 구워 먹으므로 재앙을 면하여 출애굽에 성공한 것과 같이 예수님은 우리를 죄와 사망에서 해방시키기 위하여 유월절 어린양과 같이 십자가의 제물이 되셨다. 그것을 믿고 구원받을 뿐 아니라 유대 백성이 유월절을 지켜 그 해방을 기념하듯이 성도도 성찬을 행함으로써 예수님의 십자가의 구속을 힘입어 영생 복락을 누리게 하기 위한 주님의 분부인 것이다. 우리는 성찬을 행함으로 그의 피와 살을 먹고 죄에 대하여 죽고 의에 대하여 살아서 예수의 생명에 접붙임 되었음을 확증하고 기념하면서 더욱 신앙을 굳게 하는 것이다.

에밀 부룬너(Emil Brunner)는 그의 저서 『우리의 믿음』(*Our Faith*)에서 성례전을 가리켜 교회를 붕괴에서 구출한 하나님이 주신 지주(支柱)라고 하였다. 이 말은 성례전이 복음의 중심에 있음을 말하는 것이다. 성례전의 의식을 거행하는 가운데 복음을 선포하게 되는 한 복음은 변함이 없으며 복음은 전하여지고 있는 것이다. 또한 교회는 성례전을 거행해야 하고 교회는 반드시 하여야 할 일을 하는 것이다. 그럼에도 불구하고 성만찬은 교회 안에서 끊임없이 논쟁의 쟁점이기도 하였다. 종교개혁자들은 성만찬에 대한 견해를 달리 함으로 하나가 될 수 없었던 것이다. 성만찬을 중심으로 하여 그리스도교 내부에서 신랄한 대립이 있어 왔다. 그러나 성만찬을 세 가지 관점에서 다시 보면 다음과 같다.

① 그리스도의 행위로써의 성만찬이다.

성만찬은 살아계신 그리스도가 그의 일회적으로 완성하고 영원히 타당한 희생을 사실화하려는 성례전이다. 그리스도께서 마지막 밤에 결국에 이루어질 사랑의 희생에다 자기 제자들을 포함시킨 것이다. 생명의 떡과 축복의 잔 가운데 그는 자기 백성에게 자신을 내어 주며 이로써 새 계약의 사귐을 새롭게 한다.

② 성만찬의 은사문제이다.

성만찬의 은사는 그리스도와 그의 교회 사이에 이러한 교제로써 구성된다. 여기에는 죄의 용서와 생명의 구원이 포함된다. 성만찬의 교제는 현재 있는 생명적인 실재이지만 이와 동시에 생명적인 소망이기도 하다. 거룩한 교제는 하나의 서약이며 다가올 세계의 생명을 기대하는 일이다. 그리스도의 교제는 그 자체가 교회 회원간의 교제인 것이다.

③ 교회의 행위로써 성만찬이다.

성찬은 우선 그리스도의 행위이다. 성만찬 자체는 하나의 사은(謝恩)이다. 즉 교회가 그리스도의 은사를 감사, 찬양, 기도로써 받아들이는 것이다. 이 사은적 희생은 그리스도의 고백과 결합되어 있고 성도로 하여금 형제를 섬기기 위하여 자신을 희생적으로 주는 의무를 상기시킨다.

(2) 공동체를 강화해야 한다.

이러한 예루살렘 교회의 성만찬 공동체는 성만찬을 통해서 그리스도와 하나되는 현재적인 사귐을 맛보았고 성만찬에 함께 참여한 성도들과의 일치감과 사귐을 맛보았으며 또한 하나님 나라에서의 거룩한 공동체를 교회 안에서 실현할 수 있었던 것이다. 이러한 떡을 떼는 삶의 공동체가 백성들에게 칭송을 받으리만큼 되었고 주께서 구원받는 자의 수를 날마다 더하게 하심으로 예루살렘 교회는 이 성만찬으로 하여금 공동체 의식과 하나됨과 그리스도께 속함과 영생에 대한 확신을 얻게 됨으로써 더욱 부흥하게 된 것이다.

한국 교회는 성만찬을 소홀히 하여 온 것이 사실이다. 예루살렘 교회가 성만찬 공동체이었던 것처럼 한국 교회가 성만찬을 회복함으로써 교회가 다시 부흥하게 될 것이다.

6. 감사하는 공동체

"기쁨과 순전한 마음으로"

남아메리카 주 멕시코에 있는 어떤 마을에 온천과 냉천이 옆에서 가지런히 솟아나는 신기한 곳이 있다. 한쪽에는 부글부글 끓어 솟아오른다. 그러니까 동네 아낙들은 그곳에 와서 온천에서 빨래를 삶고 냉천에서 헹구어 깨끗한 옷을 집으로 가져간다. 그 모습을 본 외국인들이 말하길 "당신들은 참 좋겠습니다. 찬물과 더운 물을 마음대로 쓰니 이 얼마나 하나님께 감사할 일 입니까? 모르긴 해도 당신들은 늘 하나님께 감사하겠군요?" 그랬더니 멕시코 안내원의 대답은 의외였다. "천만에요. 이곳 아낙네들은 감사하기보다는 불평이 많습니다. 왜냐하면 온천과 냉천만 나올 것이 아니라 땅에서 비누가 나오지 않는다고 불평하는 것이지요."

우리 속에 감사보다 불평이 많은 것은 욕심 때문이다. 믿음의 사람, 믿음의 교회에는 감사가 있다. 감사의 사람은 자신이 하나님께로부터 받은 것을 가지고 감사하지만, 불신의 사람은 없는 것 때문에 불평한다. 신자의 진정한 믿음의 본심은 형통할 때보다도 어려울 때에 드러난다. 우리는 평소뿐만 아니라 환난과 슬픔을 만났을 때에도 감사해야 한다. 불평은 우리의 영혼을 병들게 한다. 항상 하나님을 찬양하고 감사해야 한다. 그분이 우리를 도우시고 순식간에 상황을 바꾸어 놓을 것이다.

예루살렘 교회는 감사 공동체이다. 구원의 기쁨과 감사가 넘치는 교회이었다. 그래서 자기의 소유를 자기 것이라고 주장하는 사람이 없고 모든 재산을 하나님께 바친 것이다.

(1) 감사의 어원

구약에서 감사를 드린다 뜻의 동사 어근은 "야다"(ידה)이다. 그리고 감사의 명사는 "토다"(תודה)이다. 구약에서 동사는 100회, 명사는 약 30회 사용된다. 이 용어들은 찬양, 고백이라는 뜻을 소유한다. 그러나 감사는 찬양의 한 형태이므로 이 단어가 경우에 따라서 감사로 번역되는 것이다. 따라서 구약에서는 찬양과 감사가 구별 없이 사용되고 있음을 알 수 있다. 즉 감사로 인하여 찬양이 터져 나온다.

신약에서 감사라는 뜻으로 사용되는 단어는 "유카리스티아"(εὐχαριστία)이다. 이 단어는 원래 "기뻐하다"란 뜻의 희랍어 동사 "카이로"(χαίρω)에서 나왔다. 이러한 어원은 감사가 기쁨의 자연적인 발로임을 우리에게 시사하여 준다. 희랍 세계에서의 감사는 고귀한 행위로 간주되었다. 이 용어가 통상적으로 사용될 때에는 통치자들에게 감사할 때이고 종교적으로는 신도들이 복을 내려 줌에 감사할 때 사용하였다.

신약에서는 일반적인 감사의 의미로(눅 17:16, 요 11:41, 행 24:3, 28:15), 서신의 서문의 일부로서(살전 1:2, 빌 1:3 이하, 몬 1:4 이하) 사용된다. 또한 감사는 즐거움의 조건이다. 바울은 고린도전서 11:24에서 동사 "유카리스데오"를 주의 만찬에서 떡을 떼어 "축사하시다"라는 뜻으로 사용하였고 후에 감사라는 뜻의 희랍어 "유카리스티아"(εύχαριστία)는 성만찬으로 사용되었다.

(2) 감사할 이유

감사할 이유는 너무도 많아 글로써 다 표현할 길이 없다. 그러나 교회는 하나님께 감사할 이유를 세 가지로 표현한다.

① 구원받은 것을 감사해야 한다.

에베소서 1:3-5에 "찬송하리로다, 하나님 곧 우리 주 예수 그리스도의 아버지께서 그리스도 안에서 하늘에 속한 모든 신령한 복으로 우리에게 주시되 곧 창세 전에 그리스도 안에서 우리를 택하사 우리로 사랑 안에서 그 앞에 거룩하고 흠이 없게 하시려고 그 기쁘신 뜻대로 우리를 예정(豫定)하사 예수 그리스도로 말미암아 자기의 아들들이 되게 하셨으니"라고 하였다. 그래서 구원의 즐거움을 가지고 자원하여 하나님께 감사함이 옳은 것이다(시 51:12-13). 하나님께서 인간을 구원하신 이유는 영광과 찬송을 받으시기 위함이다(엡 1:14). 그러므로 구원받은 성도들이 감사와 찬송으로 주께 영광을 돌리는 것은 마땅한 것이다.

② 감사는 하나님의 뜻이다.

출애굽기 23:14-16에 "너는 매년 삼차 내게 절기를 지킬지니라"고 했는데 여기에서의 절기는 감사절을 지칭한다. 이스라엘 백성이 무교절을 지키는 것은 하나님께서 이 백성을 애굽에서 해방시켜 주셨기 때문이다(출 12:13-14). 그리고 맥추 감사와 추수 감사절을 지키는 것은 하나님께서 이스라엘 백성들을 가나안까지 무사히 가게 하셨고 그 땅에서 농사를 지어 많은 곡식을 거두게 하셨기 (출 23:14-16) 때문에 그 고마움에 대한 하나님의 감사의 명령인 것이다. 그러므로 감사는 하나님의 은혜를 받은 성도들이 해야 할 마땅한 것이다. 데살로니가전서 5:18에 "감사는 하나님의 뜻이라"라고 했다. 감사는 하나님의 뜻이요, 하나님의 명령인 것이다.

③ 감사할 수밖에 없기 때문이다.

역대상 29:12-14에 "부와 귀가 주께로 말미암고 또 주는 만유(萬有)의 주재(主宰)가 되사 손에 권세와 능력이 있사오니 모든 자를 크게 하심과 강하게 하심이 주의 손에 있나이다. 우리 하나님이여 이제 우리가 주께 감사하오며 주의 영화로운 이름을 찬양하나이다"라고 했다. 이는 다윗이 하나님께로부터 받은 것이 너무 많아 감사하지 않고는 견딜 수 없기 때문에 감사한다는 것이다. 현재의 생활에 족한 줄 알고 항상 감사해야 하는 것이다.

(3) 어떻게 감사해야 하는가?

시편 106:1에 "할렐루야 하나님께 감사하라"는 말씀을 통해서 감사의 대상자는 오직 하나님 한 분뿐임을 생각하고 우리가 어떻게 하나님께 감사할 것인가를 찾아 감사해야 한다. 감사의 방법은 여러 가지 있지만 세 가지만 생각하여 본다.

① 범사에 감사해야 한다.

태평양을 횡단하다가 파선되어 20일 간이나 뗏목을 타고 표류하다가 극적으로 구조된 사람이 있었다. 바로 에디 리컨베커(Eddie Rickenbacker) 선장과 젊은 두 선원이었다. 그들이 가장 견디기 힘들었던 것은 작열하는 태양과 그로 인한 목마름, 밤의 추위, 그리고 상어떼들의 극성이었다. 탈수와 기갈, 뜨거움과 상어의 공포로 견디기가 힘들었다. 며칠 후 거의 죽을 지경이었다. 그러나 선장은 "물 가운데로 지날 때에 물이 침몰치 못하고 가운데로 지날 때에 불이 거스리지 못하게 하시는 사랑의 하나님”을 조금도 의심하지 않았다. 그는 하나님의 사랑과 보호하심, 그리고 기도의 능력을 믿고, 하나님께 계속 기도로 매달렸다. 하루하루가 죽음 같은 공포의 연속이었지만 조금도 의심하지 않고 기도하였다. 드디어 하나님의 응답이 있었다. 하루는 갈매기가 날아 와서 선장의 머리 위에 앉았다. 그들은 몇 일만에 그 갈매기를 잡아서 요기하였다. 그리고 그 고기를 미끼로 삼아 낚시질을 하였다. 계속 끼니가 이어지게 되었다. 게다가 비가 처음으로 내렸다. 그래서 물도 마셨다. 불볕 더위도 해소되었다. 그들은 하나님의 살아계심을 확인하였고 더욱 용기를 가지게 되었다. 그후 두 주만에 기적적으로 구조되었다. 그 후 신문기자들이 어떻게 그 엄청난 공포와 역경, 배고픔과 뜨거움, 무서움과 초조함을 이겼느냐고 물었다. 선장의 대답은 꼭 한 마디였다. “우리는 믿음으로 감사의 기도를 드렸습니다.” 그렇다. 아무리 상황이 어렵고 무서워도 감사의 기도는 하나님의 기적을 끌어 드리는 디딤돌이 된다.

데살로니가전서 5:18에 “범사에 감사하라 이는 그리스도 예수 안에서 너희를 향하신 하나님의 뜻이니라”고 했다. 이는 잘 될 때도 감사하고 못되어도 감사하는 것을 말한다. 인간은 잘되면 자기가 잘나서 잘된 줄 알고 교만하여지고, 못되면 원망하고 낙심하는 것이 인간의 마음이다. 그러나 성도는 “모든 것이 협력하여 선을 이룬다”는 하나님의 말씀을 믿고 항상 범사에 감사해야 한다.

② 마음으로 감사해야 한다.

골로새서 3:16에 “마음에 감사함으로 하나님을 찬양하라” 하였다. 마음으로부터 감사가 없다면 행동으로 감사할 수 없는 것이다. 속담에 “마음에 있으면 꿈에도 있다”고 했다. 무슨 일을 하려면 먼저 마음에서부터 있어야 한다. 인간은 마음에 있는 바를 행동에 옮기는 것이다. 로마서 10:10에 "사람이 마음으로 믿어 의에 이르고 입으로 시인(是認)하여 구원에 이르느니라"고 하였고, 바울은 에베소서 5:19에 "시와 찬미와 신령한 노래들로 서로 화답(和答)하며 너희의 마음으로 주께 노래하며 찬송(讚頌)하며"라고 했다.

③ 물질로 감사해야 한다.

역대하 29:31에 "너희가 이제 몸을 깨끗게 하여 여호와께 드렸으니 마땅히 나아와 제물과 감사 제물을 여호와의 전으로 가져 오라"고 하였다. 그래서 다윗은 하나님께 물질을 드리면서 감사함으로 드렸다. 고린도후서 9:7-8에 "인색(吝嗇)함으로나 억지로 드리지 말고 즐거운 마음으로 드리라"고 하였다. 그러므로 물질로 하나님께 감사하는 것은 당연한 것이다. 또한 사람이 물질이 있는 곳에 마음도 있는 것이다. 물질로 감사하지 못한다면 진정한 감사는 아닌 것이다.

감사는 신앙의 마지막 단계라고 하여도 과언이 아니다. 감사하지 못하고 원망하는 사람은 복을 받을 수 없으며 이스라엘이 광야에서 하나님을 원망하다가 멸망을 받았다. 감사(Thanks Giving)는 하나님의 창조와 구원에서 나타난 하나님의 선과 은혜에 대한 신앙인들의 응답으로써 이보다 성경적인 신앙의 성격을 충분히 나타내 주는 표현 방법은 없다. 성경에는 하나님과의 계약 관계 안에서 감사가 항상 하나님께 드려지고 있으며, 이 감사의 행위는 언제나 계약의 하나님이 역사 속에서 구체적인 행동을 하심으로 출발한다. 한 마디로 초대교회는 기쁨과 순전한 마음, 즉 감사가 충만한 교회였다. 참으로 그리스도인에게는 아무도 빼앗을 수 없는 마음 깊은 곳에 기쁨과 순전한 마음이 내재되어 있는 것이다. 그리스도인의 기쁨은 겉으로 드러내는 것은 아니지만 충만한 기쁨 가운데 성도 간의 교제가 깊어지고 온전한 친목이 도모될 수 있었다. 그리스도인은 실질적으로 일몰을 향하여 가는 것이 아니고 일출을 향하여 매진하는 삶을 살아야 한다. 그리고 이러한 삶은 기쁨이 충만하여 긍정적이고 적극적이고 성경적인 변화된 삶 속에서 가능한 것이다. 우리는 초대교회의 분위기를 여기서 볼 수 있다. 기쁨과 순전한 마음 즉, 감사하는 마음으로 함께 음식을 먹었다고 했다. 그들은 자기의 것을 자기 것으로 생각지 않았고 감사하는 삶은 온 백성들에게 칭송을 받았고 그 결과로 주께서 구원받는 자의 수를 날마다 더하게 하심으로 예루살렘 교회는 감사하는 공동체로서 부흥하였다.

7. 봉사하는 공동체

"모든 물건을 서로 통용하고"

기러기는 무리를 지어 사는 철새의 일종으로서 다른 철새와는 달리 무리를 지어 편대비행을 하는데 무리 속에는 반드시 행동을 지휘하는 향도가 있어서 그 향도의 명령에 따라 이루어진다고 한다. 이와 같은 기러기들의 행동 습성을 기업 경영 활동과 연관시켜 볼 때 기업을 앞에서 이끌어 가는 최고 경영자와 이를 따라가는 조직원들의 행동이 하나로 통일될 때 그 기업의 소기의 목적을 달성할 수 있다는 뜻이 된다. 그러나 향도가 방향을 못 잡고 길을 잘못 들면 뒤따라오는 모든 추종집단들도 길을 잃게 되듯이, 기업도 최고 경영자의 올바른 판단이 없이는 방향을 잃은 배처럼 방황하게 되고 결국에는 침몰하게 될 것이다. 특히 오늘날과 같이 국내외 정치, 경제, 기술변화 등이 급변하는 상황은 한치 앞을 내다볼 수 없다는 점에서 마치 달 없는 밤에 하늘을 날아가는 기러기떼에 비유할 수 있다. 우리들은 달 없는 깜깜한 밤에도 유유히 무리를 지어 자신들의 방향으로 날아가는 기러기떼에서 최고 경영자의 역할과 이를 따라가는 구성원들의 역할을 다시 되돌아보고 다같이 한 방향을 추구하는 공동체 의식을 갖도록 해야 하겠다.

교회 공동체도 마찬가지이다. 교회에는 주님의 몸을 위하여 목사님과 섬기는 일군들을 봉사자로 세우셨다. 이러한 권위를 인정하는 것은 신앙에서 매우 중요한 비중을 차지한다. 공동체의 유익을 위하여 서로의 맡은 역할을 잘 감당하는 것은 크리스천의 아름다운 모습이다.

예루살렘 교회는 봉사하는 공동체였다. 사도행전 2:45에 "또 재산과 소유를 팔아 각 사람의 필요를 따라 나누어주고"라고 했는데 이는 서로 봉사한 것이다. 이러한 봉사를 통하여 예루살렘 교회는 더욱 부흥한 것이다. 사도행전 6:1-6은 구제 사업의 봉사 활동을 위한 전담자(집사)를 특별히 세우는 말씀이 나온다. 예루살렘 교회는 봉사하는 교회로 그 전통을 세워간 것이다. 이 전통은 사도 시대를 지나 로마 제국에서의 지하 교회나 콘스탄틴 대제 이후의 카톨릭 교회와 동방 교회에서도 계속되어 왔다. 사회 봉사 활동은 교회의 아름다운 전통이 된 것이다.

(1) 봉사의 어원

구약에서 봉사에 해당하는 말은 "아받"(פכר)이다. 이 "아받"에서 섬기는 사람 종을 뜻하는 "에벧"(עֶבֶד)이 파생되어 나온다. 구약 성경의 섬김은 하나님과의 관계를 나타내는 중요한 역할을 함을 알 수 있다. 이스라엘 언약에서 볼 때 이웃과 형제라는 말이 동의어임을 알 수 있듯이 두 개념 모두 언약의 백성인 이스라엘 사람의 가장 가까운 사회적 관계를 설명하는 말이다.

신약에서 봉사, 섬김이라는 말은 "디아코니아"(διακονία)라는 말이다. 섬기다, 봉사하다는 "디아코아"(διακονέα)라는 말에서 나왔다. "디아코아"는 헬라적인 의미로서 품위가 없는 것으로 생각을 했는데 그 이유는 인간은 섬기기 위해서가 아니라 지배하기 위해서 태어났다고 생각했기 때문이다. 그러나 유대교에서는 봉사가 무가치한 것으로는 생각지 않았다. 역사가 요세푸스는 이 단어를 "식탁에서 시중들다", "순종하다" 그리고 심지어는 "제사장으로 봉사하다"로 지칭하는 데 사용했다. 이러한 섬김의 의미는 이웃을 사랑하라는 계명의 희생적 섬김을 위한 기초를 제공하는 하나님에 대한 사랑과 관련되어 있는데 이러한 유대교적 의미의 섬김을 신약 성경에서는 정화시킨 것이다.

성경적 어휘 "디아코니아"는 이웃의 유익을 위해 "수종들다"의 뜻이 내포되어 있다. 성경에서 말하는 청지기는 식탁에 수종드는 자로서 음식을 식탁에 나르므로 다른 사람의 삶을 돌보는 사람이다. 그러므로 직분으로 자기의 영광이나 권력을 추구하는 자는 직분의 봉사적 성격을 파괴하는 것이다. "디아코니아"로서의 직분은 오직 한 길 그리스도의 봉사의 길을 따르는 것이다. 그리스도는 그의 전 생애를 하나의 봉사로 이해했고 이로 말미암아 그의 삶의 모습이 이 세상 나라의 임금들과 전혀 다른 모습이셨다.

섬긴다는 것은 식탁에서 시중을 드는 것도 포함하지만 마태복음 25:42 이하의 "양과 염소의 비유" 내용에서는 다른 사람에게 섬기는 곧 그리스도에 대한 섬김을 의미하는 것으로도 쓰였다. 그러므로 다른 사람에 대한 섬김은 곧 하나님께 대한 섬김으로 죽음조차도 마다하지 않는 섬김을 요구하는 말이다.

"디아코아"(διακονία)를 숭실대학교 이삼열 박사는 그리스도의 말씀과 정신에 따라서 이웃과 사회를 위해서 하는 봉사를 말한다고 정의한다. 그에 의하면 기독교적인 사회 봉사는 경찰관이 국가의 명령을 받고서 따르는 대민 봉사 같은 것을 의미하는 것은 아니다. 설령 그 내용과 같은 것이라고 하여도 우리는 그리스도의 가르침에 근거해서 한다는 동기가 부여된 것을 "디아코니아"(διακονια)라고 했다.

(2) 한국 교회의 봉사

'현대의 산업영웅' 아이아코카도 정리해고라는 쓰라린 경험을 갖고 있다. 그는 대학을 졸업하고 포드자동차에 입사해 젊음과 열정을 바쳤다. 자동차 "무스탕"을 개발해 회사에 엄청난 흑자를 안겨 주었다. 그러나 쉰 다섯 살에 정리해고를 당하고 말았던 것이다. 그는 배신감과 증오에 몸을 떨었다. 친구들은 쉰 다섯의 나이로는 재기가 불가능할 것이라고 예상했다. 그 절망의 순간에 아이아코카는 파산 직전의 크라이슬러사를 인수했다. 그리고 해고당한 지 5년 만에 8억 달러의 빚을 모두 갚고, 크라이슬러사를 세계적인 기업으로 성장시켰다. 건전한 복수심과 투지가 사업을 성공으로 이끈 원동력이었던 것이다. 그는 자유의 여신상을 복구하고 당뇨병센터를 운영하는 등 사회를 위해 많은 봉사를 했다. 아이아코카가 정리해고의 고통을 딛고 일어서기까지는 가족의 격려가 결정적이었다고 한다. 그는 사랑하는 아내와 두 딸을 위해 항상 주말을 비워두었다. 그리고 자기보다 못한 이웃을 돌아보면서 오히려 위로를 받았다고 한다. 그의 철학은 인생의 7분의 2를 가족과 이웃을 위해 할애하는 것이었는데, 이것은 실직으로 인해 뼈아프게 깨달은 철학이었다.

한국 교회 내에서의 복음전파는 영혼 구원을 위한 행위로 지금까지 매우 협소하게 이해되어 왔다. 복음을 전한다는 것은 예수 그리스도의 속죄의 죽음과 부활을 전하는 것과 완전히 일치하여 생각해 온 것이다. 물론 예수 그리스도의 속죄의 죽음과 부활을 전하는 것은 복음을 전함에 있어서 뺄 수 없는 결정적으로 중요한 요소이다. 그러나 복음은 영혼과 육체 전체에 걸쳐서 나타나는 기쁜 소식이며 내세의 구원뿐 아니라 인간 삶의 가난과 억압 속에서 해방을 포함하는 통전적인 구원을 의미하는 것이다.

개신교는 전통적인 신앙과 삶이 분리되는 경향이 있었다. 그러나 한국 교회는 선교사들이 한국에서 처음 시작한 일들은 순수한 복음 전파에서 시작한 것은 아니었다. 한국의 초대 선교사는 의료 선교사인 알렌이었다. 초기 한국 선교사들은 한국 사회 접근 방법을 교육과 의료 부분에서 시작했다. 영혼 구원과 함께 육체의 치료에 힘써야 하는 것이 선교의 한 방편이었고 무지를 계몽하여 새로운 세계를 밝혀 주는 것이 선교의 첩경으로 보았기 때문이다. 이것은 또한 선교 초기에 있어서 한국 정부의 선교 금지 정책을 순화시키기 위하여 효과적이었다. 이러한 사회 봉사를 복음전파의 도구로 혹은 복음 그 자체로 활용한 적극적인 봉사 활동을 통한 복음의 전파를 시작한 것이다.

그래서 한국 기독교는 사회를 주도하는 사회 선교의 장을 열게 되었다. 그러나 초기 교회의 많은 사회 봉사 활동에도 불구하고 이러한 사회 봉사가 신앙의 한 열매로 인식되고 복음과는 무관하게 생각하는 보수적인 신앙 형태가 한국 교회를 자리 잡아 가게 되었다. 그러나 성경적으로 보면 "섬김과 나눔"(διακονία) 은 교회의 신앙과 삶으로 표현된다. 김용복은 신앙과 실천을 분리하고 선교와 봉사를 구별하는 신앙관이나 신학은 받아들여서는 안 된다고 말을 한다. 복음주의자들은 윌리암 케리(William Carry)와 허드슨 테일러(Hudson Taylor)등이 제시한 복음선포 위주의 선교 개념을 이어 받았고 이에 반해 에큐메니칼 운동은 발터 라우쎈부시(Walter Rauschenvusch)와 헤리 포스틱(Harry E. Fosdik)이 제시한 사회 봉사 위주의 사회적 선교 개념인 하나님의 선교(Missio dei) 개념을 발전시켜 왔다. 이 양자의 개념은 서로 대립적인 관점에 있어 왔다. 한국 교회는 이러한 대립에도 불구하고 복음주의적인 민족의 복음화 운동과 더불어 사회 봉사 활동을 이름 없이 감당하여 왔다고 볼 수 있다. 앞으로는 더욱 적극적으로 교회가 사회 봉사 프로그램을 개발하여 봉사할 것으로 기대된다.

예루살렘 교회와 초대 교회는 복음 전파와 아울러 봉사하는 일을 함으로서 "온 백성의 찬송을 받게 되었고" 복음은 더욱 확산되고 구원받는 자의 수가 날마다 증가하는 성장을 주께서 하셨다.

이상과 같이 초대교회 예루살렘 교회의 성장은 결국 "주께서 구원받는 사람을 날마다 더하게 하시니라"한 사도행전 2:47의 말씀처럼 교회가 날마다 성장하게 되었다. 여기서 깊이 되새겨야 할 대목은 예루살렘 교회의 부흥성장은 "구원받는 사람이 날마다 더하게 되었다"는 점이다. 진정한 교회의 성장은 구원받는 사람의 증가이다. 또한 이러한 교회 성장은 결코 오늘날 성행하는 인간의 방법이나 수단에 의한 노력으로 되는 인위적인 성장이 아니라 주께서 더해주셔야 한다.

교회 성장을 원하지 않는 목회자나 성도가 어디에 있을까마는 인위적인 방법의 동원은 결과적으로 부작용을 교회 안으로 끌어들이는 것이다.

7장 · 결 론

　교회 성장을 이야기할 때, 우리는 대나무에서 귀한 교훈을 얻을 수 있다. 대나무는 종자를 심고 몇 년이 지나도 순이 잘 나오지 않는다. 1년 또 1년 그렇게 해서 몇 년 세월을 공들여도 좀처럼 움이 트지 않기 때문이다. 정말 심어 놓은 사람을 애타게 한다. 그러다가 심은 지 5년째가 되는 해에 순이 돋기 시작한다. 그런데 놀라운 것은 그 순이 나온 날로부터 한 달 반이란 짧은 시간에 그 크기가 무려 90피트나 자란다는 것이다. 경이적인 성장이다. 자라는 것이 눈에 보일 정도로 정말 힘차게 성장하는 것이다. 그렇다면 이 대나무를 키우는 데는 과연 얼마의 노력이 필요했을까? 순이 돋고 나서부터 크기 시작했으니까 한 달 반만에 이만큼 성장했다고 볼 수도 있을 것이다. 아니다. 그것은 이미 5-6년 전에 심고 기다린 결과이다. 대나무가 성장하는 이치나 사람이 성장하는 이치, 혹은 기업이 성장하는 이치가 이와 같다.

교회는 말할 것도 없다. 믿음을 가지고 오늘을 열심히 투자하면, 그러면서 끈질기게 한 우물을 파면서 내실을 키운다면 지나간 해의 실패나 고통은 결코 짐이 될 수 없다. 일단 꽃을 피우면 대단히 큰 봉오리를 터뜨릴 테니까 말이다. 믿음의 사람은 떠오르는 태양을 보면서 언제나 새롭게 시작할 수 있는 사람이다. 주님은 이러한 의의 태양을 우리 위에 비추이신다.

목회는 교회 본래의 사명이다. 하나님은 오늘도 인간의 역사와 개인의 구체적인 삶의 터전인 국가나 지역사회 속에서 하나님의 뜻을 계시하시고 지역사회 내에 존재해 있는 교회를 통하여 하나님의 구속사역을 이루어 가신다. 그러므로 교회는 하나님의 뜻을 이 땅에 실현시키기 위하여 교회 본연의 사명에 충실해야 될 절대적 필요에 직면해 있다.

초대교회는 이러한 하나님의 사역을 잘 계승하였으며 한국에서도 초창기 교회사역의 많은 부분에서 이 사역들이 계승되었음을 찾아볼 수가 있다. 한국의 교회는 복음이 들어온 지 1세기가 채 넘기도 전에 전국민의 4분의 1이 기독교인이 되는 놀라운 영적 부흥과 함께 서구교계의 놀라움과 부러움을 샀다. 그러나 이러한 기쁨이 채 가시기도 전에 한국 교회는 성장이 둔화되는 현상이 나타나고 있다. 이에 대해 교계에서는 다각도로 이러한 침체를 벗어나고자 하는 노력이 일고 있으나 이전과 같은 급작스런 교인의 증가는 어려운 것이 사실이다.

최근 들어 무속과 같은 것들이 활개를 치고 있는 상황에서 오히려 전통 기독교회들은 이전과 같은 급속한 성장이 일어나지 않고 있어 관계자들을 안타깝게 하고 있다. 이것은 이제 한국 교회가 맞닥뜨려야 할 영적 현실이라고 진단하고 있다. 한국의 기독교회는 전통적으로 개인 영혼구원에 치중해왔기 때문에 대사회 이미지 개선에는 실패했던 것이 아닌가 하는 생각이 드는 것이다.

이러한 연유로 한국 교회는 성장은 추구해왔으나 교회 본질의 사명에는 충실하지 못한 것이 아닌가 하는 교회 내외의 질타를 간혹 듣게 되는 것이다. 목회사역의 본질에서도 거리가 먼 성공 지향적인 목회사역에 열중하고 있다는 소리를 이제는 우리가 듣지 않아야 한다. 성경적으로 볼 때 교회는 지역사회에 뿌리를 박고 있으므로 당연히 지역사회 내에서의 교회의 역할을 모색해야 한다. 복음이 단순히 개인 구원의 차원에서 머물지 않고 세상을 변혁시키는 주체가 될 때 교회는 질적으로 양적으로 성장할 수 있을 것이다. 그러므로 지역사회의 이해를 바탕으로 하는 지역사회의 선교방안을 연구하는 것은 21세기에 접어든 시점에서 시의 적절하다 할 것이다.

지역사회에 대한 교회의 구체적인 사명을 깨달을 수 있기 위해서 본 연구자는 사도행전에서 나타난 우리 교회의 모(母)세포에서 그 근거를 찾고자 시도하였다. 그 결과 7가지의 중요한 원리들을 찾아내었다. 그것은 우리가 너무나 잘 알고 익히 알아온 것들이다. 하지만 그 동안 교회 성장학과 성장 세미나의 물결에 휩쓸려 다니면 잠시 표류하고 있었던 것이다. 이제 우리는 21세기를 맞아 다시 한번 답을 제시하고 있는 성경으로 돌아가야 한다.

어쩌면 초대교회는 성장을 위한 전략이 없었다고 할 수 있을 것이다. 무(無)전략이 전략이었다. 마치 사랑에 빠지면 열정이 생기듯이 주를 향한 사랑이 끓어오를 때 그들은 목숨을 내어놓고 교회를 지켰다. 그 결과 주께서 태어나신 지 채 100년이 지나가기 전에 로마가 이 복음을 들었고 그 복음에 굴복하게 했던 것이다.

오늘의 현실에서 구체적인 교회 성장 이론과 더불어 바람직한 교회 성장을 목회자가 추구해 나가야 되겠다는 간절함은 누구나 있다. 그래서 인본주의적인 교회 성장에서 벗어나 오늘날 교회 성장을 위한 많은 세미나와 또는 교회 성장의 방법론이 소개되고 있는 것이 사실이다. 천만의 그리스도인을 자랑하면서도 교회가 사회의 본이 되지 못하고 사회에서 지도력을 잃어 가는 안타까운 현실에 처해 있는 이유가 이 때문이다. 이제 교회는 교회 본연의 사명에 다시금 충실해야 된다.

최근에 들어 교회의 사회적 봉사를 좀더 구체화하며 지속적으로 수행하고자 하는 모습이 교회에서 싹트기 시작하고 있다. 과거에도 교회의 "건물"을 개방하여 사회 속에서 교회의 사명을 따르고자 하는 모습이 있었다. 그러나 이러한 상징적인 활동을 뛰어넘어 이제는 전 교회가 보다 능동적으로 지역사회를 리더하고 이끌고 나갈 복음적인 전략을 세워야 한다. 그래서 한 걸음 더 나아가 건물을 선교하고 교육하는 장소로 개방할 뿐 아니라, 교회가 직접 투자하고 사회봉사를 좀더 조직적이며 구체화 하고자 하는 운동이 조용히 일어나야 하는 것이다. 이러한 자연스런 교회의 모델은 다름 아닌 우리의 원 세포인 초대교회의 모습이었다.

교회 성장의 본질은 과연 교회 성장이 성경적인가 하는 질문에 대답을 하여야 한다. 성경적인 분명한 대답을 우리는 가지고 있어야 한다. "교회 성장은 하나님의 뜻이다"라고 말하는 사람들이 있다. 하나님의 뜻이라는 분명하고 확실한 교회 성장에 대한 소망이 교회 성장을 좌우하는 것이다.

교회 성장의 영역은 양적 성장, 질적 성장, 확장 성장, 봉사와 증거의 성장으로 교회 성장의 영역을 삼았다. 교회 성장의 요소로는 국가적 요소가 있다. 국가적으로 복음을 받아들이고 교회가 부흥하는 국가가 있고 그렇지 못하는 국가가 있다. 교단적 요소로 교단별로 교회 성장의 차이를 통계적으로 알 수 있다. 지역적 요소도 지역에 따라 교회의 성장의 차이가 있음을 발견한다. 그리고 교회적인 요소가 있다. 교회적인 요소라고 하는 것은 담임 목회자와 그 교회의 구원인 성도들의 구성이 어떻게 되어 있는지에 따라서 교회의 성장은 달라진다.

그러나 무엇보다 중요한 것은 패배주의를 벗는 것이다. 교회와 목회자 모두 의식이 전환되어야 한다는 말이다. 발상의 전환 없이는 교회가 성장할 수 없는 것이다. 목회자와 성도들의 교회에 관한 성장형 사고로 전환되어야 교회가 변한다. 적극적인 사고와 믿음의 사고이다. 그리고 창조적이고 구체적인 실천 사항의 계획을 세워야 한다. 또한 성장할 수 있다는 소망을 가지고 성장의 비전을 가져야 한다. 그러나 결국은 말씀으로 돌아가야 하고 기도로 돌아가야 한다. 교회 성장은 말씀 운동이요 기도 운동이 되어야 한다. 교회가 한 사람의 영혼의 가치를 존중히 여겨야 하고 성도들에게 부여된 복음 전파에 대한 사명을 바로 하면 교회는 성장한다.

예수님께서는 교회 성장을 위하여 십자가에 달려 돌아가시고 또 교회 성장을 당부하셨을 뿐만 아니라, 자신도 전도활동을 통하여 교회 성장에 대한 모범을 보여 주셨다. 이와 같은 사실은 오늘날 예수님을 따르는 무리들로 하여금 낙관적인 신앙을 가지도록 만들어 준다. 하나님의 뜻은 분명하다. 오순절 때 성령이 충만한 가운데 성도들에게 과감하게 복음을 전파했던 것과 같은 역사는 오늘날의 성도들에게도 나타날 수 있다. 그리하여 오늘날 전세계에 파급되어 세계 모든 나라가 예수 그리스도를 자기들의 구세주로 주장하는 공동체를 가지게 된 것이다.

본 필자가 제시하고자하는 성장 모델로서 신약의 예루살렘 교회는 구약의 광야 교회와 마찬가지로 일곱 가지 공동체이었다.

첫째, 기도하는 공동체였다.

기도는 예루살렘 교회의 부흥의 원동력인 것이다. 기도의 어원적인 뜻과 구약에서의 기도와 신약에서의 기도를 연구하고, 이어서 기도의 요소, 기도의 응답, 기도의 힘에 대하여 연구하였다.

둘째, 찬송하는 공동체였다.

예루살렘 교회는 찬송하는 공동체이다. 그래서 찬송의 어원과 찬송의 기능인 수직적인 기능과 수평적인 기능을 연구하고, 찬송의 종류, 찬송할 장소, 찬송할 이유, 찬송의 방법을 연구하였다.

셋째, 말씀으로 교육하는 공동체였다.

예루살렘 교회는 말씀 공동체이다. "저희가 사도의 가르침을 받아"라는 말은 예루살렘 교회는 사도들을 통하여 교육하는 교회임을 가르쳐 준다.

넷째, 교제하는 공동체였다.

교제의 희랍어는 "코이노니아"로서 이 뜻은 참여, 나눔, 친교를 의미한다. 그러나 개인적인 어떤 가까움이나 친근감이나 친교가 아닌 성령으로 서로 교제하는 것이다. 또한 마음, 물질, 관심, 사랑을 통한 성도의 교제인 것이다.

다섯째, 떡을 떼는 공동체였다.

예루살렘 교회는 떡을 떼는 공동체이다. 이것은 사랑의 애찬과 성찬을 나타내는 말로서 세 가지 의미가 있다. 과거와 연결하여 예수 그리스도에게로 인도해 주며, 현재에 주어지는 하나님의 은혜를 보여 주고, 미래에 대한 언약의 표시인 것이다.

여섯째, 감사하는 공동체였다.

예루살렘 교회는 감사하는 공동체이다. 모든 성도들이 자기의 재산을 하나님의 교회에 감사의 예물로 바친 것이다. 감사의 어원과 감사해야 할 이유와 감사의 방법을 연구하였다.

일곱째, 봉사하는 공동체였다.

예루살렘 교회는 봉사하는 공동체이다. 그래서 봉사의 어원을 연구하고 예루살렘 교회의 봉사는 구제를 통한 봉사가 복음과 함께 예루살렘 교회와 더불어 초대 교회의 특색이었다.

초대교회는 성령의 사역과 말씀의 사역이 함께 있었다. 그야 말로 신앙과 생활을 겸한 건전한 신앙인격을 갖춘 교회였다. 오늘날 교회 출석과 교회 봉사에는 열심히 있어도 가정에는 충실치 못하며 신앙적인 인격을 제대로 갖추지 못하여 성도들이 세인의 구설수에 오르내리는 허다한 예를 보게 된다.

그러므로 초대교회 신앙의 선배들이 보여준 아름답게 조화된 신앙생활은 이 세대와 다음 세대가 깊이 본받아야 할 지침목이라 할 수 있다. 성도 개개인이 신앙의 인격을 말씀으로 가다듬을 때 나아가서 건전한 신앙인격을 갖춘 성경적인 교회로 발전하게 될 것이다. 한국 교회는 자기 반성과 개혁 성찰과 함께 성장에 대해 바람직하고 성숙한 개념을 정립해야 한다. 한국 교회가 이상적 모형으로 삼고 추구해야 할 교회 성장의 원리인 초대교회의 모습을 통해 성경적인 교회 성장의 전략을 갖기를 다시한번 기대해 본다.

참고도서

(1) 한서 및 번역서

강신권, 사도행전 강해, 훼이스 신학교 출판부, 1994.

김명혁, 선교의 성서적 기초, 성광문화사, 1990.

에드워드 더니슨(Thurneysen.Eduard), 목회학원론(*A Theology Church and Ministry*), 박근원 역, 성서교재간행사, 1978.

헨리 디이슨(Thiessen.Henry), 조직신학강(*Lectures in Syetimatic Theology*), 권혁봉 역, 생명의말씀사, 1991.

수쟌 디트리히(Dietrich.Suzanne), 하나님의 사람들(*The Witnessing Community*), 신인혁 역, 컨콜디아사, 1976.

아놀드 로즈(Rhodes. Anold), 시편(*The Commentary of the Psalm*), 김정준 역, 기독교서회, 1963.

위르겐 몰트만(Moltmann.Jurgen), 희망의 신학(*Theology of Hope*), 전경연·박봉배 역, 기독문서선교회.

박근용, 『기독교 사상사』, 숭실대학 출판부. 1984.

박근원, 『선교신학 서설』, 대한기독교서회, 1975.

박종삼, 『장애자와 교회』, 도서출판 광야, 1987.

성갑식, 『교회 사회 선교』, 대한기독교출판사, 1984.

헤롤드 윌키(Wilke,Harold W), 『장애자와 함께 사랑으로 개혁하는 교회』(Creating the Caring Congregation), 서재일역, 선교문화사, 1990.

이상근, 『한국교회 내일의 과제』, 서울:문화선교회, 1982.

이재일, 『선진복지정책』, 한국복지문화원, 1988.

이종성, 『교회론』, I. 대한 기독교출판사, 1989.

이주영, 『현대목회학』, 성광문화사, 1987.

이태영, 김정권, 『특수교육학』 제2판. 형설출판사, 1990.

장인혁, 『아동복지론』, 서울대학교 출판부, 1985.

정주영, 『현대사회와 장애자복지』, 아산사회 복지재단, 1981.

______, 한국의 사회복지 현재와 미래, 아산사회 복지재단, 1987.

랄프 턴블(Turnbull.Ralph), 베이커의 실천 신학(Baker's Dictionary of Pastoral Theo-logy), 박근원 역, 대한 기독교서회, 1981.

황진수, 『현대복지행정론』, 부루칸모로, 1990.

강대현, 『도시지리학』, 서울:교학사 1, 1981.

곽안련, 『목회학』, 서울:대한 기독교서회, 1969.

권태환, 『사회학 개론』, 서울:서울대학교출판부 1, 1982.

김득용, 『현대목회학 신강』, 서울:총신대학 출판부 1, 1986.

김대한, 『도시행정론』, 서울:범문사, 1976.

김병원, 『목회학』, 서울:개혁교회 신행협회, 1985.

김선건, 『새사회학 통론』, 서울:형설출판사 1, 1986.

노융희, 『신도시 개발론』, 서울:박영사, 1973.

박양우, 『과천 신도시의 의의와 1980년대 도시정책개발을 위한 소고』, 도시문제 1981년 10월호.

박근원외 61인, 『예배와 강단』, 서울:양서각, 1980.

백동섭, 『새목회학』, 서울:성광문화사, 1985.

부광석, 『학생과 사회정의』, 서울:대학기독교서회, 1973.

이규한, 『지역사회의 개발과 이해』, 서울:이화여대 출판부, 1977.

이건영, 『도시질서 운동의 정착화 새마을 연구 논문집』, 경기도:신성인쇄사, 1980.

이주영, 『현대목회학』, 서울:성광문화사, 1985.

이종익, 『도시론』, 서울:법문사, 1984.

오갑환, 『사회구조와 변동』, 서울:박영사, 1974.

전호진, 『교회성장론』, 서울:정음 출판사: 1938.

정재식, 『현대문화와 종교의 변동』, 『종교와 사회 변동』, 서울:

연세대 출판부, 1982.

조선일보, 1986년 3월 4일자.

한원택, 『도시 행정론』, 서울:법문사, 1976.

한국 기독교 사회 문제 연구소 한국교회 10주년 종합 조사 연구서.

한상복, 이문웅·김광억, 『문화인류학』, 서울:한국 방송통신대학, 1985.

최호준, 『도시 빈민의 현황과 그 문제 민중과 함께하는 한국교회』, 서울; 대한 예수교 장로교 총회 사업부, 1998.

김의환, 『기독교회사』, 서울:성광문화사, 1982.

김영모, 『지역사회복지론』, 서울:한국복지정책연구소, 1990.

김영모, 『사회복지의 자주적모색』, 서울:평민사, 1986.

김득룡, 『현대목회신학원론』 서울:총신대출판부, 1978.

김상규외, 『사회복지론』 서울:형설출판사, 1990.

김종환, 『기독교사회복지』 부천:서울신학대학, 1987.

고영복, 『한국교회의 나아갈길』 서울:한명문화사, 1972.

박종삼, 『교회와 지역사회복지』 서울:대한예수교 장로회, 1982.

박영호, 『기독교와 사회사업』 서울:예수교문서선교회, 1979.

박근원, 『교회와 선교』 서울:종로서적, 1988.

박근원, 『오늘의 교역론』 서울:대한기독교출판사, 1990.

성갑식, 『현대사회와 기독교』 서울:대한기독교출판사, 1987.

은준관, 『교회·선교·교육』 서울:전망사, 1982.

임택진, 『목회자가쓴 목회학』 서울:대한예수교장로회, 1974.

임택진, 『임택진신앙저작전집』

최일섭, 『지역사회 복지론』 서울:서울대학교 출판부, 1985.

최재원외 5인, 『지역사회 개발론』 서울:백산출판사, 1991.

한완상, 『저낮은곳을 향하여』 서울:전망사, 1984.

한국복지연구회, 『사회복지』, 서울:이론과 실천, 1991.

서울신학대학사회사업학과, 『사회복지학연구』, 1990.

J.C. Hokendijk, 『흩어지는 교회』, 이계준 역, 서울:대한기독교서회, 1975.

도날드 K, 맥킴외 공저, 칼빈의 신학서론, 한국 칼빈학회 편역 서울:

기독교문사, 1981.

머리히 디이퍼, 도시교회 목회론, 박근원 역, 서울:대한 기독교서회, 1985.

바클레이 로마서 주석, 정혁조 역, 서울:생명의 말씀사, 1981.

빅터 발트리지, 비평학적 접근으로 본 사회:갈등과 변화 이효재·장하신 역, 서울: 경문사, 1980.

안흔티·보이슨, 내면세계의 탐구:정신이상과 종교 체험에 관한연구 (New York: Willett, Clark Co., 1937.

엘빈 린그렌, 교역 관리론, 박은규 옮김, 서울: 대한기독교출판사.

에드워드 투루나이젠, 목회학 원론, 박근원 역, 서울:성서교재간행사, 1979.

제랄드브리스, 개발도상국의 도시화 한항택 역, 서울:법문사, 1976.

제임스 아이 윌슨, 전도전략 원리, 이용원 역, 서울:생명의말씀사, 1977.

제임스 케네디, 현대전도, 이동원 역, 서울:생명의 말씀사, 1973.

허버트 케인, 기독교 세계 선교사, 박광철 역, 서울:생명의말씀사, 1981.

히비콕스, 현대사회로 돌아온 종교, 이종윤 역, 서울:한국신학연구소, 1986.

프랭클린 M., 지글러 목회학 원론, 이정희 역, 서울:요단출판사, 1983.

프랑시스 웬델, 칼빈의 신학 서론, 한국 칼빈학회 편역, 서울: 기독교문사, 1981.

한스 큉,『교회란 무엇인가』, 이홍근 역, 서울:분도출판사, 1978.

(2) 논문

홍은혜, "교회성장과 사회봉사와의 관계", 서울:장로회 신학대학 신학대학원, 1989.

송삼의, "지역사회개발과 교회의 선교적 사명", 서울:한신대학 신학대학원, 1986.

최무열, "지역사회사업을 위한 지역교회 연합활동", 서울:숭실대학교 대학원:1988.

서정호, "한국교회자원의 사회복지활용에 관한 연구", 서울:중앙대학교 사회개발대학원, 1983.

박원기, "교회와 지역사회 관계성에 관한 연구", 부천:서울신학대학 신학대학원, 1986.

옥승영, "지역사회와 교회개척에 관한 연구", 부천:서울신학대학 신학대학원, 1988.

김동성, "현대교회 목회갱신의 방안", 부천:서울신학대학 신학대학원, 1987.

고현철, "목회신학의 모형비교", 서울:감리교신학대학 신학대학원. 1988.

홍정찬, "현대교회의 바람직한 목회", 부산:고신대학 신학대학원, 1990.

(3) 영서

Christian A. Schwarz, *"Natural Church Development"* (Church Smart Resources, 3rd. 1998)

B. F. Hosetitz, "Generative and parasitic cities", *Economic Development Culture change*, 3(April, 1955)

D. Popone, *Democracy and Community*(London:Oxford Univ. Press, 1976).

Enoch Pond, *Lectures on Pastoral Theology*(Boston: Prayer & Holiday, 1847).

J. Sirijamarki, *URBAN Social Structure* (New York: Free Press, 1972).

K. Latourette, *A History of the Expansion of Christ* Vol. 6 (Grand Rapids).

K. Davis, *"The Globalization of the Human Population"*, in Dennis Flargam et al. eds cities (New York: Alfred A Knopf, 1965).

Osborn Feder J. Whittiet. *The New Town: The Answer to Metropolis* (London: Leonard Mill, 1963).

Park E. Robert. *The city as a Social Laboratory* (New York Mcgraw Hill, 1970).

Robert Redifield and Milton Singer,"The cultural Role of cities", *Economic Development and cultural change*, 3(October, 1954).

(4) 학술 잡지

김용복, "소외된 삶, 파괴된 창조신앙", 목회와 신학, 1990. 12. 64-67.

김진홍, "가난한 사람을 위한 목회적 관심", 43- 58.

로버트 레(Rea,Robert), "장애자들이 사역에 참여하도록 돕자", 1990. 8. 262-264.

배민아, "교회의 장애 아동에 대한 시각", 기독교 교육, 1989. 5. 32-37.

양동춘, "장애자의 기독교적 양육에 대한 기본적 제언", 1987. 5. 29-41.

이성재, "장애자는 장애자인가", 기독교 사상, 1988. 10. 169-175.

이성훈, "소외층 선교에 대한 제언", 목회와 신학, 1990. 12. 43-58.

(5) 사전류

대한 기독교 서회, 그리스도 대사전. 대한 기독교 서회, 1972.

김정근외, 동아 원색 대 백과 사전, 동아출판사, 1982, S.v.장애자 복지.

조근치외, 법전, 현암사, 1983. S.v. 특수 교육 진흥법, 신체 장애자 복지법.

(6) 신문류

허문명, "장애인 30여명 자립의지 구슬땀".
동아일보, 1992년 4월 20일.
"장애인에게 희망을 주자", 동아일보, 1992년 4월 20일.
교회연합신문, 1986. 8. 17.
대한 기독공보, 1986. 5. 17.

액츠

*

초판 1쇄 — 2000년 4월 25일

*

지은이 — 김 창 수
펴낸이 — 이 규 종
펴낸곳 — 엘맨출판사
*

서울시 마포구 합정동 433 - 62
출판등록 — 제10 - 1562호(1985. 10. 29.)
*

TEL. — (02) 323-4060
FAX. — (02) 323-6416
*

잘못된 책은 바꾸어 드립니다.
*

값 7,000원